Gudjons / Wagener-Gudjons / Pieper

Auf meinen Spuren

Herbert Gudjons
Birgit Wagener-Gudjons
Marianne Pieper

Auf meinen Spuren

Übungen zur Biografiearbeit

8., unveränderte Auflage

Verlag Julius Klinkhardt
Bad Heilbrunn • 2020

Bibliografische Information der Deutschen Nationalbibliothek
Die Deutsche Nationalbibliothek verzeichnet diese Publikation
in der Deutschen Nationalbibliografie; detaillierte bibliografische Daten
sind im Internet abrufbar über http://dnb.d-nb.de.

Bildnachweis Umschlagseite 1: Herbert Gudjons.

Druck und Bindung: Friedrich Pustet, Regensburg.
Printed in Germany 2020.
Gedruckt auf chlorfrei gebleichtem alterungsbeständigem Papier.

ISBN 978-3-7815-2374-6

Inhaltsverzeichnis

3. Teil: Übungen zur Biografiearbeit

Vorwort

Seit Mitte der 80er Jahre erlebte die Biografieforschung einen bemerkenswerten Aufschwung. Wir haben in einem mehrjährigen Forschungsprojekt an der Universität Hamburg Materialien, Übungen und theoretische Texte erarbeitet, um die wissenschaftliche Erforschung *fremder* Biografien auf das *eigene* Leben und seine Reflexion (als Selbsterfahrungsansatz) zu übertragen, - das Konzept der »Biografischen Selbstreflexion«. In den letzten 20 Jahren haben wir vor allem mit der praktischen *Anwendung* der biografischen Selbstreflexion Erfahrungen gesammelt. Auch sind unter dem Begriff »Biografiearbeit« von anderen Autoren weitere Konzepte, Übungsbücher und methodische Anleitungen entstanden. Insgesamt erwies sich angesichts des Psychobooms der 80er und 90er Jahre (mit seinen teilweise skurrilen Auswüchsen) das Konzept der biografischen Selbstreflexion insbesondere in der Erwachsenenbildung als erstaunlich nüchtern, stabil und fruchtbar.
Nach zwanzig und mehr Jahren, in denen unser Buch sechs Auflagen in verschiedenen Verlagen erlebt hat, war es an der Zeit, eine Überarbeitung und Aktualisierung zu planen. Inzwischen ist daraus eine völlige Neubearbeitung geworden. Kontakte mit »Anwendern« unserer praktischen Methoden haben zu Korrekturen, weiterführenden Ideen und neuen Übungen geführt.

Was kennzeichnet das vorliegende Buch?

- Die theoretische Begründung unserer Arbeit (1. Teil: Theorie – Konzept – Anwendungen) wurde völlig neu geschrieben, moderne Forschungsergebnisse wurden aufgenommen, Erfahrungen anderer Autoren eingearbeitet und neue Anwendungsfelder beschrieben.
- Die Anleitung zur praktischen Arbeit (2. Teil: Praxis der Biografiearbeit) wurde ebenfalls stark auf praxisnahe Verwendbarkeit zugeschnitten.
- Vor allem aber wurde der Hauptteil (3. Teil: Übungen) völlig überarbeitet. Eine Reihe von Übungen haben wir herausgenommen, dafür zahlreiche neue Übungen zu aktuellen Themen und zeitgeschichtlichen Ereignissen hinzugefügt und sämtliche Übungen sprachlich überarbeitet, präzisiert und auch vereinfacht. Natürlich sind nicht alle denkbaren Themen des Lebens erfasst, mancher würde auch die Bereiche anders gliedern.

- Schließlich wurde auch der 4. Teil (Organisatorische Hilfen) gestrafft und vereinfacht. Auch kürzen wir ab: Tn meint als Teilnehmende einer Gruppe beide Geschlechter, Moderator und Moderatorin wechseln sich bei uns sprachlich ab.
- Das vorliegende Buch ist stark auf die Praxis in *unterschiedlichen* Arbeitsfeldern bezogen. Diese Anwendung des Konzeptes der Biografiearbeit (heute Synonym für unseren ursprünglichen Begriff der »Biografischen Selbstreflexion«) in der Erwachsenenbildung, in der Kinder- und Jugendarbeit, der Lehrerausbildung, der Schule, der Altenarbeit, der Sozialpädagogik, in Selbsterfahrungs- und Gesprächsgruppen etc. ist eine der wichtigsten und erfreulichen Tendenzen der letzten Jahre.

Ein besonderer Dank schließlich richtet sich an unseren Gesprächskreis zu Hause, dem wir viele Anregungen zu Übungen verdanken und in dem wir vieles ausprobiert haben. Und schließlich an Prof. Dr. Johannes Bastian, der uns großzügig die Rechte für einen neuen Verlag zurückgab. Last but not least danken wir dem Klinkhardt Verlag, vor allem Herrn Andreas Klinkhardt, für die Übernahme und die gewohnt solide, umsichtige Betreuung dieses neuen Buches.
»Du wirst schon sehen, was du davon hast«, so lautet ein elterlicher Spruch, der vielen noch heute in den Ohren klingt. Das gilt auch für die Nutzer diese Buches: In diesem Spruch liegt die Aufforderung, mit dem nun vorgelegten Material Erfahrungen zu machen, »mal sehen, was du davon hast«! Ja, was haben Sie davon? Wir werden Ihre Rückmeldungen für weitere Auflagen berücksichtigen und danken allen, die sich die Mühe machen, uns eine mail unter den folgenden Anschriften zu schreiben:
herbert.gudjons@freenet.de oder info@birgitwagener.de oder an die Postanschrift:
Ton Hogenbargen 9, 24629 Kisdorf

Kisdorf, im Herbst 2007

Herbert Gudjons
Birgit Wagener-Gudjons
Marianne Pieper

1. Teil: Biografiearbeit – Theorie, Konzept, Anwendungsbereiche

1.1 Was ist Biografiearbeit? – Konzept und Anliegen

1.1.1 Das autobiografische Gedächtnis

Mit der eigenen Biografie beschäftigen wir uns laufend in unserem Alltag. Beim Gespräch mit den Kindern über »früher«, bei Konfliktgesprächen mit dem Partner oder der Partnerin, beim Klassentreffen, am Stammtisch, beim Anschauen von Fotoalben, bei der Formulierung des Lebenslaufes für eine Bewerbung, in Diskussionen über Gestern und Heute, versuchen wir oft zu erklären, wie wir heute sind und wie wir leben, warum dies und jenes so ist. Dann fallen Sätze wie: »Ja, das ist so gekommen«, »Mein Vater war eben zu uns sehr hart«, »Damals waren schlechte Zeiten«, »Irgendwie haben alle Männer, mit denen ich bisher zusammen war.. .«, »Na ja, ich hatte eben eine glückliche Kindheit«, »Ich hab' eben immer Schwein gehabt« – so die Alltagskommunikation.

Darüber hinaus gibt es die uralte philosophische Tradition des menschlichen Fragens, wer man denn selbst eigentlich sei. Dieses Erforschen reicht vom Delphischen Orakelspruch im alten Griechenland »Erkenne dich selbst!« bis in unsere Zeit, z.B. zum Philosophieprofessor Wilhelm Dilthey, der feststellt: »Was der Mensch sei, das erfährt er ... durch die Geschichte.« (Dilthey 1961, S. 172). Mancher stellt sich diesen Fragen, indem er seine Memoiren schreibt. Andere machen eine Therapie, um sich mit den Erfahrungen des eigenen Lebens (sofern sie belastend sind) auseinander zu setzen. Unser Buch bietet ein theoretisch begründetes und in mehr als 20 Jahren erprobtes Konzept an, sich gründlich und gewinnbringend mit der eigenen Biografie zu beschäftigen. Biografiearbeit ist ein anderes Wort für »Biografische Selbstreflexion«, den von uns in der 80er Jahren entwickelten Begriff (s.u. »Begriffe«). Wir verwenden inzwischen beide Begriffe synonym.

Wenn wir Bilder von Kindern, von »früher« oder von Spielzeugen etc. sehen, wird oft automatisch unsere eigene Erinnerung aktiviert, wir sagen: »Ach ja, kenne ich«, oder: »Bei mir war es ganz anders« usw. , - kurz wir können sagen: ICH und DAMALS. Diese Grundfähigkeit wird in der neueren Forschung das »autobiografische Gedächtnis« genannt. (Markowitsch/Welzer 2005) Bilder erinnern uns an unsere eigene Kindheit, uns fallen Szenen aus unserem Leben ein, Erlebnisse werden – manchmal blitzartig – lebendig, Erfahrungen steigen auf usw. Wir können uns aber auch ohne die Anregung von Bildern willentlich in längst vergangene Situationen zurückversetzen, können fragen, wie es damals war, was wir dort erfahren haben, wie wir geprägt worden sind und was wir daraus für heute und für die Zukunft gelernt haben, - kurz: wir haben ein für unseren Alltag sehr nützliches autobiografisches Gedächtnis.

Dieses autobiografische Gedächtnis macht den Menschen zum Menschen, kein Tier verfügt über diese explizite Fähigkeit, über dieses Vermögen, ICH sagen zu können »und damit eine einzige Person zu meinen, die eine besondere Lebensgeschichte, eine bewusste Gegenwart und eine erwartbare Zukunft hat.... Offensichtlich dient dieses Vermögen, ›mentale Zeitreisen‹ (Endel Tulving) vornehmen zu können, dem Zweck, Orientierungen für zukünftiges Handeln zu ermöglichen. Erlerntes und Erfahrenes kann auf diese Weise für die Gestaltung und Planung von Zukünftigem genutzt werden.« (Ebd. 11) Das verschafft uns gegenüber Tieren unter evolutionärer Perspektive einen enormen Anpassungsvorteil: Wir können uns bewusst und reflexiv zu dem verhalten, was uns widerfahren ist und wie wir darauf reagiert haben.

Jeder Mensch, der seinen Alltag bestehen will, tut dies. Wir können diesen reflektierenden Umgang mit unserer Lebensgeschichte nicht einfach »bleiben lassen«, sondern müssen biografische Selbstreflexion notwendigerweise und kontinuierlich leisten. Ist diese Reflexion methodisch organisiert, wird heute von »Biografiearbeit« gesprochen. Wir benutzen beide Begriffe synonym. Bei dem vielleicht etwas hochtrabenden Begriff »biografische Selbstreflexion« handelt es sich also um etwas ebenso Schlichtes wie anthropologisch Grundlegendes:

Eine tragfähige personale Identität kann nur durch die Herstellung von Sinnzusammenhängen biografischer Erfahrungen erreicht werden. Nach Erikson (2000) ist Identität die Erfahrung des Sich-Gleich-Bleibens in der Zeit. Das Gefühl, das Menschen zu sich selbst haben, hängt also sehr eng mit dem zusammen, was sie über ihr eigenes Leben wissen.

Wie Menschen diesen Prozess im Laufe ihres Lebens gestaltet haben, wie sie persönlich als Individuen und als Mitglieder einer Gesellschaft, Kultur oder Sozialschicht mit den Lebenserfahrungen umgegangen sind, hat seit einigen Jahrzehnten die Biografieforschung untersucht.

1.1.2 Biografieforschung

Die biografische Methode als Untersuchungsprogramm ist noch gar nicht so alt. Klassischer Ansatz für größere Gruppierungen sind die von Znaniecki in den 20er Jahren des letzten Jahrhunderts publizierten Lebenslaufstudien über polnische Bauern, die in den »Schmelztiegel« USA eingewandert waren und nicht selten an den kulturellen Brüchen scheiterten. Znaniecki hat dazu Tagebücher, Briefe, Memoiren und andere lebensgeschichtliche Dokumente dieser Immigranten ausgewertet. Ein weiterer Meilenstein waren die Untersuchungen von C. R. Shaw über die Lebensläufe straffälliger Jugendlicher Anfang der 30er Jahre. Methodisch –

und das ist für unseren Zusammenhang wichtig – bilden also subjektive Erzählungen, persönliche Zeugnisse, individuelle lebensgeschichtliche Dokumente und Gegenstände aus der Alltagswelt die Grundlage für die Rekonstruktion von Lebensverläufen und der ihnen zugrunde liegenden individuellen (und manchmal auch kollektiven) Sinnkonstruktionen.

Es sind eben die Alltagsbanalitäten, die wichtige Einblicke in das Leben und die Verarbeitung von Ereignissen geben: Ob jemand als Kind einen Teddy hatte und was der bedeutete, ob jemand in der Grundschulzeit eine beste Freundin hatte, ob jemand als vietnamesisches Adoptivkind seine Heimatsprache weitersprechen durfte/wollte – all das ist für die Forschung aufschlussreich, um Menschen in ihrem Gewordensein zu verstehen. Mit Hilfe solcher Analysen kann man sehen, wie Menschen Herausforderungen bewältigen, Krisen lösen, scheitern oder sich durchmogeln. Aber hier bleibt das Problem, ob man den Einzelfall verallgemeinern kann, eine in der Wissenschaftstheorie seit langem ungeklärte Frage.

Seit den 80er Jahren erlebte die Biografieforschung einen enormen Aufschwung. Eine kurze Recherche im Internet zu den einschlägigen Bibliografien haben uns mehrere Hundert Literaturangaben gebracht (die wir den Lesern dieses Buches aber ersparen). Inzwischen ist die Biografieforschung ein anerkannter Forschungsansatz in den Sozialwissenschaften. Dies hängt sicher zusammen mit der seit rund dreißig Jahren zu beobachtenden Abkehr der Sozialwissenschaften von System und Struktur (also sehr abstrakten Problemen der Gesellschaft) hin zur Alltags- und Lebenswelt der Menschen. Damit gewannen auch Fallstudien wieder mehr Gewicht. Der Mensch als Akteur wurde untersucht im Schnittpunkt unterschiedlicher und divergierender Anforderungen (Schlagwort: Pluralismus der Moderne) mit dem Ergebnis, dass es keine Normalbiografie mehr gäbe. Also müsse der Einzelne seinen Lebenslauf in eigener Regie managen. Die neuere empirische Biografieforschung untersucht daher Biografien im Konfliktfeld zwischen individueller Handlungsstrategie (»Jeder ist seines Glückes – oder Unglückes – eigener Schmied«) und institutioneller Steuerung (»Sozialversicherungssysteme bewahren uns vor dem Abrutschen ins Elend«). In der neueren Biografieforschung wird eine Fülle von wissenschaftlichen Ansätzen einbezogen, um die individuellen, aber gesellschaftlich mit bedingten »Regeln« herauszufinden, mit denen Menschen Lebenssinn »herstellen«, Verarbeitung von Brüchen leisten und Gefährdungen sowie Anderssein bewältigen (oder nicht bewältigen).

Zugleich zeigt sich eine wichtige Entwicklung in der Wissenschaft: In Zeiten gesellschaftlicher Umbrüche, rasanter Veränderungen und tiefgehender Wandlungen gerät die ausschließlich empirisch-quantitative Sozialforschung mit Messen, Auszählen, korrelativen Statistiken usw. deutlich an ihre Grenzen. Innerhalb der *qualitativen* Sozialforschung wird das klassische naturwissenschaftliche Forschungsparadigma darum heute zugunsten *verstehender und deutender Verfahren*, wie z.B. der Biografieforschung (Kraul/Marotzki 2002), ergänzt.

Die eigene Biografie

Biografieforschung hat also Konjunktur, - in vielen Wissenschaften. Aber: Während hier (auto-) biografisches Material meist von fremden Interpreten für wissenschaftliche Erkenntniszwecke herangezogen wird, geht es in der biografischen *Selbst*reflexion um die (Wieder-) Aneignung der *eigenen* Biografie. Lebensgeschichtliche Erinnerungen werden also nicht für das Forschungsinteresse des Wissenschaftlers ausgewertet, sondern für das Verstehen und für die Gestaltung des Lebens der Betroffenen fruchtbar gemacht. Diese Selbst-Reflexion unterscheidet unser Konzept von der Biografieforschung, deshalb ist unser Buch auch kein Beitrag zur Biografieforschung im beschriebenen Sinn!

1.1.3 Reflexionshilfen statt Stammtischgespräch

Die Anwendung des Biografieforschungsansatzes auf das *eigene* Leben ist das erste Merkmal unseres Konzeptes gegenüber der Biografieforschung. Ein zweites Merkmal besteht darin, die Rückgriffe auf die Lebensgeschichte nicht mehr allein dem Zufall und der Alltagskommunikation zu überlassen, sondern durch strukturierte Übungen und Anregungen *gezielt zu fördern*, also einen Beitrag zu leisten zur methodisch angeleiteten Biografiearbeit.

Viele Menschen kommen in der Verarbeitung ihrer Lebenserfahrungen kaum über ein Stammtisch-Niveau heraus: »Na ja, das waren eben schwere Zeiten damals...« Oder: »Unsere Eltern waren arm, aber sauber... « Wenn wir uns kurz darüber verständigen wollen, wer wir heute sind, wie wir leben, warum und wozu wir etwas tun, dann greifen wir in der Regel auf solche Alltagsfloskeln mit scheinbarer Plausibilität zurück (»Naja, wir hätten uns das damals nicht erlaubt...«). Biografische Selbstreflexion setzt zwar bei dieser Alltagskommunikation an, strukturiert und organisiert sie aber durch gezielte Anregungen zum Nachdenken, durch Übungen, manchmal auch Spiele, Gruppenarbeit u.a.m. Sie bietet also Methoden an, um diesen Rückgriff auf die eigenen Lebenserfahrungen auf eine andere/höhere Stufe der Erkenntnis und Verarbeitung zu heben, als dies am Stammtisch geschieht.

Dabei sollen über das individuelle Moment hinaus auch die gesellschaftlichen, kulturellen, sozialen usw. Bedingungen, in die z.B. eine Familie eingelagert ist, zum Vorschein kommen. Weil die eigene Lebensgeschichte immer auch Spiegel gesellschaftlicher, kultureller und sozialer Verhältnisse ist, liegt in der Biografiearbeit auch die Chance zur *politischen* Bildung und Veränderung. »Ein Akt der Selbstreflexion, der ›ein Leben ändert‹, ist eine Bewegung der Emanzipation.« (J. Habermas) Die Auseinandersetzung mit der eigenen Geschichte bedeutet also (auch als Weg nach innen) keineswegs den vielbeklagten unpolitischen »Rückzug ins Private«. Im Gegenteil: Hier liegt vielmehr die Chance, im Verstehen und Durchschauen gesellschaftlich-politischer Prozesse am Beispiel der eigenen Biografie auch politisch handlungsfähiger zu werden.

Biografiearbeit ist also eine Bildungsveranstaltung, die die auf Selbstvergewisserung zielende Stammtischkommunikation (»Wir hatten's eben schwer...«) durch kritisches Fragen, bewusstes Nachforschen und differenziertere Detailanalyse in einen echten Erkenntnisgewinn weiterführen will. Dann erst wachsen die Chancen für das Begreifen einer Kostbarkeit: »Etwas Besonderes, nur mein Leben!« (Tagungsthema der Österreichischen Jugendamtspsychologen zur Biografiearbeit 2006).

1.1.4 Identität und Geschichte

Es geht also um Identität und Geschichte, um Verstehen des Zusammenhanges Gestern-Heute-Morgen. Weil aber unsere Biografie nicht bloß eine äußere Ansammlung von Daten (wie ein tabellarischer Lebenslauf) ist, werden wir fragen, wie diese einzelnen Fakten eigentlich zusammenhängen, wie sie sich gegenseitig beeinflussen, warum sie überhaupt in dieser einen Lebensgeschichte vorkommen, welche Bedeutung sie haben, wie sie zu jenen Mustern geführt haben, die unsere heutige Weltsicht, unser Verhalten im Alltag und unser Handeln bestimmen.
Eine solche Rekonstruktion biografischer Zusammenhänge erleichtert also das Verstehen sich wiederholender Verhaltens- und Beziehungsmuster: Ein 18jähriger kommt seinen Kontaktschwierigkeiten zu Mädchen auf die Spur, weil er sie in den Zusammenhang seiner rigiden pietistischen Sozialisation einfügen kann; ein vorpubertäres Kind begreift seine Verneinung einer glücklichen Zukunft als Folge seiner Fantasie, es sei Schuld am Versagen seiner Eltern mit der Folge einer Heimunterbringung u.a.m. »Unerklärliches und nicht normgerechtes Verhalten verliert seinen ›verrückten‹ Charakter und wird nachvollziehbar«, stellt Klaus ter Horst (2005, S. 167), Fachmann für die Probleme fremd platzierter Kinder und Jugendlicher und Autor des Lebensbuches (s.u.), gerade für den Umgang mit Heranwachsenden in der Jugendhilfe fest.
Mehr noch: Wir können vielleicht in unseren Erfahrungen und Lebensdeutungen einen roten Faden entdecken, wenn wir uns unseres Lebenszusammenhanges zu vergewissern suchen: Woher komme ich – wer bin ich – wohin kann ich gehen, wohin nicht? Mein Leben ist auch ein Ganzes und alle Einzelereignisse bekommen ihren »Sinn« von diesem Ganzen her, - aber auch umgekehrt gilt: Von den Einzelereignissen her entfaltet sich der Gesamtzusammenhang meines Lebens, meine »Geschichten« werden zu meiner »Geschichte« und damit zu meiner Identität. Dabei müssen wir heute auch verstärkt lernen, Brüche in unserer Biografie zu verarbeiten, z.B. mit plötzlicher Arbeitslosigkeit umzugehen und die Leere auszuhalten. Wie gehe ich mit Krisen um? Wo habe ich Krisen erfolgreich gemeistert, und wie? Die Suche nach diesen eigenen Spuren in der Lebensgeschichte führt zur Selbstvergewisserung und unterstützt die heute ohnehin schwierige Identitätsentwicklung. Immerhin: Wenn ich nach rückwärts schaue, wird meine Identität nach vorne hin offener.

1.1.5 Deutungsmustern auf die Spur kommen

Mit diesen Perspektiven sind einige grundlegende Elemente der Biografiearbeit bereits angedeutet.

- Aus der neueren Gedächtnisforschung wissen wir, dass die in unserem Gedächtnis gespeicherten Lebenserinnerungen eine entscheidende Rolle für unser *gegenwärtiges* Denken und unser *heutiges* Verhalten spielen (Schacter 1999, S. 156).
- Und der – sicher umstrittene – Konstruktivismus hat uns gezeigt, dass *alle* unsere Erkenntnisse Konstruktionen sind, d.h. unsere Erinnerungen gleichen keineswegs Aufzeichnungen, die ein Tonband während einer Sitzung macht, sondern sind immer gebunden an unsere subjektiven Konstruktionen von Bedeutungen. Unsere Biografie enthält also zahlreiche solcher unser Handeln (mit-)bestimmender Deutungsmuster und Sinninterpretationen, denen wir in der Biografischen Selbstreflexion auf die Spur kommen können, ja kommen müssen, wenn wir verstehen wollen, warum wir so und nicht anders handeln und die Welt begreifen.
- Manchmal reimen wir uns allerdings auch aus einzelnen Bruchstücken »etwas zusammen«, wir bilden *Mythen* und erklären damit dann schnell unsere Wahrnehmung der Wirklichkeit (»Das Leben ist eben eine einzige Plackerei, da kann man nichts machen...«), - entsprechend sieht die Deutung und Gestaltung des Lebens aus. Oder wir erfinden den »Familienroman« (Freud) einer problemlos glücklichen Kindheit.
- In der Regel sind unsere Deutungsmuster (patterns) so selbstverständlich, dass sie uns gar nicht mehr auffallen. Sie sind zu Routinen geworden. Biografiearbeit kann hier ein Bewusstsein schaffen, wie ich »jedes Mal, wenn...« handle; wir können Muster mit unserer Herkunftsfamilie vergleichen: »Meine Mutter hat auch immer...«; wir können nach neuen Möglichkeiten suchen: »Ich könnte doch auch...«; wir können uns mit Ängsten und Hindernissen beschäftigen: »Wenn ich das tue, dann passiert bestimmt...«; und schließlich können wir in der Wirklichkeit die neuen Lösungen probieren und Erfahrungen damit sammeln. Wenn wir uns in solchen mit Angst besetzten Mustern bewegen, bleiben wir in der Vergangenheit hängen, lassen unrealistischen Kinderängsten zu viel Raum (»Wenn ich sage, was ich will, hat meine Mama mich nicht mehr lieb...«). Das Kind in uns hat Angst vor etwas, das heute nicht mehr existiert: die Mutter ist hier und heute nicht mehr da.
- Schließlich ist in der Arbeit an der eigenen Biografie eine Haltung hilfreich, die eher dem neutralen Forscher als dem verurteilenden Richter gleicht: Wir versuchen, alle (Be-) Wertungen heraus zu lassen und bemühen uns um den interessierten Forscherblick, der protokolliert, beobachtet, untersucht, - ohne (vor allem negative) Wertungen. In der Regel sind wir sehr routiniert darin, alles schnell zu beantworten und vielleicht sogar in vorgefertigte Schubladen

zu packen. In der Biografiearbeit geht es aber erst einmal um das vorbehaltlose Registrieren, um das Vermeiden schneller Antworten und um eine möglichst unvoreingenommene Suchhaltung.

Deutungsmuster sind veränderbar, sie können durch Biografiearbeit nachdrücklich revidiert werden. Ein Beispiel aus einer Forschungsarbeit an unserer Hamburger Universität (Brems 2002): Eine 65jährige Frau hat in einem biografischen Projekt »Schreibwerkstatt« anfangs aufgrund der Kriegserfahrungen und des Aufwachsens in der DDR als ihr zentrales Deutungsmuster formuliert, dass das Leben eben Erleiden sei, dass man meist Opfer fremdbestimmter Entscheidungen und Rahmenbedingungen sei. Nach intensiver Auseinandersetzung mit dieser »Sinninterpretation« innerhalb der biografischen Arbeit hat sie diese kritisch hinterfragt und hat sich deutlich stärker als aktiv handelndes Subjekt der eigenen Lebensgestaltung begriffen. Im Laufe biografischer Arbeit können gezielt solche Deutungsmuster bearbeitet werden, es kommt zu einem immer wieder neuen Verstehen biografischer Sinnzusammenhänge, während sie sich im »natürlichen« Verlauf des Lebens nur zufällig oder auch gar nicht ändern.
Dieses Beispiel zeigt, dass Biografiearbeit auch zu wichtigen neuen Zukunftsperspektiven führen kann. Wohin will ich? Welche Schritte muss ich gehen? Ein wichtiges Ziel der Biografiearbeit ist – gerade für Kinder und Jugendliche - das »entwerfende Verstehen«, das in die eigene Zukunft hinein offen ist, das Mut zu neuen Lebensentwürfen zeigt und das Potenzial zum persönlichen Wachstum freilegt. Denn bevor ich etwas verändern kann, muss ich wissen und begreifen, was bisher im eigenen Leben passiert ist. Aber Wissen und Verstehen allein schöpfen die Potenziale der Biografiearbeit nicht aus.

1.1.6 Annehmen ist mehr als Verstehen

Über das Verstehen hinaus geht es um das innere Annehmen und Akzeptieren der eigenen Lebensgeschichte, ja die Aussöhnung auch mit Elend, Ungerechtigkeit und Vernachlässigung. Das heißt nicht: Schwamm drüber, Vergessen, Bagatellisieren oder Verniedlichen. Es heißt auch nicht Herumwühlen in Schmerzen.
Aber das genaue Hinschauen, das Zulassen von Wut, Enttäuschung, Trauer und Hoffnungslosigkeit erst führt zu Versöhnung, setzt neue Kräfte frei, macht Mut, weckt Potenziale zum persönlichen Wachstum. Ansonsten bleibt viel Lebensenergie im »Deckeln« dieser Gefühle gebunden.
Annehmen der eigenen durchlebten Geschichte, akzeptieren und integrieren abgespaltener Persönlichkeitsanteile erst machen den Weg frei zur Erprobung neuer Handlungsmöglichkeiten, Kräfte und Fähigkeiten und sind Hilfen für ein positives Selbstkonzept.
Hier zeigt sich auch, dass Biografische Selbstreflexion keineswegs eine narzisstische Nabelschau und Selbstbespiegelung ist, die bei Überdosierung zu einem

aufgeblasenen Egozentrismus führt. Im Gegenteil: Wenn Versöhnung mit meiner Geschichte zum Offenwerden für neue Lebensentwürfe und persönliche Entwicklungen hilft, lerne ich mein Leben zu verantworten und selbst zu bestimmen.
Wenn ich lerne, dass ich in meiner Lebensgeschichte immer auch Täter, nie allein Opfer bin, liegt darin die Chance zu vermehrter Selbstbestimmung, trotz aller negativen und entmutigenden Erfahrungen! Ich kann meine Ziele ordnen, Zukunftsperspektiven entwickeln und mit der Ambivalenz von Ohnmacht und Freiheit besser umgehen.
In der Pädagogik spricht man heute von der Aufgabe einer »Biografisierung« des Aufwachsens, d.h. von der Notwendigkeit, die heterogenen Ereignisse und Lebensbedingungen in seinen persönlichen, eben subjektiv kohärenten Sinnzusammenhang zu bringen. Früher hieß das etwas einfacher formuliert: Identitätsfindung. In Umbruchsituationen steigt der Bedarf an biografischem Sinn: Wozu, worauf hin habe ich bisher gelebt? Welche »Hinweise« auf Gestaltungskräfte, Anstöße oder zu beantwortenden Fragen enthält meine bisherige Lebensgeschichte? Welche Konsequenzen ergeben sich daraus für das Stück Identitätsentwicklung, das vor mir liegt? Antworten gewinnen auch Kinder und Jugendliche nicht mehr aus der Tradition, sondern nur in einem mühsamen und risikoreichen Reflexionsprozess, der der Unterstützung durch Erwachsene bedarf.
Für den Pädagogen und Psychologen liegt in dieser Arbeit auch eine großartige Möglichkeit, eine einfühlsam-verstehende Haltung zu entwickeln, einmal sich selbst gegenüber (!) und dann aber auch seinem Klientel gegenüber. Die Möglichkeit, Kinder und Jugendliche weit über die Aktenlage hinaus in ihren biografischen Prozessen zu verstehen, ist unschätzbar wertvoll. Das gilt wohl nicht nur für die uns anvertrauten Kinder, sondern auch für Kollegen und Kolleginnen, Eltern, Freunde und sicher auch für den eigenen Lebenspartner oder die Ehefrau...

1.1.7 Abgrenzung Biografiearbeit und Therapie

Zunächst muss gesagt werden, dass diese Frage oft an uns gestellt wird, zugleich aber schwierig zu beantworten ist. Wenn es um »personal growth«, um lebendiges Wachstum der Person geht, wo ist da die Grenze zwischen therapeutischen Prozessen und biografischer Arbeit?
Therapie (gemeint ist natürlich Psychotherapie) setzt an bei Störungen, die Leiden in der Persönlichkeitsentwicklung, im Arbeiten und Lieben (wie Freud es schon gesagt hat) verursachen. Während es in der Biografiearbeit um Exploration, um Kennenlernen und um Datensammlung/Dateninterpretation des eigenen Lebens geht, induziert Therapie Lösungsprozesse für tiefer liegende Persönlichkeitsprobleme. Damit gehen therapeutische Prozesse tiefer und weiter als die Biografiearbeit. Dies bedingt auch eine andere Beziehungsstruktur zwischen Therapeut/in und Klient/in: Zunächst setzt eine Therapie in der Regel ein längerfristiges Vertrauensverhältnis zwischen Therapeut und Klient voraus, während die Beziehungs-

struktur in der Biografiearbeit eher der einer Arbeitsgruppe gleicht. Während sich der Gruppenleiter einer Biografiearbeits-Gruppe (oder auch der Einzelarbeit) auf die Selbsterfahrungsebene beschränkt und methodisch keine therapeutischen Prozesse anstrebt, setzt der Therapeut bewusst auf Tiefung, auf die Initiierung von kathartischen Prozessen, bisweilen auch auf das Erleben totaler Ausweglosigkeit, auf Lösungsorientierung, neue Wege, auf längerfristige Arbeit zur Überwindung von Störungen etc.

Für Therapie ist unbedingt eine qualifizierte Fachausbildung nötig, Biografiearbeit kann – unter Beachtung einiger Grundregeln – auch von nicht-therapeutisch, sondern pädagogisch, soziologisch, psychologisch, theologisch u.a.m. qualifizierten Menschen angeleitet werden. Wichtig ist allerdings, dass ein Gruppenleiter in der Biografiearbeit klare Grenzen einhält, keine Laientherapie veranstaltet, sondern Menschen mit Therapiebedarf an Therapeuten weiter verweist. Andernfalls besteht die Gefahr von Re-Traumatisierung, Re-Wounding mit völliger Überforderung des Betroffenen, der Gruppe und des Gruppenleiters. Es ist darum von der Zielsetzung her unbedingt nötig, im vortherapeutischen Bereich zu bleiben, auch wenn sich eine Nähe zu therapeutischen Prozessen ergeben kann (z.B. im Erkennen und Kippen von »Glaubenssätzen« (vgl. Übung Antreiber, S. 105). In der Biografiearbeit *können* therapeutische Prozesse geschehen, in der Therapie werden sie bewusst angestrebt.

Eine scharfe Abgrenzung ist kaum möglich, es bleibt eine Schnittmenge zwischen therapeutischen Prozessen und biografischer Arbeit. Als Grundregel kann aber gelten, im Zweifelsfall keine therapeutischen Prozesse zuzulassen, sondern dann die Arbeit lieber abzubrechen und den Betroffenen qualifizierte therapeutische Hilfe anzuraten.

Fassen wir zusammen: Biografie ist nach unserem Verständnis eine im lebenslangen Prozess erworbene Aufschichtung und Interpretation von Erfahrungen, die bewusst oder unbewusst in unsere Weltdeutung und heutiges Handeln eingehen. Wir sind immer auch Vergangenheit. Durch rückschauendes Betrachten, durch Aktualisieren vergangener Erfahrungen, durch Vergegenwärtigung der damaligen Lebenssituation können Geschehnisse, die unsere Persönlichkeit geformt haben, ins Bewusstsein gerufen und wiederbelebt werden. Darin liegt die Chance, uns selbst besser zu verstehen, unsere Geschichte anzunehmen, zukünftige Handlungsperspektiven zu entwickeln und persönliche Potenziale zu entfalten. Weiterhin gewinnen wir Verständnis für andere Menschen, revidieren vorschnelle Urteile und lernen Toleranz, - darum ist methodisch auch die Gruppenarbeit so wichtig. Biografiearbeit hat über die persönliche Lebensgeschichte hinaus aber auch kollektive Aspekte: Meine »kleine« Geschichte ist Spiegel der «großen« Geschichte, meine Lebenserzählungen als älterer Mensch bewahren für die künftigen Generationen als Oral history wichtige Erfahrungen auf.

Inzwischen haben wir auch einige grundlegende Begriffe geklärt:

- Im Unterschied zum Begriff *Lebenslauf* (der z.B. als Tabelle einer Bewerbung angehängt wird und die äußeren Fakten eines Lebens enthält)
- meint der Begriff *Biografie* nicht nur die äußeren Tatsachen, sondern auch immer die impliziten Sinn-Deutungen mit, die wir unserem Leben geben.
- *Biografische Selbstreflexion* zielt also zunächst auf das Erkennen solcher routinierten Interpretationen und Deutungen, die auch unser heutiges Handeln und Fühlen bestimmen und für unsere Zukunftsvorstellungen maßgeblich sind. Wir denken über ihre Bedeutung nach: *Reflexion*. Das ist ein typisches Ziel für Bildungsveranstaltungen der Erwachsenenbildung.
- Als synonymer Begriff wird heute auch von *Biografiearbeit* gesprochen. Die Lebensgeschichte einzubeziehen und damit die Identitätsentwicklung zu unterstützen und die Persönlichkeit zu stabilisieren ist Anliegen vieler pädagogischer Arbeitsfelder: Über die Erwachsenbildung hinaus auch in der Sozialpädagogik (Arbeit mit Kindern und Jugendlichen in besonders schwierigen Lebenslagen), in der Schule (Reflexion von schulischen und andern Sozialisationsprozessen) und in der Bildungsarbeit mit alten Menschen (Erinnerungsarbeit und Lebensbilanz, Integration der unterschiedlichsten Erfahrungen im Verlauf des Lebens).

Methodisch baut die Biografische Selbstreflexion auf einen hermeneutisch-sinndeutenden Zugriff, nicht auf kausal-empirische quantitative Analysen und auch nicht auf bloße phänomenologische Deskriptionen.

Insgesamt stellt sich die Biografiearbeit bis hierher als ein sinnvolles und schlüssiges Konzept dar. Aber wir wollen nun doch etwas kritisches Wasser in den vielleicht allzu euphorischen Biografiearbeits-Wein gießen. Wir tun dies, indem wir drei naheliegende Fragen stellen:

1. Ist in einer Zeit zerbrechender *Zukunfts*orientierungen der Blick nach *hinten* überhaupt sinnvoll und hilfreich?
2. *Stimmen* unsere Erinnerungen überhaupt, was sagt die moderne Gedächtnisforschung über das Erinnern?
3. Kann man der folgenden Behauptung zustimmen? Der Philanthrop Salzmann (1806) hat dazu aufgefordert, die Ursache für die Probleme unserer Zöglinge in uns (selbst) zu suchen...

1.2 Warum Biografiearbeit? – Begründungen und Einwände

1.2.1 Unterstützung bei der Identitätsentwicklung

Die zentrale Begründungsfigur der Biografiearbeit ergibt sich zum einen aus unsere aktuellen gesellschaftlichen Situation und zum andern aus der Notwendigkeit einer gezielten Identitätsentwicklung.

Bekanntlich macht uns allen die Zukunft der gesellschaftlichen Entwicklungen – übrigens weltweit – große Sorgen. Die gewonnene Freiheit des Menschen gegenüber alten Zwängen, Bindungen und Traditionen (jedenfalls im Westen) ist das Eine. Das Andere sind die Folgen der zunehmenden Pluralisierung, die Beliebigkeit postmoderner Gesellschaften, die Orientierungsschwierigkeiten und die Auflösung traditioneller Sinngebungen. Die »Normalbiografie« hat sich heute zersplittert in eine Fülle möglicher Lebensentwürfe, so dass es immer dringender wird, seinen Lebenslauf in eigener Regie zu managen und Lösungen für unterschiedliche und sich widersprechende Entwürfe zu finden. (U. Beck) Zunehmend muss also die Identität selbst »gebastelt« werden, inmitten gefährdeter Übergänge, Brüche und Verlockungen. Unklare, divergente und widersprüchliche Rollenanteile müssen integriert werden, im Beruf bzw. in mehreren Berufen, in den Beziehungen, als Elternteil, als Schüler, als Heimbewohner, als Freizeitteilnehmer, als armer Konsument in einer verlockenden Überflussgesellschaft, als freies Kind, über das eine Akte geführt wird u.a.m.

Das Bedürfnis nach Unterstützung bei der Entwicklung einer einigermaßen tragfähigen Identität ist also angesichts dieser gesellschaftlichen Situation groß. Markowitsch/Welzer (2005, 216) meinen sogar, dass es heute überhaupt keine (traditionelle) Ich-Identität mehr gäbe, sondern dass es »in Wahrheit doch ein sehr multiples Ich ist, das sich geschmeidig durch alle Rollen und Lebensphasen bewegt und nur deswegen, weil auch die andern sich in derselben Zeit verändern, als etwas erscheint, das sich gleich bleibt, eine Identität hat.« Das ist mit der heute verbreiteten Rede von der »Bastel-Identität«, der »Identität als Baustelle« oder der »patchwork-identity« gemeint. Gibt es überhaupt noch eine Antwort auf die Frage: »Wer bin ich?«

Markowitsch/Welzer (ebd.) heben aber auch hervor, dass es die entscheidende Leistung des autobiografischen Gedächtnisses ist, dieses heute überaus multiple Ich zu integrieren. Lebensgeschichte und gegenwärtige Entwicklungsaufgaben können so verbunden werden, Vergangenheit, Gegenwart und Zukunft fallen nicht mehr auseinander, sondern können in biografischer Selbstreflexion aufeinander bezogen werden, um gerade angesichts permanenter Veränderungen ein sich doch letztlich Gleichbleibendes (ICH) zu generieren.

Diese Möglichkeit wird auch in der Praxis pädagogischer Arbeit wichtig. So zeigen z.B. Erfahrungen in der Jugendhilfe (Ryan/Walker 2004, 16f): Weil viele Kinder mit wechselnden Unterbringungen ein Gefühl von Lähmung infolge eines schwachen Identitätsgefühles zeigen, ist es hilfreich, in der Biografiearbeit mit ihnen Brücken zu schlagen zwischen *Vergangenheit* (Orte, traurige und glückliche Ereignisse), *Gegenwart* (was tue ich hier, wohin gehöre ich, wie sehen mich die anderen) und *Zukunft* (wie werde ich sein, welche Chancen habe ich, welche Veränderungen werden kommen). Durch Biografiearbeit »können Hoffnungen für die Zukunft und Zweifel an ihr zur Sprache gebracht werden und ein ›Über-

brücken‹ (das Verbinden der Vergangenheit mit der Zukunft) in eine neue Familie oder Situation kann beginnen.« (Ebd. S. 18)
Dieses Ziel formuliert auch eine vom Jugendamt der Stadt Wien entwickelte Mappe zur biografischen Arbeit mit Kindern im Titel: »Ich weiß, wer ICH bin!« (Mikosz u.a. o. J.) Und als Resümee der Erfahrungen mit dem Lebensbuch von ter Horst (2005, 173) heiß es kurz und bündig, »die für die Identitätsentwicklung förderlichen Aspekte der Arbeit mit dem Lebensbuch sind eindrücklich und nachhaltig.«
Aber auch Erwachsene haben oft Fragen an ihr Leben. Viele sind einfach neugierig und wollen sich selbst besser kennen lernen. Mancher hat vielleicht auch das Gefühl, auf der Stelle zu treten oder dass sich das eigene Leben gerade einschneidend verändert oder sucht eine neue Orientierung für die vor ihm liegende Lebensphase. In der biografischen Selbstreflexion werden Abschnitte, Ereignisse, Wendungen des zurückgelegten Lebensweges beleuchtet: Zu welchem Zeitpunkt, in welcher Lebenssituation widerfuhr mir etwas, welche Rhythmen oder Muster prägten mein Leben, was engt mich ein, was kann ich ändern usw.
Es zeigt sich, dass ein Rückblick immer auch für die Zukunft stark macht.

1.2.2 Stimmen unsere Erinnerungen überhaupt?

Fasst man die Ergebnisse der modernen Gedächtnisforschung zusammen, so kann man zunächst nur misstrauisch werden (Schacter 1999):
Bereits beim »Einspeichern« eines Erlebnisses in unser Gehirn gehen wir unbewusst selektiv vor. Unser Gedächtnis ist kein Fotoapparat, der alles wahrheitsgetreu aufzeichnet. »Erinnerungen halten fest, wie wir die Ereignisse erlebt haben, sie sind keine Kopien dieser Ereignisse.« (Ebd. S.23) Keine Erinnerung liegt in einer einzigen »Schublade« des Gedächtnisses; vielmehr werden in verschiedenen Teilen des Gehirns verschiedene Aspekte eines Erlebnisses gespeichert und durch sehr komplexe neuronale Netzwerke zu speziellen Gedächtnissystemen miteinander verbunden. (So wird bei Hirnverletzungen der Ausfall bestimmter Erinnerungsanteile verstehbar.) Nachgewiesen wurde dies durch neuere bildgebende Verfahren (z.B. Positronen-Emissions-Tomografie – PET).
Auch das Abrufen von Erinnerungen gleicht nicht dem Anknipsen einer Glühbirne, die eben vorher ausgeschaltet war. Eine Erinnerung abzurufen funktioniert (nach einem schönen Vergleich des Kognitionspsychologen Ulric Neisser) wie die Rekonstruktion eines Dinosauriers aus Knochenbruchstücken durch einen Paläontologen: So wie der Paläontologe aufgrund seiner Kenntnisse vom Aussehen eines Dinos aus den Knochenbruchstücken etwas kombiniert und konstruiert, so setzen wir die Engramme - also die eingespeicherten Fragmente einer Episode – in Verbindung mit dem Abrufreiz zu einem neu entstehenden Ganzen zusammen. Das ist dann das Erinnerungserlebnis desjenigen, der sich erinnert. Dies wird die *Emergenzthese des Erinnerns* genannt (›das ganze Bild ist neu und anders als die Ad-

dition der Einzelteile', ähnlich das bekannte Gestaltgesetz). Wesentlich sind also auch die *Abrufreize*: Es ist ein großer Unterschied, ob ich mich beim Erinnern auf die Emotionen (wie hast du dich gefühlt am ersten Tag in der Schule) konzentriere oder auf die objektiven Umstände (welche Personen haben dich begleitet). Ersteres, also gefühlsmäßig hineinzugehen und sich selbst als Teil der Szene zu sehen, wird *Felderinnerung* genannt und stellt sich überwiegend bei frühen Gedächtnisinhalten ein (z.B. Kindergeburtstagen oder beim ersten Schultag). Letzteres, also das eher von draußen Draufgucken, wird *Beobachterperspektive* genannt und stellt sich eher bei nicht so weit zurück liegenden Erinnerungen (z.B. bei dem letzten erlebten Verkehrsunfall) ein. Aber auch unser »Lebenskonzept« kann als Abrufreiz die Erinnerungen wesentlich bestimmen: Wer nach dem Lebensmotto lebt »Das Leben ist Arbeit und Müh'« , wird in seinen Kindheitserinnerungen wenig Glanzvolles entdecken. *Fazit*: Wie ich mich eines Ereignisses entsinne, hängt immer auch vom Abrufkontext ab, d.h. von den Absichten und Zielen zu dem Zeitpunkt, an dem ich mich zu erinnern versuche. Erinnerung ist nie objektiv.

Ein sehr weites und gut untersuchtes Feld sind die Fehlerinnerungen, Irrtümer und Verwechslungen der Quellen der Erinnerung. So berichtet ausgerechnet der Gedächtnisforscher Donald Thompson (nach Markowitsch/Welzer 2005), wie er von einem Vergewaltigungsopfer vor Gericht haargenau als Täter beschrieben worden ist. Doch er hatte für die Tatzeit ein wasserdichtes Alibi, er war nämlich live im Fernsehen zu sehen, als er ein Interview über Erinnerungsverzerrungen gab... Wie sich vor Gericht herausstellte, hatte die betroffene Frau unmittelbar vor der Tat dies Interview gesehen und den »Täter« (offenbar aufgrund einer gewissen Ähnlichkeit) exakt beschrieben. Sie hatte also offensichtlich die Quellen ihrer Erinnerung verwechselt. - Auch können Fantasien über eine Opferidentität dazu führen, dass man mit der Zeit an erlebtes Unrecht glaubt.

Auch werden Erinnerungen nicht selten verkürzt, verdichtet, rationalisiert; Fehlendes wird ausgeschmückt, so dass man bei vielfacher Wiedererzählung eines Ereignisses (z.B. eines Kriegerlebnisses) nicht mehr unterscheidet zwischen Dichtung und Wahrheit, dies alles im guten Glauben an authentische Erinnerung.

Schließlich können Erinnerungen auch verblassen, ja verschwinden, wenn sie nicht in Anspruch genommen werden. Grund dafür ist wahrscheinlich, dass sich die synaptischen Verknüpfungen der entsprechenden Engramme auflösen, wenn eine Erinnerung nie abgerufen wird. Andererseits ist das Vergessen konstitutiv und notwendig für die Fähigkeit des Erinnerns überhaupt, wie die schrecklichen Persistenzerfahrungen betroffener Menschen zeigen: Es gibt Fälle von Menschen, die sich an alles gleichzeitig erinnern können und nicht mehr selektiv wichtig und unwichtig unterscheiden können, sie landen in Anstalten. Ohne das Vergessen wären wir handlungsunfähig. Oder denken wir an traumatische Erlebnisse, die einem nie »aus dem Kopf gehen«, obwohl man sie vergessen möchte. Das zeigt, wie wichtig für unsere Psychohygiene das Vergessen ist!

Dies alles weist darauf hin, dass sich unser autobiografisches Gedächtnis in einem ständigen Wandlungsprozess befindet. Das muss aber nicht heißen, wir leben in einer Welt völlig fiktiver Fantasien, die wir uns zusammenbasteln, wie wir sie gerade brauchen. Es gibt nämlich einen empirisch gut belegten Trost: Umfangreiche Studien mit Geschwistern haben belegt, dass die Erinnerungen in den zentralen allgemeinen Merkmalen übereinstimmen. Auch Schacters (1999, 157) Fazit angesichts aller Skepsis dem Gedächtnis gegenüber lautet, »dass unsere Erinnerungen an die allgemeinen Umrisse unseres Lebens grundsätzlich richtig sind.«

Eine oft gestellte Frage in unseren Gruppen lautet: Aber was ist denn nun die Wahrheit?

Die entscheidende Antwort auf die Frage nach der »Wahrheit« biografischer Erinnerungen lautet aber nicht primär: »Wie waren die Fakten?« (obwohl Fakten von zentraler Bedeutung sind), sondern: »Wie hast du es erlebt?« Jede Erlebniswirklichkeit ist als meine innere Realität im Moment »wahr« und verdient Würdigung. Darüber hinaus hat sie ihren subjektiven Sinn, der durch Nachfragen geklärt werden kann: Was *bedeutet es* für dich, wenn du bestimmte Aspekte weglässt, anderes betonst, einiges beschönigst usw. Hier erst kommen bewusste und unbewusste Deutungsmuster einer Person zum Vorschein. Dabei ist übrigens die kritische Aufmerksamkeit einer Gruppe im Nachfragen von unschätzbarem Wert! Ihre Aufgabe ist es u.a., solche Stellen aufzuspüren, wo z.B. Gefühle »fehlen« oder erwartungsgemäße Reaktionen *nicht* erfolgen.

1.2.3 Das Kind in mir – oder: Die Notwendigkeit biografischer Selbstreflexion für Pädagogen und Psychologen

Der Philanthrop und Leiter eines großen Internates Christian Gotthilf Salzmann hat 1806 in seinem berühmten »Ameisenbüchlein« geschrieben: »Von allen Untugenden seiner Zöglinge muss der Erzieher den Grund in sich selber suchen.« Natürlich ist dieser Satz isoliert betrachtet barer Unsinn: Psychologen und Pädagogen haben mit den aggressiven, verzweifelten, lustigen oder apathischen Kindern und deren äußerem Lebensschicksal nicht in dem Sinne etwas zu tun, dass sie sich dafür verantwortlich fühlen müssten, dass der Grund für all diese Probleme in ihnen als Erziehende zu suchen sei. Aber was meint der als klug und realitätsbezogen geltende Salzmann dann mit diesem Satz?

Eine Erklärung finden wir in einem ebenso berühmten Zitat eines Psychoanalytikers gut 100 Jahre später. Siegfried Bernfeld hat um 1920 die klassische Formulierung gebraucht: »So steht der Erzieher vor zwei Kindern: dem zu erziehenden vor ihm und dem verdrängten in ihm. Er kann gar nicht anders, als jenes zu behandeln, wie er dieses erlebte.« (Bernfeld 1971, S.141) Ich muss also etwas wissen über das Kind *in mir*, muss es in seiner Geschichte und seinem Gewordensein kennen, wenn ich nicht unreflektiert und blind dem Kind *vor mir* begegnen möchte. Vornehm fachlich ausgedrückt sind wir damit bei der Forderung der Kontrolle der *Gegenübertragung*, die jede Beziehung zwischen Erzieher und Kind beeinflusst.

Das Wissen um die eigene Geschichte und den Zustand der »Kinder in mir«, die sich immer wieder mehr oder weniger deutlich in mein Handeln einschleichen, die Kenntnis und Reflexion der Entstehung meiner Vorlieben, »Steckenpferde«, impliziten Werturteile und Abneigungen, meiner blinden Flecken, Ängste und Vermeidungstendenzen usw., - all' das hilft mir, nicht eigene Anteile und unverarbeitete Konflikte unbewusst auf die mir anvertrauten Menschen zu projizieren. Und da kann es schon mal vorkommen, dass ich das Kind in mir mit dem vor mir verwechsle und dass ich gut daran tue, Salzmanns provokativem Rat zu folgen.
Insbesondere für Lehrer in der Schule wurden inzwischen gut begründete und praktisch evaluierte Konzepte der biografischen Selbstreflexion entwickelt (Seydel 2005, Rogall 1999, 2003, - Rogalls »Biographikum« ist inzwischen nur noch beim Autor erhältlich: rogalstefan@hotmail.com). Biografische Selbstreflexion wurde sogar von der Kultusministerkonferenz 2005 als ein zentraler Bestandteil in die Neuformulierung der Berufsrolle des Lehrers aufgenommen. (DGfE, ZS Erziehungswissenschaft H. 31/2005, S.40) Wer Lehrer werden will, hat in der Regel 12 bis 13 Jahre Umgang mit Lehrpersonen hinter sich. Das prägt. Es gilt darum im Studium, diese Vor-Bildung aufzudecken, sie kritisch zu reflektieren, Auswirkungen zur eigenen Berufsmotivation zu klären, biografisch bedingte Ideale, Vor-Urteile und Einstellungen auf ihre Tragfähigkeit hin zu überprüfen und wo nötig zu verändern.
Diese permanent notwendige kritische Selbstreflexion ist grundlegend für alle Anwendungsbereiche der Biografiearbeit.

1.3 Methoden und Anwendungsbereiche

1.3.1 Erwachsenenbildung

Die *inhaltlichen* Felder der Biografiearbeit sind natürlich unerschöpflich. Verschiedene biografische »Stränge« (Klingenberger 2001) werden herangezogen: Wir betonen in der Arbeit mit Erwachsenen zunächst die eigene Kindheit, hier natürlich vor allem die Beziehungen zu den Eltern, die Familie, Verwandte, wichtige Bezugspersonen, aber auch die sozialen, materiellen und historischen Bedingungen des Wohnens und Aufwachsens. Dann werden auch die Schulerfahrungen, die Gleichaltrigengruppe (Freunde, Spielgefährten etc.), Umgebung und Berufsausbildung thematisiert. Religiöse Prägungen, politische Ereignisse, erfahrene Normen, Werte und »Botschaften«, Spielen, Heimat und Lebensentwürfe bis zu Zukunftsvorstellungen, Entstehung des Selbstbildes, Umgang mit dem Körper, Mann und Frau sein sind weitere zentrale Themen. (Siehe 3.Teil: Übungen) Inzwischen wurden auch Verfahren entwickelt, um mit geistig behinderten Menschen diese und andere Themen biografisch zu arbeiten (Lindmeier 2006).

Mit diesem breiten, auch unterschiedlich intensiv bearbeitbaren Themenspektrum unterscheiden wir uns von dem verwandten Konzept der »Guided Autobiography«, das James E. Birren praktiziert (in die deutsche Diskussion eingeführt durch Mader 1989): Hier wird überwiegend mit älteren Menschen in Gruppen über längere Zeit hinweg an einigen wenigen Themen (wie z.B. Familie, Tod, Geld, Körper) als »topical approach« biografisch gearbeitet, um auf diese Weise gleichsam durch verschiedene Fenster auf die Lebenslandschaft anderer zu blicken.
Besonderes Augenmerk richten wir in der Biografiearbeit auf die sogenannten kritischen Ereignisse (»critical incidents«): Sie zeigen eine oft krisenverbundene Übergangssituation an wie z.B. der Tod eines Familienangehörigen, das Versagen in der Schule (»Sitzenbleiben«), der Verlust des Arbeitsplatzes, der Umzug eines Kindes in eine neue Pflegefamilie oder in eine WG u. ä.). Bei solchen kritischen Ereignissen muss besonders auf geschilderte Details geachtet werden, weil sie oft als Deckerinnerungen (Freud) fungieren für eine schmerzliche Seite, eine Verletzung, einen Schock, eine tiefe Enttäuschung. Eine Frau erzählt vom Auszug ihres einzigen Kindes aus der Familie und erinnert sich ganz lebendig z.B. an das belanglose Detail eines U-Bahnwagens auf dem Weg in die neue Wohnung der Tochter. Sie »überdeckt« damit den Schmerz, den sie beim Begleiten ihrer 18-jährigen Tochter in eine Wohngemeinschaft empfunden hat. Aber es käme darauf an, den Schmerz wahrzunehmen, zuzulassen und sich dann von ihm zu verabschieden.

Auch die *methodischen Zugänge* sind vielfältig. In den verschiedenen Methoden stecken unterschiedliche Abrufreize, die den Zugang zur Erinnerung (wie wir oben gesehen haben) ganz wesentlich mitbestimmen:

- Gefühle werden fokussiert, wenn man die Felderinnerung (= Feldposition s.o.), also das Erleben der Szene als Beteiligter, ansprechen möchte, z.B. durch Fragen nach der erlebten Stimmung einer Szene, nach dem Gefühl bei einem Ereignis usw.
- Geht es indes mehr um das Erinnern und Rekonstruieren von »Tatsachen«, werden wir die Beobachterposition anzielen, z.B. indem wir beteiligte Personen, Gegenstände und Zeiten u.ä. abfragen.
- Geht es um unbewusste Inhalte, so können Fantasiereisen ein Zugang sein.
- Wollen wir anstreben, Gewusstes besser zu verstehen, werden wir eine eher kognitiv orientierte Zeitreise anbieten.
- Auch über den Körper können Erfahrungen abgerufen werden, z.B. durch Hineingehen in eine bestimmte Körperhaltung, durch Erspüren von Bewegungen. Hier geht es um das Einbeziehen des nicht rational erinnerbaren Körpergedächtnisses, also von oft vorsprachlichen, nicht begrifflich, sondern nur in Gefühlen oder körperlichen Symptomen abgespeicherten Erlebnissen (Muskelverspannungen beim Thema Leistung, krumme Haltung beim The-

ma Strafen, Nackenschmerzen beim Thema Bedrohung u.a.m.). Diese können durch geeignete Übungen wiederbelebt und verarbeitet werden.

In Kurzform kann man sich den unterschiedlichen Focus von Feldposition und Beobachterposition durch ein kleines Experiment klar machen:

- Bitte erinnern Sie sich an eine Hochzeit, die Sie mitgemacht haben: Wie haben Sie die Stimmung empfunden, wie haben Sie sich gefühlt? Was waren tolle Höhepunkte? (Wir zielen auf die Gefühlserinnerungen und damit auf die Feldposition.)
- Erinnern Sie sich an die Hochzeit, die Sie mitgemacht haben: Welche Personen waren unter den Gästen? Wie sahen Braut und Bräutigam aus? Was gab es zu essen? (Wir zielen auf Fakten und damit auf die Beobachterposition.)
- Erinnern Sie sich an die Hochzeit: Wir machen jetzt eine Fantasiereise.... angesprochen werden: eigene Träume, Glücksgefühle, Sehnsüchte, Hoffnungen, Enttäuschungen, sexuelle Wünsche in Ihrer Beziehung usw. (Wir zielen auf die Ebene des Vor- oder sogar Unbewussten).

Die methodischen Zugänge zu den Lebenserinnerungen sind also vielfältig. Weitere kleine Techniken sind z.B. paper-and-pencil-Übungen, Fragebögen, Lückentexte etc., aber auch handelnde Elemente wie malen, zeichnen, Personen im Raum gruppieren, etwas nach-spielen (z.B. »Sich-Verlaufen«), etwas sortieren, sich körperlich bewegen u.a.m..
Möchte man unterschiedliche inhaltliche Felder bearbeiten, kann man sehr einfach die Struktur (das Gerippe) mancher Übung auf andere als die hier genannten Lebensbereiche übertragen, so z.B. unsere »Standardübung« Lebenslinie (S. 58), die sich für die Geschichte unterschiedliche Problembereiche und Erfahrungsfelder variieren lässt.
Aber methodische Abwechslung ist nicht einfach ein Trick, damit es nicht langweilig wird. Vielmehr soll 1. jeder Teilnehmer seinen *eigenen* methodisch fruchtbaren Zugang finden und 2. soll im »Gegeneinanderbewegen« der unterschiedlichen methodischen Zugänge persönlich und in der Gruppe eine größere Aspektvielfalt erzeugt werden. Gerade dieser zweite Punkt zeigt, dass erst bei unterschiedlichen Zugängen zu einem Ereignis die Tabuebene und ängstlich gemiedene Bereiche zum Vorschein kommen.
Auch arbeiten wir gern mit unterschiedlichen *Medien*: Mitgebrachte Spielzeuge, die Pudelmütze von früher, Schulzeugnisse (besonders die »Kopfnoten« zum Betragen und Verhalten im Unterricht!), Fotos aller Art, Poesiealben, Gebrauchsgegenstände aus der Familie, Uhren und Eheringe der Eltern, Schmuck, Briefe, Urkunden, Abzeichen etc. sind fruchtbare Anlässe zum Erinnern. Die Arbeit an solchen ästhetischen Objekten hat einen großen Vorteil: Viele »vergessene« Erinnerungen werden assoziativ wach, nicht mehr bewusste Bedeutungen (von ver-

hassten bis zu glorifizierten!) werden hervorgerufen. Ästhetische Objekte helfen besonders gut in der Biografiearbeit, wenn jemand am Anfang sagt: »Ich kann mich an wenig oder nichts erinnern...«. Im Übrigen machen das Gespräch und der Austausch über solche Realien nach unserer Erfahrung besonders Spaß.

Während in der biografischen Arbeit mit Kindern die Instrumente und Techniken nicht einfach genug sein können, ist es bei Erwachsenen wichtig, auch ungewohnte Zugänge anzubieten, die den distanzierten Blick und eine nicht wertende »Besichtigung« der Erfahrungen und Ereignisse ermöglichen. Hier ist besonders das Schreiben hilfreich, wie die Erfahrung mit Schreibwerkstätten zeigt (Brems 2002).

Von großer Wichtigkeit für die Vertiefung der eigenen Erkenntnisse ist die *Gruppenarbeit,* insbesondere das Gespräch in Paaren, Kleingruppen oder der Gesamtgruppe. Äußerst gewinnbringend ist der Austausch mit andern Gruppenteilnehmern: z.B. über Unverstandenes zu sprechen, sich Fragen stellen zu lassen, Unsicherheiten in der eigenen Deutung in das Gespräch einzubringen, Anregungen zur weiteren »Spurensuche« zu erhalten. Vor allem durch Feedback und Nachfragen der Gruppenteilnehmer wird auf Leerstellen in der berichteten Erinnerung aufmerksam gemacht (»Mich wundert, dass dein Vater überhaupt nicht vorkam!«), wird zur kritischen Selbst-Überprüfung angeregt, werden Impulse zur intensiveren Reflexion gegeben.

Schließlich: Die von uns entwickelten Übungen sind nicht das Entscheidende, sondern der von ihnen angestoßene Prozess der eigenen Auseinandersetzung. Biografische Selbstreflexion kann letztlich nicht geplant, sondern nur moderiert werden. Die Richtung für den Einzelnen ist immer offen und soll es auch bleiben.

1.3.2 Biografiearbeit in der Kinder- und Jugendhilfe/Sozialpädagogik

In diesem Bereich gibt es inzwischen wertvolle Erfahrungsberichte und Materialien. (Lattschar 2002, Wiemann 2003, Ryan/Walker 2004, Mohr/ter Horst 2006, Lattschar/Wiemann 2007)

Fasst man die berichteten *Erfahrungen* und die vorliegenden Materialien zusammen, so ergeben sich folgende *Wirkungen/Effekte* der Biografiearbeit in der Kinder- und Jugendhilfe:

a) Die etwas plakative Formulierung »Wissen vertreibt Angst« (Ryan/Walker 2004, S. 45) zeigt doch im Kern etwas Wesentliches: Das Sammeln von Informationen zum eigenen Leben mindert oder beseitigt das Gefühl der Leere, das Gefühl, nicht zu wissen, was war, den inneren »Knoten«, wie manche Kinder es nennen.
b) Wenn man Fakten über die Vergangenheit und Gegenwart des Kindes sammelt und festhält, trägt dies dazu bei, Idealisierungen (z.B. wie schön es doch war) zu korrigieren und Ereignisse und Personen zu entmystifizieren, aber auch unangemessene Fantasien (z.B. wie schlimm es war oder dass das Kind selbst die Schuld habe) usw. zurechtzurücken. Auch erhöhen biografische Informa-

tionen und Gespräche über das eigene Leben die Sicherheit zu wissen, was war, wer ich bin und wohin ich gehe. Gerade in Lebensphasen, in denen das Leben unsicher und unübersichtlich zu sein scheint, ist es von unschätzbarem Wert, einen inneren »Platz« zu finden, einen Ort, an dem ich erfahre: »Ewas Besonderes – nur mein Leben!« (Titelblatt einer Sammlung von biografischen Methoden für Kinder des Wiener Jugendamtes).

c) Biografiearbeit tut dem Selbstwertgefühl der Kinder gut, die sehr oft den Gedanken im Hinterkopf haben, sie seien wertlos und auch gar nicht liebenswert. Die intensive Beschäftigung mit dem eigenen Leben macht indes darauf aufmerksam, dass das Leben, das Schicksal des Einzelnen Wert und Bedeutung hat. Kinder können in der Biografiearbeit entdecken, dass es gute Gründe gibt, auch stolz auf sich zu sein und eine positive Haltung zu gewinnen. Damit hängt der nächste Punkt unmittelbar zusammen.

d) Es ist offensichtlich eine Wohltat für die Kinder zu erleben: Jemand interessiert sich für mich, ist neugierig auf meine Erfahrungen, nimmt sich Zeit, mit mir zu sammeln, zu malen, ein Lebensbuch zu gestalten und darüber zu reden. Dieser Zuwendungseffekt ist natürlich auch in anderen Settings als der Biografiearbeit gegeben, wird aber möglicherweise verstärkt durch den intimpersönlichen Inhalt der Arbeit am eigenen Leben.

e) Immer wieder wird darauf hingewiesen, dass es nötig sei, im behutsamen, aber ehrlichen Umgang auch Verletzungen, Wut und Aggressionen ausdrücken zu lassen. Wenn wir dem Kind soweit helfen können, dass es gelingt, auch schmerzliche, bittere und traurige Anteile anzunehmen, kann das Grübeln und Hängenbleiben in der eigenen Geschichte aufgelöst werden und neue Lebensenergien können freigesetzt werden. Dafür gibt es freilich keine Garantie. Außerdem gehören Traumata nicht in die Biografiearbeit, sondern in die Therapie.

Die Erfahrungen enthalten ferner eine ganze Palette *hilfreicher äußerer Bedingungen* der Biografiearbeit in der Jugendhilfe, die hier nicht alle genannt werden können. Was die Frage nach dem *geeigneten Alter* der Kinder betrifft, so wissen wir aus einschlägigen Forschungsarbeiten (vgl. Markowitsch/Welzer 2005, S. 215ff.), dass das autobiografische Gedächtnis (abgesehen von einigen rudimentären Vorläufern) etwa zwischen dem dritten und vierten Lebensjahr entsteht und nach dem 6. Lebensjahr zu einer relativ stabilen Verarbeitungsform findet (ebd. 229). Konsequenz: Man kann also durchaus mit Vorschulkindern – freilich in sehr einfacher und elementarer Form – biografisch arbeiten. Erfahrungsgemäß (ter Horst 2005, S. 172) steigt das Interesse an der eigenen Vergangenheit dann in der Vorpubertät stark an (um im Alter dann einen neuen Höhepunkt zu erreichen...!).
Wichtiger als die vielen Details des »Wie« scheint mir die *Grundhaltung* des Erwachsenen, der mit dem Kind (oder den Kindern, es geht auch in Gruppen)

biografisch arbeitet: Sorgfalt, Geduld, Behutsamkeit, Respekt vor dem Kind, kein pushen, nicht werten, Verlässlichkeit und Wachsamkeit sind wesentliche Elemente einer Grundhaltung, die sich am besten mit dem Begriff »*Achtsamkeit*« zusammenfassen lassen, – das ist keine Technik, sondern eine innere Einstellung zum Kind, jene wache Zentrierung des inneren Geschehens auf den Menschen, mit dem ich arbeite. (Ruhe 2003, 18)

Was die verwendeten *Methoden* betrifft, so hat sich offenbar die Arbeit mit dem Lebensbuch (auch in einfacheren Varianten) bewährt. Bei ter Horst/Mohr (2006) hat es zwei Teile: Mithilfe einfacher Fragebögen, Lückentexte, Sammel- oder Malvorschläge wird im »Du-Teil« biografisches Material aus dem Leben des Kindes festgehalten, während es im »Ich-Teil« um das gegenwärtige Leben im Heim o.ä. geht, wobei kleine Geschichten zu Konflikten, wichtigen Themen etc. Gesprächanlässe bilden. Man kann auch selbst einfache Fragebögen herstellen, die aber vorsichtig mit neutralen Fragen beginnen (Was ist deine Lieblingsfarbe?) und erst später heikle Fragen ansprechen sollten (Welche Person kannst du überhaupt nicht ausstehen?). Auch sollten am Anfang positive Erfahrungen betont werden. Darüber hinaus gibt es eine Fülle von Einzelmethoden und kleinen Techniken.

Biografische Arbeit in der Jugendhilfe *unterscheidet* sich, so haben wir gesehen, in einigen Punkten stark von der Biografiearbeit in der *Erwachsenenbildung* und enthält auch einige spezifische Probleme: So reicht ein Wochenendseminar für Heranwachsende nicht aus, die Arbeit muss hier viel längerfristig und vor allem kontinuierlich angelegt werden. Wichtig ist ein Vertrauensverhältnis zwischen Kind und Betreuer, das intensiver ist als die Beziehung Dozent-Teilnehmer in der Erwachsenenbildung. Hier gehen wir von der Selbstverantwortung der Teilnehmer aus, während Kinder eher einer behutsamen Lenkung bedürfen. Vor allem darf nicht vergessen werden, dass Biografiearbeit in der Jugendhilfe in den speziellen institutionellen Kontext und Rahmen (und damit auch in die Grenzen!) der Betreuung, des Heimes, des Zeitbudgets usw. eingebunden ist. Das kann wiederum besondere Probleme aufwerfen z.B. hinsichtlich des sensiblen Feldes der Vertraulichkeit, des Umgangs mit einem möglichen Verdacht auf sexuellen Missbrauch etc. – Grenzen liegen auch in der Bearbeitung von Traumata, die nicht Gegenstand der Biografiearbeit sein dürfen, ebenso in der noch kaum erprobten Arbeit mit behinderten Kindern, die gegenständliche und aktionale Elemente (also z.B. anfassbare Andenken oder Ausflüge an Kindheitsorte) betonen müssen, ebenso wie noch wenig Erfahrung vorliegt in der biografischen Arbeit mit ausländischen Kindern, die vor allem die Brücke zwischen Herkunftsland und Gegenwart schlagen muss.

Über die sozialpädagogisch ausgerichtete Anwendung hinaus ist es natürlich auch möglich und sinnvoll, in der allgemeinen Kinder- und Jugendarbeit mit biografischen Methoden zu arbeiten. Erfahrungsgemäß interessieren sich besonders Jugendliche in der Pubertät stark für ihre Herkunft und ihre Lebensgeschichte. Dies zeigen auch Erfahrungen in der Schule.

1.3.3 Biografisches Arbeiten in der Schule

Die inzwischen vorliegenden positiven Erfahrungen und erprobten Materialien zur Biografiearbeit in der Schule (Rogall 1999, 2003) dürfen nicht darüber hinweg täuschen, dass die (staatlich-öffentliche) Schule als Institution einige Merkmale hat, die sie von der Biografiearbeit in andern Bereichen stark unterscheiden: Schule ist über viele Jahre hin eine »Zwangsanstalt«, deren Besuch mit rechtlichen Mitteln durchgesetzt werden kann, - Biografiearbeit aber ist grundsätzlich freiwillig. In der Schule geht es primär um Wissensvermittlung, - in der Biografiearbeit um Selbsterfahrung und Selbsterkenntnis. Die Beziehungen in der Schule (z. T. ja auch in der Kinder- und Jugendarbeit) zeigen ein (Macht-) Gefälle zwischen Erwachsenen und Heranwachsenden, - in Biografiegruppen sollten Hierarchien möglichst vermieden werden. In der Schule geht es in der Beschäftigung mit den »Sachen« um Leistung, die kontrolliert und bewertet wird, - in der Biografiearbeit geht es um die eigene Person, hier wird kein Erfolg vorgeschrieben, jeder bestimmt selbst, was für ihn »Leistung« ist.

Auf der anderen Seite liegt in der Arbeit an biografischen Themen in der Schule die große Chance zu persönlich bedeutsamem Lernen, zur vielgeforderten Schülerorientierung, zum erfahrungsorientierten Lernen (gegenüber der üblichen »Belehrung«), zu individuellem Lernen, das den Schüler als Subjekt von Lernprozessen ernst nimmt. (Rogall 1999, S. 8ff.). Didaktisch ist es wichtig, nicht unvermittelt und direkt bei der Biografie der Schüler anzusetzen, weil dies Ängste und Verweigerung hervorrufen kann, welche die Motivation zur Beschäftigung mit dem eigenen Leben bremsen können. Wie Rogall an überzeugenden Beispielen belegt, ist die Bindung an ein Sachthema notwendig: Man kann z.B. einen Text von Hermann Hesse (zum Schüler Gerber aus »Unterm Rad«) oder von Thomas Mann (zu Hanno Buddenbrooks Schulerfahrungen aus den »Buddenbrooks«) bearbeiten. Die langsame Anbahnung biografischer Selbstreflexion geschieht dann äußerst behutsam und vorsichtig durch kleine Arbeitsaufträge, die zum Vergleich der Schule damals und heute, von Geschichte und Gegenwart (1900 und 2007) und schließlich zum Vergleich der Texte mit den eigenen Schulerfahrungen und dem eigenen Lebenslauf hinführen. Die Struktur einer solchen Unterrichtseinheit bewegt sich durchaus im Rahmen der bekannten Didaktik und Methodik, wobei es aber möglich ist, behutsam und wohl dosiert kleine Übungen zur Biografischen Selbstreflexion einzubauen, um die Reflexion der eignen Erfahrungen anzuregen. Für Schüler und Schülerinnen ist es wichtig, neben dem Blick auf ihre vergangenen Erfahrungen ihre heutigen Orientierungsprobleme aufzugreifen und ihre biografischen Zukunftsentwürfe zu klären. Der Akzent liegt also nicht darauf, die Vergangenheit zu bewältigen, sondern das Leben reflexiv zu gestalten. Auch ist die Orientierung an positiven Erfahrungen der Schüler und Schülerinnen günstiger als das Aufgreifen von Verletzungen, Demütigungen oder traumatischen Erlebnissen.

Was die Grenzen der Biografiearbeit in der Schule angeht, ist vor allem auf eine gewisse Vertrauensbasis hinzuweisen, die gegeben sein muss, aber in mancher Lerngruppe nicht vorhanden ist. Neben dem Datenschutz bei persönlichen Mitteilungen der Schüler ist auch darauf zu achten, dass die Verweigerung, Persönliches einzubringen, nicht sanktioniert werden sollte. Wenn sich die Biografiearbeit im Rahmen eines eher sachorientierten Unterrichtes bewegt, lässt sich auch die schwierige Frage der Leitungsbewertung eher lösen. (Ebd. 136ff.)
Schließlich ist es auch für eine Unterrichtseinheit mit Elementen der Biografiearbeit empfehlenswert, den Schülern am Anfang die Unterrichtseinheit als Konzept mit allen Elementen deutlich und klar vorzustellen, nicht laufend neue Übungen einzustreuen, und das Ganze eher im Rahmen des normalen Fachunterrichtes zu planen als mit der Perspektive einer Selbsterfahrungsgruppe in der Schule...

1.3.4 Neue Akzente in der Altenbildung

Dass die Arbeit mit alten Menschen Bildungsarbeit (und nicht einfach nur Beschäftigung oder Unterhaltung) ist, gehört in den letzten Jahren zum Standard der Diskussion um Altenarbeit. (Blimlinger 1996, Osborn 1997, Ruhe 2003) Die Pflegearbeit entwickelte sich von den Versorgungskonzepten hin zur Subjektorientierung, wobei Lern- und Bildungsfähigkeit alter Menschen zunehmend entdeckt und wichtiger wurde. Auch wenn sich gegenwärtig unter ökonomischem Druck dieser Trend wieder umzukehren droht, hat sich doch »Seniorenarbeit« inzwischen vom Kaffeeklatsch zu einem neuen Feld der Erwachsenenbildung gemausert, für das es inzwischen auch methodisch gut ausgearbeitete Vorschläge gibt (z.B. Ruhe 2003).
Anders als in den bisher vorgestellten Anwendungsfeldern der Biografiearbeit stehen in der Altenbildung weniger hochstrukturierte Übungen oder Anleitungen im Mittelpunkt. Das Erzählen hat einen höheren Stellenwert. Aber es sollte thematisch gebunden sein. Alte Menschen haben erfahrungsgemäß ein stärkeres Mitteilungsbedürfnis als Menschen im jungen oder mittleren Erwachsenenalter. Sprechen über das eigene Leben, Mitteilen von Erfahrungen, Vergleichen mit den Lebenszeugnissen anderer Menschen (oft der gleichen oder nicht weit entfernten Generation), aber auch angehört werden und zuhören, - all' das hilft, das oft vorhandene Gefühl der Einsamkeit, ja Überflüssigkeit zu überwinden. Mehr noch: Es macht deutlich, dass das Leben des Einzelnen einen Sinn hat. Gerade die biografische Kommunikation unter alten Menschen zeigt: »Du wirst gebraucht mit deinen kleinen Erfahrungen und deinem großen Schicksal. Du bist wichtig, weil du das Leben anderer mit deinem Leben kontrastierst, weil dein Leben Fragen an mein Leben stellt, und weil ich dich erst dann verstehen kann, so wie du geworden bist.« (Ruhe 2003, 9f.)
Wie der berühmte Psychoanalytiker und Entwicklungspsychologe Erikson (2000) betont hat, ist ein gelingendes Altwerden gebunden an die Integration der Erfahrungen in die eigene Lebensgeschichte und Persönlichkeit. Es geht darum, mit

dem eigenen Leben ins Reine zu kommen. In der Altersforschung wird betont: Menschen in der letzten Lebensphase, die dieses Gefühl von Integrität erarbeitet haben, fühlen sich gut und zufrieden mit den Ereignissen ihres Lebens, auch wenn diese schwer, unangenehm und problematisch waren. Sie fühlen mehr Zufriedenheit und Glück im Alter. (Berk 2005, 810f.)

Misslingt dieses Ringen um Integrität, das Verarbeiten jener Mischung von Erfolgen und Enttäuschungen, steht am Ende der Lebensekel und die Verzweiflung über all das Negative und Unverarbeitete. Gefühle der Niederlage und der Hoffnungslosigkeit breiten sich aus. Enttäuscht verachtet man »die Jugend von heute«, stellt nörglerisch fest: »Früher waren die Kinder anders«. Man wird aber auch neidisch auf diese Jugend, alles wird chronisch verächtlich gemacht, - Gefühle, die die eigene (unbewusste!) Selbstverachtung verschleiern sollen. Zu Eriksons Theorie konnte auch empirisch nachgewiesen werden, dass Generativität (also das Gefühl, etwas im Leben bewirkt, hervorgebracht, »generiert« zu haben) und die Ich-Integrität der letzten Lebensphase größtenteils für das psychischem Wohlbefinden im Alter verantwortlich waren. (Berk 2005)

Beim Rückblick und bei der Bilanz im Alter geht es wesentlich um die Frage: »Was ist der rote Faden in allem?« (Arndt 2004, 38) Gibt es etwas, das in allen Phasen meines Lebens unverwechselbar zu mir gehört? Welches sind meine Ideale und was habe ich daraus in den wechselnden beruflichen Abschnitten gemacht? Für was habe ich gearbeitet, mich eingesetzt, gelebt? Wenig hilfreich ist dabei die Stammtisch-Mentalität: »Ich war schon immer ein Mensch, der...« Solche schnelle Selbstdefinition dient nur dazu, sich selber in ein gutes Licht zu rücken.

In der Sinngebung, Sinnklärung und Sinnsuche kann die Erinnerungsarbeit insbesondere im letzten Lebensabschnitt das Schwere mit dem Gelungenen in Verbindung bringen und dabei helfen, sich mit den Mühen der Vergangenheit auszusöhnen, die glücklichen Stunden und Erfahrungen noch mal nach zu erleben und auch die Frage nach dem Lebensende nicht zu verdrängen. Dies ist ein besonderer Akzent der Biografiearbeit mit alten Menschen: Der Tod ist nicht mehr in weiter Ferne, sondern mit dem Verlust altersgleicher Freunde und Verwandter bereits Gegenwart und persönlich nahe Zukunft. Hier können Übungen wie Nachruf (S. 220) u.a. hilfreich sein, man kann Todesanzeigen aus Zeitungen untersuchen, Wünsche für die eigene Sterbestunde sammeln, Bestattung (anonym, kirchlich, Friedhof), Grabrede und Grabsteingestaltung überlegen. Im Mittelalter gab es zur Vorbereitung auf den Tod eine lebensnahe »ars moriendi«, d.h. eine mit Übungen und Ritualen angereicherte Kunst der Vorbereitung auf das eigene Sterben.

Zur Klärung dieser Themen sind einerseits strukturierte Übungen durchaus sinnvoll, weil sie Wesentliches fokussieren können und die Teilnehmer davor bewahren, sich in Nebensächlichkeiten zu verlieren. Andererseits steht in der Bildungsarbeit mit alten Menschen das Erzählen im Mittelpunkt. Hier liegt die Chance, durch Austausch und Reflexion aus unkonturierten »Erlebnissen« bewusste »Erfahrungen« werden zu lassen. Methodisch kann dies z.B. geschehen durch einen

»biografischen Abend« in der Kirchengemeinde zu Themen wie »Nachkriegsjahre«, »Kirche in den 50er Jahren«, »Die Läden früher in unserem Stadtteil« o.ä. – Längerfristig angelegt ist das »Erzähl-Café« eines Stadtteil-Projektes wie in Berlin oder Frankfurt/M. . Weitere methodische Möglichkeiten sind z.B. die gemeinsame Arbeit an Chroniken, das Singen alter Lieder, Berichte über den Stadtteil oder das Dorf in früheren Zeiten, aber auch Schreibwerkstätten (Brems 2002), Mitbringen von Erinnerungsstücken, Fotos, Kochrezepten, alten Zeitschriften, Zeugnissen u.a.m. (vgl. dazu auch die Vorschläge in diesem Buch).
Schließlich gibt es gerade in der Biografiearbeit mit alten Menschen auch einige Tücken, die man kennen sollte: Da sind die »*Penetranzerzähler*«, die mit den immer gleichen Geschichten aufdringlich wirken (vielleicht weil sie bisher niemand wirklich tiefer wahrgenommen hat). Schwierig kann es auch werden, wenn sich das Gespräch in *Standardäußerungen* erschöpft: die Qualität des Nachtschlafes, die Wetterfühligkeit, das Befinden, die Krankheiten oder bewährte Rezepte usw. werden wichtiger als die Reflexion der biografischen Erfahrungen. Auch kann es zum Problem werden, wenn *sprudelnde* Erzähler die *Schweiger* an die Wand reden, wenn *Gedankensprünge* den roten Faden des Erzählens verblassen lassen, wenn verschlüsselte *Klagen* (»Früher hat mich mein Sohn ja noch öfter besucht...«) dominieren oder *politische Bekenntnisse* (»Klar, ich habe auch Hitler gewählt, da war doch nicht alles schlecht!«) biografische Entscheidungen legitimieren sollen.
Und zuletzt: Wenn ältere Menschen als Zeitzeugen (z.B. zu ihren Erfahrungen in der Kriegs- und Nachkriegszeit) in Schulklassen eingeladen werden, kann das den Geschichtsunterricht durch lebendiges Erzählen (oral history!) ungemein lebendig machen. Ich selbst (H.G.) habe erlebt, wie eine Hauptschulklasse, die üblich kaum noch normalen Unterricht zuließ, 45 Minuten lang mucksmäuschenstill und gebannt meinen Berichten über die Bombennächte in Hamburg und die ersten Jahre nach dem Krieg zuhörte und wichtige Fragen stellte.
Zahllose Zitate schwirren durch die Literatur zur Biografiearbeit. Oft weiß keiner, woher sie stammen. Aber sie überzeugen. Drei davon haben uns besonders gefallen.

»Wer wissen will, wer er ist,
muss wissen, woher er kommt,
um zu sehen, wohin er will!«

»Erinnerung ist das einzige Paradies,
aus dem wir nicht vertrieben werden können.«
(Jean Paul 1763–1825)

»Was der Mensch nicht mehr erinnert,
muss er im Leben wiederholen.«
(Christa Wolf)

2. Teil: Praxis der Biografiearbeit

2.1 In Gruppen arbeiten

Die fruchtbarste Möglichkeit, um mit unseren Übungen und Anleitungen zu arbeiten, ist eine Gruppe, die sich über einen längeren Zeitraum regelmäßig trifft, oder ein Wochenende zusammen verbringt. Biografische Arbeit braucht Zeit und Raum, um langsam tiefer gehen zu können, Tn brauchen ihre eigene Zeit für ihren Weg. Eine Gruppe von immer vertrauteren Menschen kann einen sicheren Rahmen geben, der es möglich macht, auch schwierige Situationen oder Gefühle zu berühren. Einzelne, die es wagen, vielleicht Peinliches oder Verbotenes auszusprechen, können dies auch für andere möglich machen. Wir halten eine Gruppengröße von mindestens 6 bis maximal 15 Personen für gut geeignet, bei geschickter Organisation kann auch mit sehr viel größeren Gruppen gearbeitet werden. Optimal sind sicherlich zwei Leiter, im besten Fall Mann und Frau, aber auch alleine lässt sich gut arbeiten.
Die Art und Weise, wie die geplante Veranstaltung angekündigt wird, ist wichtig. Sie sollte zum einen das Interesse und den Spaß am Entdecken der eigenen Lebensgeschichte betonen, zum anderen auch darauf hinweisen, dass biografisches Arbeiten persönliches Engagement und die Bereitschaft zu verbindlichen Absprachen beinhaltet (z.B. sich durch angeleitete Übungen mit seiner eigenen Geschichte zu beschäftigen, Offenheit und Interesse für die Geschichte anderer, Verschwiegenheit gegenüber Dritten usf.).
Das Klima in der Gruppe sollte getragen sein von Offenheit und Akzeptanz, der Bereitschaft, den anderen in seiner Art zu sein und seiner Geschichte zu tolerieren und mit wohlwollendem Blick zu betrachten. Jeder erhält die Möglichkeit, über seine Erfahrungen zu sprechen oder seine Arbeiten vorzustellen, aber niemand ist dazu verpflichtet. Ebenso kann jeder sich – solange er sich in Übereinstimmung mit den Wünschen der anderen befindet – mit seinen Problemen oder Gefühlen an die Gruppe wenden. Hier ist Raum für alles: Es gibt nichts »Verbotenes«, nichts »Falsches« oder »Richtiges«.
Das Wichtigste beim biografischen Arbeiten sind Behutsamkeit, Einfühlsamkeit und die Fähigkeit zuzuhören. Während jemand von sich erzählt, richten wir – und nach Anleitung auch die übrige Gruppe – unsere Aufmerksamkeit gleichzeitig auf verschiedene Bereiche:

- *Was nehme ich an dir wahr, während du sprichst?* Körperhaltung (zum Beispiel eine geballte Faust oder plötzlich hochgezogene Schulter); Sprache: Wortwahl, Tonfall, Schnelligkeit, Lautstärke. Wie fühlt sich das für mich an?
- *Wie geht es mir mit dem, was du erzählst?* Wie fühle ich mich? Wie fühlt sich mein Körper an? (Zunächst unabhängig davon, ob es sich dabei um Spiegelung oder Projektion handelt)
- *Wo sind für mich in deiner Erzählung Brüche, Widersprüche, »fehlt« etwas* (zum Beispiel deine Wut oder deine Trauer)? Gerade dies ist eine mehr gefühlsmäßige, intuitive Wahrnehmung: Ich folge dir in deine Geschichte und fühle, wovon du berichtest. An einer bestimmten Stelle erwarte ich nach meinen Erfahrungen eine bestimmte Reaktion (zum Beispiel Wut), die aber nicht erfolgt. Hier ist ein Bruch – ob bei mir oder bei dir, müssen wir sehen.
- *Was* aus deiner Geschichte, von dem, was du bereits erzählt hast oder wie ich dich kennen gelernt habe, *fällt mir dazu ein?*

2.2 Miteinander reden

Das Grundprinzip ist: Jeder bleibt bei sich selbst. Im Gespräch muss unterschieden werden zwischen dem eigenen Erleben der anderen (»Für mich fühlt sich das so an«) und Zuschreibungen (»Du bist aber…«). Es kann hier hilfreich sein zu erklären, dass unsere Gefühle und Wahrnehmungen zunächst nur etwas über uns selbst aussagen und erst in zweiter Linie etwas über die anderen (Projektionen, Übertragungen). Allgemeine Diskussionen »über« etwas oder darüber, wie es denn nun »wirklich« war sind meistens nicht sinnvoll. Für viele Tn ist dieser subjektive Gesprächsstil ungewohnt und manchmal auch beunruhigend.
Ein wichtiges Instrument in der Gesprächsführung ist die *Frage nach dem »Gegenteil«*. Wir wissen, dass jedes Gefühl in unterschiedlicher Stärke immer auch sein Gegenteil enthält, Gefühle sind nicht eindeutig oder rein, sondern immer unterschiedlich starke Ambivalenzen. Wenn ein Tn bei sich selbst oder in seiner Geschichte eine Seite überbetont (zum Beispiel *nur* positiv von den eigenen Eltern spricht oder *nur* negativ von sich selbst), kann es wichtig sein, nach der anderen Seite zu fragen (Was mag der Tn an den eigenen Eltern nicht oder welche positiven Seiten kann er an sich sehen?).
Ähnlich kann man auch mit Projektionen umgehen: der Tendenz, Eigenschaften oder Wünsche, die man an sich nicht mag oder sich nicht eingestehen möchte, nach außen zu verlagern (zum Beispiel wenn jemand sich von anderen immer angegriffen fühlt). Um diesen Zusammenhang sichtbar zu machen, kann man nach diesen »verbotenen« Anteilen fragen (zum Beispiel: Wie geht der Tn mit seinen *eigenen* Aggressionen um?). Anschließend kann man Tn ermutigen, sich die Folgen von ungewohnten Handlungen (zum Beispiel Aggression) vorzustellen und genau zu beschreiben, was ihrer Ansicht nach geschehen wird. Meist stellt sich dann heraus, dass diese Fantasie nicht sehr realitätsnah ist.

Die Richtung unserer Gespräche ist immer biografisch-lebensgeschichtlich, am eigenen Erleben entlang: Woher kenne ich dieses Gefühl? Was fällt mir dazu ein? (Zum Beispiel: Woher kenne ich die Angst davor, wütend zu sein? Wie war es früher, wenn ich wütend war?). Wir versuchen bei jedem Thema und jedem Gefühl, den Blick auf die ganze Person und ihre Geschichte zu erweitern, um besser zu verstehen, wie jeder zu dem geworden ist, der er ist.

2.3 Individuelle Arbeit

Die Übungen selbst und auch die Moderationen sind zwar auf die Arbeit in Gruppen zugeschnitten, lassen sich jedoch auch gut alleine oder mit einem Partner durchführen. Wenn jemand mit einer Übung alleine für sich arbeiten möchte, sollte er sich dafür Zeit nehmen und sich an einen ruhigen Ort zurückziehen. Auch wenn man alleine arbeitet, ist eine gründliche Auswertung und Auseinandersetzung mit den Auswertungsfragen wichtig, zum Beispiel schriftlich.
Es ist möglich, auch Fantasien alleine durchzuführen, indem im Wechsel jeweils ein Abschnitt des Textes gelesen und dann mit geschlossenen Augen fantasiert wird oder - besser - indem die Moderation auf Band gesprochen wird. Die beste Form der Auswertung ist dann, das Erlebte in der Ich-Form möglichst ausführlich aufzuschreiben und/oder, wenn vorgeschlagen, auch ein Bild zu malen.
Ein ausgezeichneter Zugang zur Beschäftigung mit der eigenen Biografie ist das Schreiben eines Tagebuches. Alles was aus der Lebensgeschichte auftaucht, Szenen, Bilder, Gefühle usw., aber auch was in der Gegenwart erlebt wird, ist es wert, aufgeschrieben zu werden. Ein Tagebuch kann sehr unterschiedliche Aussageformen enthalten, von der protokollartigen Kurznotiz bis zum Gedicht oder auch zu freien Texten, von Liebeserklärungen bis zu Hassausbrüchen und Publikumsbeschimpfungen. Ein Tagebuch bildet selbst ein Stück Lebensgeschichte.
Biografische Arbeit wird spannend und intensiver durch das Gespräch mit anderen und deren Feedback. Es ist deshalb wünschenswert und hilfreich, mit jemandem über die eigenen Erfahrungen zu sprechen oder Übungen von vornherein zum Beispiel mit dem Partner gemeinsam zu bearbeiten.
Für Paare wäre es gut, sich dafür Zeit-Räume außerhalb des Alltags zu suchen (Urlaub, Wochenende oder regelmäßige Termine). Es besteht sonst leicht die Gefahr, in alte (oder bestehende) Kommunikationsmuster zu geraten, die die Arbeit behindern können. Die Partner können vereinbaren, einander nur zuzuhören, vorsichtig mit Kommentaren und Stellungnahmen sein, und sich darüber verständigen, dass jeder nur das *eigene* (Er-)Leben interpretiert (vgl. hierzu die hilfreichen Anleitungen von Michael Lukas Moeller zum Führen von Zwiegesprächen. (Moeller 1999)
Wenn zu einem Thema oder über längere Zeit zusammen gearbeitet wird, ist es – ebenso wie für Gruppen – sinnvoll, sich eine Sequenz von Übungen zusammen-

zustellen. In der Einzel- wie der Paararbeit können fast alle Übungen verwendet werden, wobei vertiefende sehr sorgfältig ausgewählt werden müssen. Vertiefende Übungen können nicht in der Alleinarbeit verwendet werden.

2.4 Hinweise zu den Übungen

Wie baut man eine Sequenz von Übungen auf?
Für jede Form der biografischen Arbeit ist eine genaue Planung, das wohlüberlegte Zusammenstellen einer Sequenz von Übungen wichtig. Ausgangspunkt hierfür ist – soweit möglich – eine differenzierte Einschätzung der Gruppe (Alter, Größe, Bildungshintergrund, Grad und Art der Vorerfahrungen), der Ziele der gemeinsamen Arbeit und deren äußeren Bedingungen (Dauer, Räumlichkeiten, Zeitbedarf etc.). Der Moderator findet am Ende jedes Textes einer Übung Hinweise über benötigte Materialien oder räumliche Voraussetzungen, so dass sich schnell entscheiden lässt, welche Übungen jeweils geeignet sind oder nicht (vgl. auch die Tabelle auf S. 277 ff).
Der Einstieg in biografische Arbeit, ob das Leben insgesamt oder bestimmte Zeitabschnitte bzw. Problemfelder thematisiert werden, sollte nach unseren Erfahrungen eher spielerisch und Gefühle ansprechend gewählt werden. Gerade bei Anfängern besteht sonst die Neigung, die eigene Geschichte nur »vom Kopf her« anzugehen.
Im Materialteil sind unter einem thematischen Schwerpunkt die Übungen so angeordnet, dass sie – soweit möglich – von einführenden, einfacheren zu intensiveren voranschreiten. Es lohnt sich, einen Blick in den letzten Abschnitt 3.10. zu werfen: »Allgemein verwendbare Übungen«; hier finden sich Anleitungen, die gut unterschiedlichen Themen angepasst werden können.
Die Entscheidung, welche Übung auf die vorhergehende folgen kann, sollte vor allem von der Frage bestimmt sein: Wo befinden die Tn sich gefühlsmäßig und gedanklich dann voraussichtlich? Wie kann es »sinnvoll«, also inhaltlich-thematisch oder auf der Gefühlsebene weitergehen?
Der Moderator sollte sich beim Zusammenstellen der Sequenz einen ungefähren Zeitplan erstellen und dabei ausreichende Pausen einkalkulieren. Die angegebenen Zeiten beruhen auf Erfahrungswerten, können aber stark variieren. Auch bei Themen, bei denen es viel zu erzählen gibt, hat sich gezeigt, dass das Einhalten einer Zeitvorgabe für jeden möglich ist ohne große Verluste zu empfinden. Es hilft, wenn jede Kleingruppe als erstes einen Tn auswählt, der die Zeit im Auge behält. Es ist auch gut, einen Zeitpunkt zu vereinbaren, an dem die Großgruppe sich wieder zusammenfindet, sonst geschieht es leicht, dass ein Teil der Gruppe noch arbeitet, während die anderen schon fertig sind. Auch bei Gesprächen in der großen Gruppe muss der Moderator manchmal beherzt eingreifen und das

Gespräch zu einem Ende bringen. Trotzdem kann es natürlich passieren, dass die Arbeit so spannend wird, dass der Zeitplan aus dem Ruder läuft. Deshalb ist es sinnvoll, sich schon vorher an bestimmten Stellen Alternativen zu überlegen – und evt. benötigte Materialien mitzubringen.
Übungen, die gefühlsmäßig sehr intensiv sind, sollten so platziert werden, dass genügend Zeit zur Auswertung bleibt, am Ende eines Tages oder einer Sequenz kann etwas Leichtes, Ausklingendes stehen – oder es kann schön sein, eine Musik aufzulegen und das Erlebte in Bewegung umzusetzen. Musik und Tanz sind ein guter Einstieg nach der Mittagspause oder am Beginn des Tages, können aber auch nach langem Sitzen oder intensiven Erlebnissen auflockernd wirken.

Wir haben auch gute Erfahrungen damit gemacht, die gemeinsame Arbeit mit einer Gesprächsrunde zu beenden, bei der jeder sich zu den folgenden Fragen äußert:
- Wie geht es mir jetzt?
- Was war wichtig für mich, was habe ich erfahren/gelernt?
- Wie und an welchem Thema etc. möchte ich weiterarbeiten?

Wenn die Gruppe sich nach einigen Wochen oder Monaten wiedertrifft, kann die Arbeit mit einer kurzen Runde beginnen:
- Wie ist es mir nach dem letzten gemeinsamen Treffen gegangen?
- Was ist in der Zwischenzeit geschehen, was war wichtig für mich?
- Wie geht es mir jetzt?

Welche Methoden verwenden wir?
Eine Methode, die wir sehr häufig verwenden, ist die gelenkte Fantasie. Sie ermöglicht einen gefühlsmäßigen unmittelbaren Zugang zu früheren Erfahrungen und verhindert, dass nur »über« die eigene Geschichte geredet wird.
Es kann hilfreich sein, die Tn darauf hinzuweisen, dass Fantasien nicht unbedingt das zeigen, was damals »wirklich« passiert ist, dass sie aber immer einen »Sinn« haben: Sie zeigen eine andere Ebene von Realität, von zum Teil unbewusster Erinnerung, und sind – ähnlich wie Träume – manchmal verschlüsselt. Innere Abwehrvorgänge können zum Beispiel Gefühle oder Erinnerungen verfälschen, die zu bedrohlich sind. Hier kann die Gruppe helfen, indem sie, ihren eigenen Reaktionen folgend, »fehlende« Gefühle spiegelt oder unangemessene Reaktionen aufspürt.
Bei Fantasien gibt es kein »richtig« oder »falsch«, manchmal empfinden Tn Stress, weil sie das Gefühl haben, eine Leistung erbringen zu müssen. Der Moderator kann helfen, wenn er diesen Aspekt hervorhebt und die Tn ermutigt, sich selbst zu vertrauen und eine Art Forscherperspektive auf sich selbst einzunehmen: Einen Blick, der neugierig und aufmerksam alles registriert ohne zu werten, der staunt und sich über jeden Fund freut, ob er » Sinn« macht oder nicht. Am An-

fang ist es nicht immer leicht, Bilder aufsteigen zu lassen und seine Gedanken zu zähmen – mit ein wenig Übung wird auch das leichter. Deshalb hilft es, wenn die Fantasien in entspannter Haltung, möglichst im Liegen unter angenehmen Bedingungen durchgeführt werden. Wer Angst hat einzuschlafen, sitzt entspannt in einem Stuhl. Im ersten Teil des Materialteils finden Sie eine Anleitung für eine Körperentspannung, deren Text Sie verwenden können. Als Moderator ist es nicht immer leicht einzuschätzen, wie viel Zeit zwischen den einzelnen Textzeilen gelassen werden sollte, deshalb haben wir Zeitangaben eingefügt, im Zweifelsfall lieber mehr Zeit lassen als weniger.
Für die Auswertung verwenden wir hier oft das Malen als Weg, Gefühle auszudrücken. Für die Tn ist es hilfreich hier nochmals zu betonen, dass es kein »richtig« oder »falsch« gibt, dass jeder so malen kann, wie es ihm gerade einfällt oder wie seine Hände es wollen – wie wäre es zum Beispiel mal mit links!
In verschiedenen Zusammenhängen verwenden wir das Aufschreiben, möchten aber betonen, dass es auch hier, wo irgend möglich, wünschenswert ist, spontan, assoziativ, stichwortartig zu schreiben, ohne innere Bewertung und dicht am Erleben.
Im Bereich der Körperarbeit sollte die Herangehensweise sehr behutsam und langsam sein – die Grenze zur Therapie im Auge behaltend. Diese Arbeit kann leicht sehr tief gehen.

Die Auswertung der Übungen

Genauso wichtig wie die Übung selbst ist eine gründliche Auswertung. Sie finden allen Übungen beigefügt Auswertungsfragen, die das Thema vertiefen oder weiterführen. Der Moderator kann die für seinen Zusammenhang wichtigen Fragen auswählen oder eigene hinzufügen. In jedem Fall ist es hilfreich, wenn die Fragen für jeden sichtbar vorliegen, entweder vervielfältigt oder auf einer Wandzeitung. Bei der Entscheidung, ob die Auswertung in der Großgruppe oder in Kleingruppen stattfinden soll, spielt vor allem die Zeit eine entscheidende Rolle.
In der Tabelle (s. S 277 ff) finden sich Zeitangaben für die Auswertungen, die häufig pro Person angegeben sind, so dass sich eine Orientierung ergibt. An eine Phase der Kleingruppenarbeit schließt sich in der Regel noch ein kurzer Austausch in der Großgruppe an. Hier können einzelne erzählen, was wichtig für sie war, oder die Kleingruppe berichtet, auf welche Fragen oder Probleme sie gestoßen ist, welche Erkenntnisse sie gewonnen hat.
Biografiearbeit macht so viel Spaß und ist so ungeheuer interessant und aufregend, dass die Zeit eigentlich nie reicht. Und das ist vielleicht auch gut so, es zeigt die Fülle und den Reichtum, die in unseren Leben stecken…

3. Teil: Übungen zur Biografiearbeit

3.1 Kennen lernen. Entspannen. Lebensgeschichte im Überblick

Jeder Mensch erfindet sich
früher oder später eine Geschichte, die er für sein Leben hält.
Max Frisch: Mein Name sei Gantenbein,
Frankfurt/M.1964,S.45

3.1.1 Kennen lernen. Entspannen. Abschied

Mein Name

Ziel
Kennen lernen in der Gruppe. Der Beziehung zum eigenen Namen auf die Spur kommen.

Durchführung
Jeder Tn sagt laut seinen Namen; er erzählt dabei auch, wie es ihm mit diesem Namen geht, ob er ihn mag oder nicht, ob er gerne anders geheißen hätte oder wie er gerne heißen würde. Wie ist es (soweit bekannt) zu gerade *diesem* Namen Erlebnisse oder Erfahrungen erinnere ich mit diesem Namen?
Am Ende sagt jeder, wie er in dieser Gruppe genannt werden möchte.
(Zeit: pro Person 5 Min.)

Auswertung
Siehe oben.

Material

☯☯☯

Geburtstagsreihe

Ziel
Kennen lernen, anhand des Geburtsdatums ins Gespräch kommen.

Durchführung
Diese Übung eignet sich gut für den Beginn einer Gruppe, zur Auflockerung und erstem Kontakt. Die Tn werden gebeten, sich in der Reihenfolge ihres Geburtsdatums in einer Reihe aufzustellen. Wichtig ist, dass der Moderator nicht hilft oder eingreift, damit die Interaktion in der Gruppe ohne ihn in Gang kommen kann und sich viele Kontakte ergeben.

Auswertung
Kurzes Gespräch:
- Wessen Alter überrascht mich?
- Bin ich mit meinem Alter zufrieden?
- Wäre ich gerne jünger oder älter?
- Welche Vorteile hat es, älter oder jünger zu sein?

(Zeit: 10 Min.)

Material

Persönlichkeits-Collage

Ziel
Die anderen Tn kennen lernen durch Selbstdarstellung in einer Collage.

Durchführung
Jeder Tn erhält einen Pappbogen (Mindestgröße DIN A3). Aus einem Stapel alter Zeitschriften (Illustrierte) soll jeder Tn mit Hilfe von Schere, Klebe und Karton aus Überschriften, Titelzeilen, Fotos, Inseraten usw. eine Collage anfertigen, die ihn in diesem Moment zeigt.

Mögliche Gesichtspunkte:
- Verschiedene Seiten von mir.
- Meine Lebenssituation und wie ich sie erlebe.
- Wie ich mich in diesem Moment fühle.
- Was ich mir wünsche und was ich erreichen möchte.

(Zeit: 20 Min.)

Anschließend gehen die Tn mit vorgehängtem Karton durch den Raum, begegnen anderen und tauschen sich aus.
(Zeit: 10 Min.)

Auswertung
Siehe oben

Material
Ein Stoß alter Zeitschriften, Karton, Scheren, Klebe, Filzstifte, für jeden Tn eine Pappe (DIN A3).

☯☯☯

Mein Name in Bewegung

Ziel
Erstes Kennen lernen in der Gruppe, sich vorstellen.

Durchführung
Diese Übung dient zur Auflockerung, wenn eine Gruppe sich neu zusammenfindet und hilft gleichzeitig, die Namen zu lernen.
Die Gruppe steht im Kreis. Einer beginnt, spricht seinen Namen laut und deutlich aus, macht eine Bewegung dazu und tritt mit dieser Bewegung in die Mitte der Gruppe. Die Gruppe wiederholt den Namen (»Du bist Peter...) und die Bewegung usf.
(je nach Gruppengröße 5–10 Min.)

Auswertung

Material

Variante

Man kann die Übung erweitern, indem man zu dem Namen eine weitere Information anfügt, z.B., das Alter, den Beruf, den Grund, warum man in dieser Gruppe ist o.ä.

☯☯☯

»Was war gelogen?«

Ziel

Ins Gespräch kommen, sich kennen lernen.

Durchführung

Die Tn beantworten schriftlich drei Fragen, die die Moderatorin stellt. Diese Fragen können aus den untenstehenden Anregungen entnommen oder selbst ausgedacht werden.
Die Tn werden gebeten, *eine* der Fragen nicht wahrheitsgemäß zu beantworten. Dann teilt sich die Gruppe in Kleingruppen zu 3-4 Personen. Einer beginnt und liest seine Antworten vor. Die anderen sagen reihum, welche davon ihrer Ansicht nach gelogen ist, und begründen ihre Vermutung.

Fragen

- Mein liebstes Spiel *vor* der Schulzeit war…
- Als Kind hatte ich immer Angst, wenn ...
- Im allgemeinen war ich ein/e ... Schüler/in in der Grundschule.
- Am meisten Spaß als Kind hatte ich ...
- Ein besonders wichtiges Ereignis in meiner Kindheit war ...
- Ich erinnere mich sehr gerne an ...
- Im allgemeinen hatte ich zu meiner Mutter eine ... Beziehung
- Im allgemeinen hatte ich zu meinem Vater eine ... Beziehung.
- Über ... konnte ich mit meinen Eltern nicht gut reden.
- Ich habe jemandem mal folgenden Streich gespielt…
- Mit meinem besten Freund/meiner besten Freundin habe ich immer…

(Zeit: 30 Min. in Vierergruppen)

Auswertung

In der Großgruppe. Es darf spekuliert werden: Welche Antworten passen zu einem Tn., welche hätten auch vielleicht gelogen sein können? Wie geht es mir mit dem Lügen, früher und heute?
(Zeit: 15 Min.)

Material
Papier und Stifte

Kindheitserfahrungen im Interviewspiel

Ziel
Kennen lernen der Tn. Erste Annäherung an Kindheitserfahrungen. Themenfindung für die weitere Arbeit.

Durchführung
Karteikarten mit den unten abgedruckten Fragen werden gemischt und verdeckt im Stapel hingelegt. Die Tn nehmen reihum eine Karte und beantworten die Frage. Falls jemand eine Frage nicht beantworten möchte, kann er eine neue Karte nehmen.
Es ist durchaus wünschenswert, dass sich ein Gespräch entwickelt, in dem auch andere Tn zu der Frage etwas sagen. Das Reihum-Schema kann wieder aufgenommen werden, wenn das Gespräch stockt.
(Zeit: 60 Min. und mehr)

Variante
Jeder Tn erhält eine Liste mit den Fragen. Einer beginnt mit einer Frage an einen anderen. Der Befragte stellt die nächste Frage usf. Der Vorteil besteht darin, dass auch andere, selbst ausgedachte Fragen gestellt werden können.

Auswertung
Im nachfolgenden Gruppengespräch sind folgende Fragestellungen hilfreich:
- Wie habe ich mich gefühlt, wie ist es mir gegangen?
- Wie erging es mir mit den unterschiedlichen Fragen?
- Haben sich für mich Themen ergeben, denen ich intensiver nachgehen möchte?
- Über welches Thema haben wir als Gruppe besonders intensiv gesprochen?
- Welche Themen wollen wir in der künftigen Gruppenarbeit weiter verfolgen, vertiefen?

(Zeit: 15 Min.)

Material
Karten, auf denen je eine der folgenden Fragen steht:
- Was wolltest du als Kind später einmal werden?
- Was hast du früher für Kleidung getragen (tragen müssen) und was trägst du heute gerne?
- Erzähle etwas über deine Schulzeit.
- Erzähle uns etwas über deine Freunde und Freundinnen in der Kindheit.
- Stell dir vor, deine Herkunftsfamilie sei ein Haus. Beschreibe es.

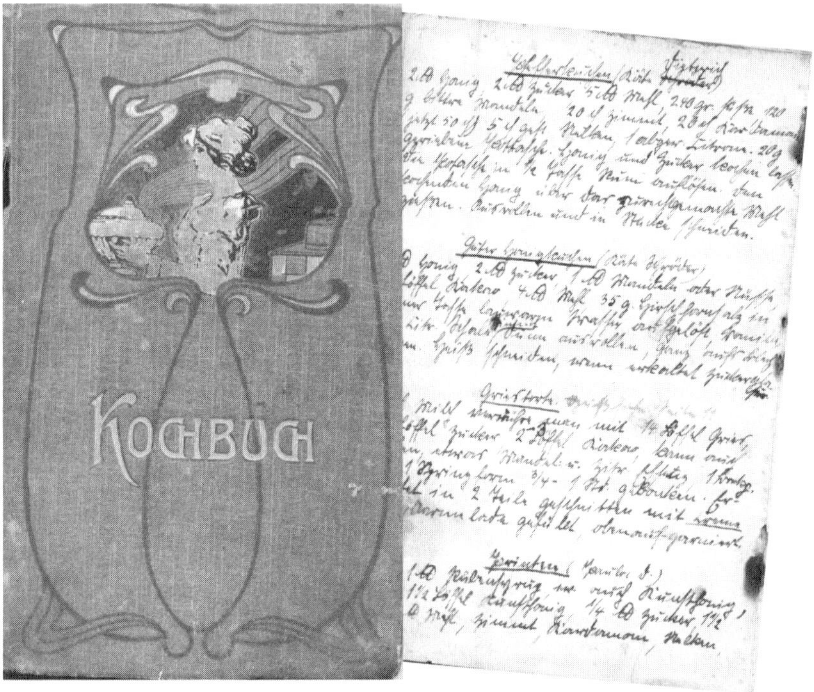

- Wann hast du als Kind einmal gelogen?
- Wann warst du als Kind einmal so richtig glücklich?
- Welche Bedeutung hatte Musik in deiner Familie? Und für dich?
- Was mochtest du früher besonders gern an dir? Wie ist das heute?
- Was mochtest du früher nicht an dir? Wie ist das heute?
- Wo, denkst du, hättest du als Kind Hilfe benötigt?
- Was für ein Kind hättest du nach der Vorstellung deiner Eltern sein sollen? Warst du es?
- Welche Bedeutung hatten Bücher, Zeitungen, Lesen für dich früher?
- Erzähle etwas darüber, wie du im Moment wohnst. Sag auch kurz etwas zu der Wohnung, in der du die meiste Zeit deiner Kindheit verbracht hast.
- Was hat dich als Kind am meisten wütend gemacht? Ist das heute noch so?
- Wie wurden in deiner Familie Liebe, Zuneigung, Anerkennung ausgedrückt?
- Wie wurde in deiner Familie mit Aggression umgegangen?
- Erzähle uns etwas über deine Krankheiten als Kind, und wie es war, wenn du krank warst.
- Erinnerst du dich an ein zeitgeschichtliches Ereignis (historisch, politisch), das in die Jahre deiner Kindheit fällt?

(Weitere Fragen selbst ausdenken.)

Hinweise
Es empfiehlt sich, die Karten vorher nach ihrem »Tiefgang« zu sortieren.

☯☯☯

Ein Bild, das zu mir passt

Ziel
Kennen lernen durch Vorstellen mit Hilfe eines Bildes

Durchführung
Der Moderator erstellt vorher eine Sammlung von ganz unterschiedlichen Bildern aus Illustrierten oder Katalogen. Es kommt hierbei vor allem auf die Vielfalt der Themen und Abbildungen an, aber auch darauf, Bilder zu finden, die einen Reiz haben, vielleicht auch eine gewisse Spannung. Diese Bilder werden auf einem oder mehreren Tischen ausgebreitet. Jeder Tn geht herum und wählt ein Bild aus, das ihn anspricht, für ihn eine Bedeutung hat, das jetzt gerade zu ihm passt.
(Zeit: 10 Min.)

Auswertung
Anschließend stellt sich reihum jeder mit Hilfe dieses Bildes vor, erzählt, was ihn daran anspricht, was es ihm bedeutet, oder welche Geschichte sich für ihn damit verbindet. (Zeit pro Person 5 Min.)

Material

☯☯☯

Gespräch ohne Worte

Ziel
Kennen lernen, Auflockerung

Durchführung
Die Gruppe teilt sich in Paare und verteilt sich im Raum. Der Moderator erklärt die Übung und macht es evtl. einmal vor. Es geht in dieser Übung darum, sich schweigend, nur mit Hilfe von Sprachbewegungen, Grimassen und Körperbewegungen zu verständigen. Das Paar einigt sich darauf, wer A und wer B ist, A beginnt, dann wird gewechselt. Der Moderator sagt nacheinander die Themen an und lässt jeweils 1 Minute pro Person Zeit. Es ist auch interessant, zwischendurch einmal den Gesprächspartner zu wechseln.

Folgende Themen können in frage kommen (aber auch andere sind möglich):
- Teile dem anderen etwas über deine Lebenssituation mit.
- Erkläre dem anderen, welchen Beruf du ausübst.
- Erzähle ihm von deiner liebsten Freizeitbeschäftigung.

- Erläutere ihm, was du an dir magst und was nicht.
- Teile ihm mit, welches deine nächsten Ziele sind.
- Erkläre ihm, warum du in dieser Gruppe bist.
- ....

(Zeit insgesamt 15 Min.)

Auswertung
Kurzer Paaraustausch

Material

☯☯☯

Foto-»Quartett«

Ziel
Einstieg in biografisches Arbeiten; Kennen lernen der anderen Tn an Hand von Fotos.

Durchführung
Die mitgebrachten Fotos (s. u.), werden in einem großen Umschlag o. ä. gesammelt, gemischt und verteilt. Jeder erhält vier Bilder, die er wie beim Kartenspiel verdeckt hält. Auf ein Zeichen hin wird – bis zum Ende des Spiels – jeweils ein Bild nach links weitergegeben. Ziel ist es, die vier zusammengehörenden Bilder eines *anderen* zu sammeln. Glaubt ein Tn ein solches »Quartett« zu haben, geht er auf den Betreffenden zu und zeigt nur ihm die Bilder. Dieser antwortet nur mit »stimmt« oder »stimmt nicht«. Vollständige Quartette werden in die Mitte gelegt und scheiden aus. Das Spiel endet, wenn alle Bilder zu Quartetten angeordnet sind.
Für *Gruppen mit 8-10 Personen* schlagen wir folgendes Verfahren vor: Nach einer Phase in der beschriebenen Weise tun sich immer zwei Tn mit ihren Fotos zusammen, so dass sie jetzt über acht Bilder verfügen. Es werden immer zwei Fotos weitergegeben (zum Beispiel die eigenen, die nicht gesammelt werden dürfen).
Dann können die Paare ihre Bilder vor sich ausbreiten, herumgehen und sich von anderen fehlende Bilder erbitten oder eintauschen. Am Ende kann die Diskussion über die restlichen Fotos offen geführt werden.
Gruppen ab 20 Personen teilen sich in Kleingruppen zu sechs Personen.
(Zeit: in einer Sechsergruppe ca. 30 Min.)

Weiterführungen
1. Wenn Bilder aus verschiedenen Altersstufen vorliegen, kann man versuchen, eine lebensgeschichtliche Linie, einen »roten Faden« in der Abfolge zu finden.
2. Jeder erzählt zu einem oder mehreren Bildern eine Geschichte.

3. Der Frage nachgehen: Mit welchem Kind hätte ich früher gespielt?
4. Die Bilder können für die Zeit der Zusammenarbeit aufgehängt werden. Vielleicht ergeben sich später Texte, Zeichnungen oder Kommentare, die dazugeklebt werden.

Auswertung
Siehe oben.

Material
Jeder Tn bringt vier Fotos von sich im Alter zwischen zwei und zehn Jahren mit, am besten aus verschiedenen Altersstufen.

Hinweise
Die Fotos dürfen vorher nicht gezeigt werden. Am besten wird am Eingang ein Umschlag deponiert, in den jeder verdeckt seine Fotos legt.
Für anschließende biografische Arbeit kann es gut sein, wenn auf den Bildern noch andere Personen, die häusliche Umgebung oder Spielzeug zu sehen sind.
Angaben auf den *Rückseiten* der Fotos Jahresangaben o. ä. müssen entfernt oder abgedeckt werden.

☯☯☯

Fotoalbum – vorgestellt

Ziel
Übung für Gruppen, deren Tn keine Fotos aus ihrer Kindheit besitzen; Einstieg in biografische Arbeit.

Durchführung
Die Tn setzen – besser noch legen – sich bequem hin und schließen die Augen. Kurze Entspannung (s. S. 57). Der Moderator kann folgenden Text als Anleitung verwenden:

»Stell dir vor, du bist bei deinen Eltern. Irgendwo dort findest du ein Fotoalbum, das du noch nie gesehen hast. Du weißt, dass es Fotos aus deiner Kindheit enthält ... Sieh es dir von außen an. Wie sieht es aus?...
Schlage es jetzt auf. Du siehst verschiedene Bilder aus verschiedenen Altersstufen. Nimm dir einen Moment Zeit, sie einzeln zu betrachten.
(1 Min.)
Such dir jetzt eins der Bilder aus. Geh langsam in das Bild hinein, werde ganz die Person auf dem Foto. (1 Min.)
Sieh dich um – Wo bist du? Wer ist noch dort? Wie fühlst du dich? Wie fühlt sich dein Körper an? Versuch, so weit du kannst, in die Situation hineinzugehen ... Gibt es etwas, was du gerne tun oder sagen möchtest? Tu es, sag es. Was geschieht als nächstes? Lass geschehen, was kommt. (2 Min.)

Verabschiede dich jetzt von den Menschen und von deinem Foto, geh langsam aus dem Bild heraus und komm wieder her. Öffne die Augen, räkle dich und bleib noch einen Moment mit dir.«
(Zeit: 10 Min.)

Auswertung

Austausch in Kleingruppen. Einer erzählt, was er erlebt hat, die anderen hören zu, achten auf ihre Gefühle, Gedanken, Fragen.

- Was fällt mir an meiner Geschichte mit dem Bild auf?
- Was löst sie in mir an Gefühlen aus?
- Gibt es Widersprüche, Dinge, die ich nicht verstehe?
- Was hätte ich gern an meinem Bild verändert?

Für die Gruppe: Was fällt uns auf an deiner Geschichte mit dem Bild, was nehmen wir wahr, welche Fragen haben wir?
(Zeit: pro Person 10 Min.)

Material

Hinweis

Auch wenn die Tn über Fotos verfügen, kann die Übung sehr interessant sein.

☯☯☯

Meine Erwartungen und Ziele

Ziel

Ziele und Erwartungen formulieren und durch ein Ritual bekräftigen.

Durchführung

Diese Übung hat rituellen Charakter und soll helfen, die eigenen Zielen und Erwartungen für diese Gruppe zu klären und sie über die Zeit der Gruppe zu bewahren. Der Moderator stellt ein Gefäß in die Mitte des Raumes, eine schöne Schale o.ä.. Die Tn schließen für einen Moment die Augen und fragen sich: Was möchte ich für mich in diesem Kurs, dieser Veranstaltung klären, erreichen? Was ist mein persönliches Ziel? Was möchte ich vielleicht loslassen oder verändern? Welchem Teil von mir möchte ich mehr auf die Spur kommen oder tiefer nachgehen? Jeder Tn schreibt die Antworten auf diese Fragen auf einen Zettel, den er mehrmals faltet. Dann, geht einer nach dem anderen in beliebiger Reihenfolge in die Mitte und legt den Zettel in die Schale.
Wenn alle ihre Zettel hineingelegt haben, nimmt der Moderator die Schale und ihren Inhalt an sich. Am Ende der Gruppe wird die Schale mit den Zetteln wieder in die Mitte gestellt. Die Tn können entscheiden, ob sie ihre Zettel zurücknehmen

wollen, oder ob der Inhalt der Schale rituell verbrannt werden soll. Im letzteren Fall kann dies gemeinsam geschehen oder der Moderator tut dies zu Hause.
(Zeit: je nach Gruppengröße 15-20 Min.)

Auswertung

Material
Eine schöne Schale oder ein anderes Gefäß

Variante
Die Übung kann auch zu Beginn einer Gruppe dazu verwendet werden, sich vorzustellen. Dann sagt jeder, der in die Mitte tritt, seinen Namen.

☯☯☯

Klagemauer

Ziel
Kennen lernen, Austausch zu einem Thema oder Abschied

Durchführung
An der Wand wird eine große Papierbahn befestigt (2x2m) und ein Kasten mit Stiften wird bereit gestellt. Jeder Tn malt auf diese Bahn von unten beginnend einen Stein (Größe beliebig) und trägt dort ein, worüber er gerne klagen möchte, welche Last er abgeben möchte, um wen er trauert, was er bedauert u.ä. Die Gruppe schweigt. Wenn alle fertig sind, steht die Gruppe eine Weile vor ihrer Klagemauer und liest die Steine.
Dann wird die Wandzeitung vorsichtig von der Wand genommen, zusammengelegt und nach draußen getragen. Dort wird sie verbrannt. Die Gruppe steht im Kreis um das Feuer und spürt, wie die Last sich im Feuer auflöst und in den Himmel getragen wird.
Anschließend kehrt die Gruppe in den Raum zurück und feiert bei einem Stück Musik im Tanz die Leichtigkeit ihres neuen Lebensgefühls.
(Zeit: 30 Min.)

Auswertung
Nicht erforderlich. Nach Bedarf ein kurzes Gruppengespräch.

Material
Große Wandzeitung (z.B. Tapetenrollen). Wenn dies nicht möglich ist, malt jeder seinen Stein auf ein Blatt Papier, das aufgehängt oder auf dem Boden ausgebreitet wird. Stifte. Gefäß zum Verbrennen. Musik.

Variante

Diese Übung kann auch zu anderen Thema variiert werden:

- Jeder malt eine Blume, in die er schreibt, wofür er dankbar ist.
- Jeder malt ein Geschenk und schreibt etwas hinein, was er von dieser Gruppe als Geschenk mit nach Hause nimmt.
- Jeder malt einen Ballon mit einer seiner Qualitäten, die er in die Gruppe einbringen will.
- Jeder malt eine Fahne, auf der steht, was er in dieser Gruppe für sich erreichen will.

Bei diesen Themen wird die Wandzeitung nicht verbrannt.

☯☯☯

Wahrnehmung – ein Spiegel

Ziel

Kennen lernen, erfahren, wie begrenzt unsere Wahrnehmung ist.

Durchführung

Die Tn sitzen in Paaren zusammen. A erzählt B etwas aus seinem Leben, das ihm wichtig ist. B hört zu und notiert sich einzelne Wörter aus der Erzählung, die ihm auffallen (max. 15). (Zeit: 10 Min.)
Jetzt ist B dran. B erzählt A etwas über sich, wobei er alle notierten Wörter in seiner Erzählung verwenden muss. (10 Min.)
Die Gruppe wechselt die Partner – möglichst so, dass wer vorher A war jetzt B ist, und wiederholt die Übung.
(Zeit: insgesamt 40 Min.)

Auswertung

Kurzer Gruppenaustausch.

- Wie erging es mir damit, festzustellen, wie meine Wahrnehmung arbeitet?
- Was kann ich mit folgender These anfangen: Man kann beim anderen nur wahrnehmen, was man an sich selbst gesehen hat.

(Zeit: 10 Min.)

Material

Papier und Stift

☯☯☯

Wasser teilen

Ziel

Kennen lernen, geben und nehmen mit anderen erfahren

Durchführung

Die Moderatorin stellt für jeden Tn ein schönes Glas auf den Tisch und einen Krug mit Wasser. Jeder Tn wählt sich ein Glas und füllt es zur Hälfte mit Wasser. Jetzt gehen die Tn durch den Raum, begegnen sich, stellen sich z.B. namentlich vor und geben sich gegenseitig von ihrem Wasser ab.
(Zeit 10 Min.)

Auswertung

Nicht notwendig. Eventuell eine kleine Runde zum Thema: Geben und nehmen, sich verausgaben, annehmen.

Material

Für jeden Tn ein schönes Glas und ein Wasserkrug mit Wasser.

Hinweis

Diese Übung kann auch schon zu einem thematischen Einstieg verwendet werden. Die Tn können sich sagen, warum sie hier sind oder was sie mit dem Thema verbindet etc..

☯☯☯

Tönen

Ziel

Durch Töne summen die Gruppe als Ganzes erleben, zusammenkommen oder einen Abschluss finden.

Durchführung

Diese kleine Übung kann verwendet werden, wenn die Gruppe nach einer längeren Pause wieder zusammenkommt, wenn ein Abschluss gefunden werden soll, wenn die Stimmung in der Gruppe wieder zusammengeführt werden soll usf.. Sie ist sehr einfach, aber von erstaunlicher Wirkung. Die Gruppe steht im Kreis, für viele ist es einfacher, wenn die Augen eschlossen werden. Der Moderator leitet die Gruppe an, sich mit dem in sich selbst zu verbinden, was im Moment ist, und dann zunächst leise einen Ton zu singen. Nachdem die erste Peinlichkeit überwunden ist, entwickelt sich meist ein ansteigendes Klanggefüge, das nach einer Weile von selbst wieder verebbt. (Zeit: 3 Min.)

Auswertung

Eine Auswertung ist direkt nicht nötig. Es kann aber interessant sein, folgenden Fragen nachzugehen,

- Wie bin ich meinen individuellen Tönen gefolgt und wieweit habe ich mich dem allgemeinen Ton angepasst?
- Hatte ich das Bedürfnis, mich in die Menge einzufügen oder wollte ich mit besonderen Tönen hervortreten?

- Konnte ich meinem Bedürfnis nach Lautstärke folgen oder habe ich mich angepasst?

Material

☯☯☯

Abschied – ein Gedicht

Ziel

Die gemeinsame Arbeit und die eigenen Erfahrungen zum Abschluss in Worte fassen und mit den anderen teilen.

Durchführung

Die Tn werden gebeten, in der nächsten Viertelstunde ein Gedicht (ohne Reime etc.) oder einen kurzen Text zu schreiben, der das wiedergibt, was für sie in der gemeinsamen Arbeit wichtig war. Es ist hilfreich, sich mit der Gruppe vorher kurz, stichwortartig die gemeinsamen Erfahrungen in Erinnerung zu rufen. Der Moderator sollte – um Hemmschwellen abzubauen – darauf hinweisen, dass jeder schreiben kann, was er mag, ohne dass es bewertet wird.
(Zeit: 15 Min.)

Auswertung

Die Texte werden in freiwilliger Reihenfolge vorgelesen. Die Gruppe schweigt. Zwischen den einzelnen Gedichten bzw. Texten wird eine kurze Pause gelassen. Es sollte vermieden werden, über die Texte in der Gruppe zu sprechen.
(Zeit: insgesamt 30 Min.)

Material

Papier und Stift.

☯☯☯

Wandzeitung zum Abschied

Ziel

Sich vergegenwärtigen, was die gemeinsame Arbeit bedeutet hat; Abschied nehmen.

Durchführung

Auf dem Boden oder auf einem Tisch wird eine große Papierbahn ausgebreitet (ca. 2–3 qm), und in die Mitte werden ausreichend viele Stifte (am besten Filzstifte) gelegt. Die Gruppe schweigt, während jetzt alle gemeinsam auf der Wandzeitung notieren, malen, symbolisieren, was an der gemeinsamen Arbeit für sie wichtig war. Die Tn sollten auch den Standort wechseln, lesen, was andere geschrieben haben, Kommentare oder Zeichen hinzufügen usf. (20 Min.)

Die Stifte werden beiseite gelegt und jeder nimmt sich Zeit, um die Zeitung herumzugehen und sich alles in Ruhe durchzulesen und zu betrachten. (10 Min.)
Ein gemeinsames Gespräch kann sich anschließen.

Auswertung
Was habe ich erlebt in der gemeinsamen Arbeit?
Was war für mich besonders wichtig?
Womit konnte ich nicht viel anfangen?
Was möchte ich der Gruppe sagen?

Material
Eine große Papierbahn (2–3 qm) und viele (Filz-)Stifte.

☯☯☯

Entspannung und Körperwahrnehmung

Ziel
Zur Ruhe kommen, sich entspannen, den Körper fühlen und sich konzentrieren.

Durchführung
Die Moderatorin kann folgenden Text als Anleitung verwenden:

»Leg dich bequem auf den Boden in einer Haltung, die dir angenehm und vertraut ist. Schließe die Augen.
Atme dreimal tiiiief ein und wieder aus und mit jedem Ausatmen wirst du entspannter, fällt alle Anspannung von dir ab... Nimm wahr, wie du liegst, wie dein Körper Kontakt zum Boden hat, von ihm getragen wird ...
Spüre jetzt in jeden Teil deines Körpers hinein: dein Gesicht ... die Muskeln in deinem Gesicht ... die Stirn ... die Augen ... die Wangen ... den Mund ...den Unterkiefer ...
Wenn du irgendwelche Anspannungen spürst, verstärke sie und lasse sie mit dem nächsten Ausatmen los ...
Spüre deinen Nacken, fühle, wie du deine Schultern hältst, deine Arme ... deine Hände ...
Spüre jetzt deine Brust ... Fühle deinen Rücken, geh langsam deine Wirbelsäule hinab ... Spüre deinen Bauch, atme tief in ihn hinein ... Fühle dein Becken ... dein Gesäß ... dein Geschlecht ...
Nimm deine Oberschenkel wahr ... deine Beine ... deine Füße ... deine Zehen.
Du bist ruhig und entspannt, fühlst dich sicher und geborgen.«

In der Regel folgt jetzt der Moderationstext einer Übung.
(Zeit: 10 Min.)

Auswertung

Material
Ein genügend großer Raum und Decken oder andere Unterlagen.

Hinweis
Diese Übung lässt sich auch im Sitzen durchführen. Für eine Kurzform hält man die Beschreibung der einzelnen Körperregionen allgemeiner.

☯☯☯

3.1.2 Lebensgeschichte im Überblick

Lebenslinie

Ziel
Bewusst machen von Ereignissen, Erfahrungen und Lebensabschnitten, die die individuelle Lebensentwicklung entscheidend beeinflusst und geprägt haben. – Kennen lernen in einer Gruppe.

Durchführung
Jeder zeichnet für sich auf einem querliegenden Blatt (DIN-A4) eine waagerechte Linie, die seinen Lebenslauf symbolisiert. Die Lebensjahre werden markiert. Am linken Rand wird senkrecht eine Linie gezeichnet und von unten beginnend mit -3, -2, -1, 0 (Schnittpunkt mit der Waagerechten) + 1, +2, +3 versehen.
Jeder trägt nun für ihn wichtige Ereignisse in diese Zeitlinie ein und gibt durch ein Kreuz an, wie er sich damals gefühlt hat (- 3 = miserabel, + 3 = sehr gut und zufrieden).
Wichtig sind vor allem die Stationen, die »Wendepunkte«, prägende Erlebnisse und für die heutige Lebenssituation entscheidende Einflüsse bedeuteten. Die Kreuze können zu einer (Zick-Zack-)Linie verbunden und auch mit kleinen Symbolen (z.B. Herz, Blitz, Gesicht, Regen, Sonne u.a.m.) versehen werden.
(Zeit: 20 Min.)

Die Lebenslinien werden mit dem Namen versehen und an die Wand gehängt. Die Tn gehen von einer zur anderen und können die betreffende Person befragen und ihre Eindrücke mitteilen.
Die Gruppe schließt ein Gespräch über Ähnlichkeiten und Unterschiede in den Lebensläufen der Tn an.
(Zeit: 30 Min.)

Variante 1: Die Tn markieren durch Benutzung von Farben (Filzstifte), wie das jeweilige Ereignis auf sie wirkte (pechschwarz, grau in grau oder strahlend gelb usw.).
Variante 2: Auf einem angelegten zweiten Blatt kann die Lebenslinie in die Zukunft hinein verlängert werden, so wie sich der Teilnehmer sein weiteres Leben vorstellt.

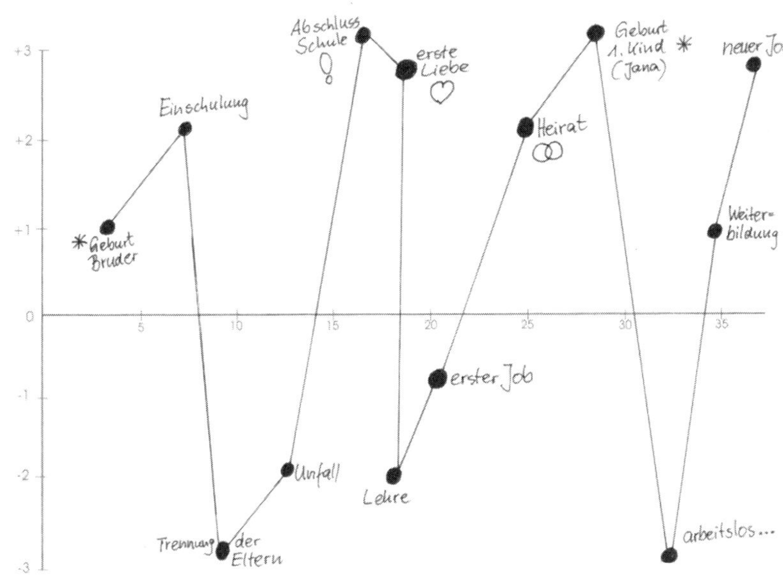

Abb.: Beispiel Lebenslinie

Variante 3: Die Lebenslinie wird als Beziehungslinie angelegt, die die Entwicklung a) zur Mutter, b) zum Vater, c) zu den Geschwistern wiedergibt. Eventuell mit verschiedenen Farben nacheinander arbeiten oder auf Pergamentpapier schreiben und als Folie darauf legen.
Variante 4: Viele weitere Themen sind möglich: Freundschaften, schulische Laufbahn, Umzüge, Prüfungen usw.

Material

Papier und Schreibzeug, Klebeband.

Hinweis

Diese Übung ist vielfältig für ganz verschiedene Fragestellungen und Problembereiche verwendbar. Sie ist eine Art »Standardübung« in der Biografiearbeit.

Fotos aus der eigenen Geschichte

Ziel

Einstieg in die intensivere biografische Arbeit mit Hilfe von Fotos aus der Kindheit.

Durchführung

Die Gruppe teilt sich in Kleingruppen von 4 bis 8 Personen. Einer beginnt, indem er eigene Kindheitsfotos in der Mitte ausbreitet.
Die anderen nehmen sich zunächst Zeit, alle Bilder gründlich anzusehen und auf sich wirken zu lassen. Dann berichten sie, was sie wahrnehmen.

- Welches Gefühl kommt mir aus dem Bild entgegen?
- Was denke ich über dieses Kind? War es glücklich, traurig, einsam, ängstlich? Wie schaut es? Wie steht es da?
- Wie ist seine Position zu den anderen abgebildeten Personen?
- Wie ist es gekleidet?
- Wie ist die häusliche Umgebung: Tapeten, Möbel, Gardinen usf.? Der Betreffende hört zunächst nur zu. Im Anschluss erzählt er etwas zu den Bildern (Begebenheiten, Szenen, Erlebnisse) und äußert sich zu dem Gehörten. Die anderen können Fragen stellen etc.

(Zeit: pro Person 20 Min.)

Variante

Es kann vorher ein inhaltlicher Schwerpunkt festgelegt werden, zum Beispiel: Geschlechtsrolle, Umgang mit dem eigenen Körper, Beziehung Eltern-Kind, »Zeitgeist« bestimmter Jahre.

Auswertung

Ein anschließendes Plenumgespräch kann sich an folgenden Fragen orientieren:

- Was war wichtig für mich?
- Gab es Erfahrungen, die bei allen gleich oder ähnlich waren?
- Hat sich mein Gefühl zu den anderen verändert?
- Welches »Bild« meiner Kindheit habe ich gewonnen?
- Gibt es Dinge auf den Bildern, die ich nicht gerne zeige, die mir peinlich sind? Was zeige ich gerne?
- Welche Tendenz gab es bei der Darstellung der eigenen Kindheit: zum Beispiel als »traurige« oder als »glückliche« Geschichte etc.?

(Zeit: 15 Min.)

Material

Fotos der Tn und ihrer Familie aus verschiedenen Phasen der Kindheit (eventuell auch Jugendzeit), pro Person maximal 10 Bilder.

☯☯☯

Eine »märchenhafte« Lebensgeschichte

Ziel

Formulieren der eigenen Geschichte auf symbolischer Ebene. Kennen lernen.

Durchführung
Die Tn nehmen sich Papier und Stift und werden gebeten, ihre bisherige Lebensgeschichte in Form eines Märchens zu schreiben. Es können Figuren oder Motive aus bekannten Märchen verwendet, aber auch eigene Ideen entwickelt werden. Es wird eine Zeit vereinbart (z.B. 30 Minuten), in der das Märchen fertiggestellt sein soll.

Auswertung
Je nach Gruppengröße und Zeit in der ganzen Gruppe oder in Kleingruppen. Einer liest sein Märchen vor, die anderen beantworten – im Gespräch oder auf einem Zettel – folgende Fragen:
- Welche Stimmung kommt mir aus dem Märchen entgegen?
- Um welche Gefühle geht es in der Hauptsache?
- Gibt es einen Gegenspieler zu der Hauptperson?
- Welches ist das zentrale Problem?
- Wie geht das Märchen weiter?
- Woran bleibe ich hängen?
- Erkenne ich einen roten Faden, ein zentrales Thema?

(Zeit: pro Person 15 Min.)

Weiterführung
a) Ein zweites Märchen schreiben, das meine *Wünsche* spiegelt. Wie hätte ich mir erträumt, dass es sein soll?
b) Ein Märchen *spielen*, verschiedene Weiterführungen der Geschichte durchprobieren. Spüren, wie es sich in den jeweiligen Rollen »anfühlt«.

Material
Papier und Stift, eventuell eine Wandzeitung mit Fragen (s.o.).

Hinweis
Ebenso kann ein Bühnenstück geschrieben werden.

☯☯☯

Leben am Seil

Ziel
Durch eine sinnlich erfahrbare Darstellung einen neuen Blick auf sein Leben gewinnen

Durchführung
Die Gruppe teilt sich in Dreiergruppen, am besten um einen Tisch. Der Moderator verteilt pro Tisch 5 bis 7 Bänder oder Seile in verschiedenen Farben. Außerdem stellt er die mitgebrachte Kiste mit den Gegenständen in die Mitte des Raumes. Einer beginnt und legt zunächst ein Seil aus, das sein Leben von der Geburt bis

heute darstellt. Dann beginnt er verschiedene Stationen durch Dinge aus der Kiste, die er an das Seil legt, symbolisch darzustellen. (z.B. ein Spielzeugauto für das erste eigene Auto, eine kleine Puppe für das erste Kind, einen kleine Teufel für eine Zeit, in der alles schief lief usf…). Andere Menschen können als Bänder, die von außen hinzukommen, dazugelegt werden. Der Kreativität sind keine Grenzen gesetzt. Man kann auch einen Zettel mit aufgemalten Symbolen (Blitz, Regenwolke, Blume u.ä.) zu Hilfe nehmen.
(Zeit: 15 Min.)

Auswertung

Die anderen sehen zunächst nur zu – der Aufbauende kann währenddessen erklären oder erzählen, was er tut. Wenn er fertig ist, lassen alle drei das Bild zunächst einen Moment auf sich wirken und sagen dann, was ihnen auffällt, stellen Fragen usf..
(Zeit: pro Person 10 Min.)

Anschließend kommt der nächste dran – vorher wird ein Foto von der Aufstellung gemacht.

- Was fällt mir auf, wenn ich dein Bild sehe?
- Was erstaunt mich, was beeindruckt mich?
- Wie fühlt sich das Gesamtbild für mich an?
- Was fehlt?
- Wie könnte es jetzt weitergehen? Was sind die Themen für die Zukunft?

Material

Der Moderator bringt viele bunte Bänder oder Seile mit (pro Dreiergruppe etwa 5 bis 7). Außerdem eine Kiste mit allen möglichen kleinen Gegenständen, von der Sicherheitsnadel bis zum Plastiktier, vom Spielzeugauto bis zur Garnrolle – Dinge, die dazu verwendet werden können, den eigenen Lebensweg zu illustrieren.
Außerdem eine digitale Kamera, um die Bilder der einzelnen Tn zu dokumentieren.

☯☯☯

Wendepunkte

Ziel

Die Bedeutung entscheidender Wendepunkte der persönlichen Lebensgeschichte klären. Kennen lernen in der Gruppe.

Durchführung

Jeder Teilnehmer vergegenwärtigt sich seinen bisherigen Lebensverlauf und wählt vier bis fünf Ereignisse, Begegnungen, Begebenheiten etc. aus, die für ihn als Wendepunkte, Weichenstellungen usw. entscheidende Bedeutung hatten. Zu jedem

Ereignis wird auf einem in vier bis fünf Abschnitte unterteilten Blatt mit farbigen Filzstiften etwas Typisches gezeichnet, wobei Farben insbesondere die Stimmung ausdrücken sollen. Symbole, Strichmännchen und Stichwörter sollen dieses Ereignis veranschaulichen.
(Zeit: 10 Min.)

Auswertung

Zu zweit (oder in kleinen Untergruppen) wird im Gespräch ausgetauscht und erklärt, inwiefern die Szenen für das eigene Leben wichtig sind, was sie an Veränderung bewirkten.

- Welche Personen waren wichtig?
- Wie habe ich Wenden in meinem Leben herbeigeführt?
- Ereignete sich etwas ohne mein Zutun?
- Erlebe ich Wenden eher als »Schicksal« oder als von mir aktiv gestaltet?

(Zeit: pro Person 10 Min.)

Material

Schreibzeug, farbige Filzstifte und Papier.

☯☯☯

Lebensalter und persönliche Fähigkeiten

Ziel

Besinnung auf die Geschichte und Entwicklung eigener Fähigkeiten. Entdecken, Akzeptieren und Verstärken von Lebenspotentialen, die das Gefühl der Zufriedenheit mit sich selbst vermitteln.

Durchführung

Die Gruppe teilt sich in Vierergruppen auf. Die Tn beantworten schriftlich die folgenden Fragen (an einer Wandzeitung vorher notieren):
Welche Erfahrung, welches Ereignis in meinem bisherigen Leben gab mir das Gefühl, etwas zu können:

- als ich 7 bis 12 Jahre alt war,
- als ich 13 bis 17 Jahre alt war,
- als ich 18 bis 25 Jahre alt war,
- von 26 bis 33 (oder älter),
- jetzt in der Gegenwart?

Für jede Erfahrung oder jedes Erlebnis wird ebenfalls notiert, welche Konsequenz es konkret hatte (zum Beispiel Schulabschluss – gab mir das Gefühl, dass ich leistungsfähig bin. Oder: Der erste erotische Kontakt zu einem/r Partner/in gab mir das Gefühl, liebenswert zu sein u.a.m.).
Hilfreich ist es, die Augen zu schließen und sich in die jeweilige Periode zurückzuversetzen, um erst danach Notizen zu machen.

Auswertung
Die Ergebnisse werden anschließend in der Vierergruppe ausgetauscht.
- Welche Fähigkeiten habe ich (wieder-)entdeckt?
- Welche will ich ausbauen und verstärken?
- Was empfinde ich angesichts meiner Potentiale?

(Zeit: pro Person 10 Min.)

Material
Papier und Schreibzeug. Wandzeitung mit Fragen.

☯☯☯

Lernbiografie

Ziel
Sich die eigene Lebensgeschichte als »Lerngeschichte« vergegenwärtigen.

Durchführung
Diese Übung erfordert eine längerfristige Vorbereitung. Die Tn werden gebeten, einen Text zu schreiben zu folgender Themenstellung: »Was habe ich wann wie wo wodurch gelernt?«
Der Moderator weist darauf hin, dass jeder schreiben kann, was ihm bei diesem Thema einfällt oder wichtig ist. Es gibt nichts Richtiges und nichts Falsches. Äußerungen wie: »Ich kann das nicht« oder beginnenden Diskussionen in der Gruppe über mögliche Inhalte wird mit dem obigen Hinweis begegnet. Wichtig ist es, darauf hinzuweisen, dass allein schon das Nachdenken über das eigene Lernen vieles klarer werden lassen kann.
Es wird ein Termin vereinbart, zu dem der Text verbindlich fertiggestellt sein soll. Auch wird ein bestimmter maximaler Umfang festgelegt (zum Beispiel 5 Seiten). Am besten ist es, wenn die Texte als mail versendet oder vervielfältigt, auf jeden Fall rechtzeitig vorher verteilt werden, so dass jeder vor dem Sitzungstermin die Möglichkeit hat, sie gründlich durchzulesen und sich am Rand Notizen zu machen.

Auswertung
Die Bearbeitung erfordert pro Person 30 bis 40 Minuten und mehr. Je nach Zeit und Gruppengröße in Kleingruppen.
Einer beginnt. Die Gruppenmitglieder vergegenwärtigen sich nochmals in Ruhe den Text unter der Fragestellung:
- Wo bleibe ich hängen?
- Was fällt mir auf?
- Wie empfinde ich den Text?

Jeder äußert sich zu diesen Fragen, und zwar als ganz persönliche Sichtweise: »Ich empfinde dies ...«, »Ich habe dies noch nicht verstanden ...«, »Ich habe die Fantasie, dass ...« etc. Der Schreiber hört zunächst nur zu, nimmt keine Stellung, verteidigt sich nicht, entschuldigt sich nicht etc. Erst danach antwortet er auf Verständnis- oder Nachfragen, erzählt, führt aus etc.

Fragen
- Was wird nicht erzählt?
- Wo sind Brüche/Sprünge im Text?
- Was fällt mir an der Sprache auf?
- Kann ich den Text mit meinem Bild von dem Schreiber in Zusammenhang bringen?
- Wo bin ich neidisch, betroffen, traurig usw.?
- Wo und wie zeigen sich im Text Schichtunterschiede?

Material
Die Lernbiografien der Tn als Texte.

☯☯☯

Tagebuch

Ziel
Nachdenken über die Bedeutung eines Tagebuches

Durchführung
Gruppengespräch zu folgenden Fragen (evtl. auf einer Wandzeitung oder Flipchart – in Auswahl! - vorher notieren):
- Wann habe ich angefangen zu schreiben?
- Welche Bedeutung hatte mein Tagebuch damals für mich?
- *Was* habe ich notiert?
- In welchen Situationen habe ich geschrieben?
- Musste ich mein Tagebuch verstecken?
- Wie hat sich mein Schreiben bis heute verändert?
- Gab es Zeiten, in denen ich nicht geschrieben habe?
- Was bedeutet mein Tagebuch für mich heute?
- Wenn ich mir vorstelle, ich würde nicht schreiben, was würde mir fehlen, was würde ich stattdessen tun?
- Wie ist es heute, kann ich andere mein Tagebuch lesen lassen?
- Kann ich mich erinnern, warum ich *nicht* angefangen habe zu schreiben?
- Wenn ich höre, was die anderen über die Bedeutung ihres Tagebuches sagen (zum Beispiel Auseinandersetzung mit sich selbst), tue ich vielleicht andere Dinge, zum Beispiel Gespräche führen?
- Hat es Situationen gegeben, in denen ich mir gewünscht habe, schreiben zu können? Was habe ich stattdessen getan?

(Zeit: 30 Min.)

In einer zweiten Runde können die Tn, die Tagebücher (z.B. aus der Pubertät) besitzen und zum Vorlesen bereit sind, dies tun. Dies kann ein gefühlsmäßiger Einstieg in das Thema »Pubertät« oder »Auseinandersetzung mit den Eltern« oder »erste Liebesbeziehungen« sein.
Die Schreiberin liest am Stück nacheinander bis zu 30 Minuten vor. Sie kann auch bestimmte Passagen zum vorher vereinbarten Thema zusammenstellen. Die anderen hören zu und bleiben bei ihren Gefühlen und Erinnerungen, die in ihnen selbst wach werden. Im anschließenden Gruppengespräch werden Eindrücke zum Gehörten der Schreiberin mitgeteilt.
(Zeit: 120 Min. und mehr.)

Auswertung
Siehe oben.

Material
Eventuell alte Tagebücher.

Früher – Heute – Morgen

Ziel
Hinführung zur Reflexion des eigenen Lebensverlaufes. Kennen lernen anderer Gruppenmitglieder.

Durchführung
Jeder Teilnehmer erhält einen Zettel mit folgenden Fragen, die er für sich beantwortet:
a) Als ich 16 war:
   Ein Hauptinteresse ...
   Ein Problem, eine Schwierigkeit ...
   Eine Hoffnung, ein Wunsch ...
b) Jetzt in meinem Leben:
   Ein Hauptinteresse ...
   Ein Problem, eine Schwierigkeit ...
   Eine Hoffnung, ein Wunsch ...
c) In 10 Jahren:
   Ein Hauptinteresse ...
   Ein Problem, eine Schwierigkeit ...
   Eine Hoffnung, ein Wunsch ...
(Zeit: 15 Min.)

Auswertung
Die Gruppe bildet Untergruppen zu je vier Tn. Jeder berichtet über seine Antworten, die anderen können nachfragen, um Erklärungen bitten usw.
(Zeit: pro Person 10 Min.)

Fragen:

- Wie offen konnten die Tn sein, auf welchen Ebenen bewegten sich die Informationen?
- In welcher Richtung prägt sich die Zukunftsperspektive aus?
- Welche Gefühle begleiten sie?
- Wie ist die »Grundstimmung« des Lebens?
- Wie hängen für jeden die Vergangenheit, die Gegenwart und die Zukunft zusammen?

Material

Zettel mit o.a. Fragen, Schreibzeug.

Leben auf der Bühne

Ziel

Einige lebensgeschichtliche Szenen fantasieren und ihre Grundstimmung erfassen

Durchführung

Die Tn setzen oder legen sich bequem hin. Nach einer Phase der Entspannung (s. S. 57) moderiert die Leiterin die Übung nach folgendem Text:

»1. Stell dir vor, du bist in einem Theater. Setz dich hin, wo du magst. Nimm kurz wahr, was um dich herum ist oder geschieht. Konzentriere dich jetzt auf die Bühne, die Vorhänge sind noch geschlossen.
Der Vorhang öffnet sich. Auf der Bühne siehst du deine Mutter und deinen Vater, bevor du geboren wurdest. Sie sprechen über dich. Höre, was sie sagen. Sieh dir genau an, wie es auf der Bühne aussieht. (3 Min.)
Der Vorhang schließt sich.

2. Der Vorhang öffnet sich wieder. Auf der Bühne bist du selbst im Alter zwischen drei und fünf Jahren. Betrachte dich. Wie siehst du aus?
Was tust du gerade? Sind noch andere Personen auf der Bühne? Wie sieht es dort aus? Welche Stimmung oder welches Gefühl kommt dir von der Bühne entgegen? (2 Min.)
Der Vorhang fällt.

3. Er öffnet sich wieder. Die Szene ist ein Teil aus deinem jetzigen Leben.
Betrachte dich und was du tust. (2 Min.)
Der Vorhang fällt wieder.

4. Es ist Pause. Das Licht geht an. Wie reagiert das Publikum? Geh mit ihnen zusammen hinaus ins Foyer. Höre, was die Leute über das Stück sagen. (2 Min.)
Komm jetzt wieder in den Raum zurück, öffne die Augen und sei wieder da.«

(Zeit: 20 Min.)

Auswertung

Partnergespräch oder Gruppengespräch. Eine andere Möglichkeit besteht darin, dass jeder Teilnehmer *eine* der drei Szenen malt, dann das Bild vorstellt und die Geschichte dazu erzählt.
(Zeit: pro Person 10 Min.)

Weiterführung

Einstieg ins Rollenspiel: eine der Szenen spielen.

☯☯☯

Mein Leben in Räumen

Ziel

Sich mit einer Aneinanderreihung von Zimmern als Symbol für den Lebensverlauf beschäftigen

Durchführung

Die Tn nehmen eine bequeme Haltung ein. Nach einer kurzen Entspannung (s. S. 57) kann der Moderator folgenden Text verwenden:

»Stell dir vor, du siehst vor dir eine Tür. An ihr ist ein Schild befestigt auf dem steht ›Meine Kindheit‹. Betrachte zunächst die Tür und das Schild genau.
Jetzt öffne langsam die Tür und betritt den dahinterliegenden Raum.
Er stellt auf irgendeine Weise deine Kindheit dar. Sieh dich um. Achte darauf, was du siehst, wie du dich dort fühlst, welche Stimmung in dir entsteht. Geh durch den Raum und sieh dir alles genau an. Hebe einen Gegenstand auf und nimm ihn mit, denk nicht darüber nach. (2 Min.)
An irgend einer Stelle entdeckst du eine weitere Tür mit dem Schild ›Meine Pubertätszeit, meine Jugend‹. Verabschiede dich von dem vorigen Raum, öffne langsam die Tür und betritt den nächsten. Achte genau darauf, wie sich dein Gefühl verändert. Lass den Raum auf dich wirken, geh wieder umher, sieh alles genau an und nimm einen Gegenstand mit. (2 Min.)
Die nächste Tür trägt die Überschrift ›Mein Erwachsensein‹. Betritt langsam den Raum, sieh dich um und spüre genau in dich hinein. (2 Min.)
Die letzte Tür heißt ›Meine Zukunft‹. Öffne sie, aber bleib auf der Schwelle stehen. Sieh dich eine Weile um, schließe sie dann wieder und setz dich in deinem ›Erwachsenenzimmer‹ hin. (1 Min.)
Bleib einen Moment dort sitzen und denke darüber nach, was hinter dir liegt, wo du heute stehst und wo du hingehen wirst. Und nun lass dir Zeit, die beiden Gegenstände zu betrachten, die du mitgenommen hast. (2 Min.)
Komm jetzt hierher in den Raum zurück, räkele dich, öffne die Augen und sei wieder da. Bleib bei dir und deinem Gefühl. Sprich mit niemandem, nimm dir jetzt Papier und Stift und male ein Bild, das deine Stimmung und dein Gefühl in einem der

Räume wiedergibt. Das Bild braucht nicht gegenständlich zu sein; versuche einfach, mit Farben und Formen dein Gefühl auszudrücken. Du hast jetzt 20 Minuten Zeit dafür.
(Zeit: insgesamt 40 Min.)

Auswertung

Gespräch in der Großgruppe oder in Kleingruppen. Eine Teilnehmerin beginnt und hängt ihr Bild auf. Die anderen betrachten es in Ruhe und gehen folgenden Fragen nach:

- Welche Stimmung kommt mir aus deinem Bild entgegen?
- Welche Gefühle löst es in mir aus?
- Was fällt mir auf?

Anschließend erläutert die Malerin ihr Bild.
(Zeit: pro Person 10 Min.)

Material

Wachsmalkreiden (o. ä.) und große Bogen Papier (Tapetenrolle), Klebeband.

Aufschichtung von Erfahrungen

Ziel

Am Beispiel eines Themas nachvollziehen, wie verschiedene Erfahrungen aufeinander aufbauen und sich zu einer einheitlichen (Gefühls-)Einstellung verdichten.

Durchführung

Die Tn tragen am linken Rand eines DIN-A4-Blattes senkrecht eine Zeitleiste mit ihren Lebensjahren ein und teilen dann das Blatt senkrecht durch Striche in drei Spalten.

1. Der Moderator bittet die Tn zu dem vorgeschlagenen oder vereinbarten Thema (s.u.) in der ersten Spalte spontan lebensgeschichtlich wichtige Ereignisse zu markieren und eventuell das genaue Alter anzugeben. (5 Min.)
2. In der zweiten Spalte wird jetzt mit einem Stichwort aufgeschrieben, was an dem jeweiligen Ereignis das Besondere, das Hervorstechende war. (5 Min.)
3. In der letzten Spalte wird für jedes Ereignis die Frage beantwortet: »Was habe ich daraus gelernt (positiv und negativ)? Welche äußeren und/oder inneren Konsequenzen habe ich daraus gezogen?« (10 Min.)
4. Die Tn betrachten das Geschriebene und denken über folgende Frage nach: »Wenn ich an mich heute denke, an meine Gefühle, Einstellungen, Schwierigkeiten, Ängste mit dem Thema, wo sehe ich Verbindungen zu dem, was ich erlebt habe? Wann hatte ich das erste Mal diese Gefühle, diese Ängste usf.; wie wurde damit umgegangen?« (15 Min.)

(Zeit insgesamt 40 Min.)

Auswertung

In Kleingruppen. Die Tn stellen einzeln das Geschriebene vor und erläutern es. Die anderen achten auf ihre Gefühle, Wahrnehmungen und fragen nach:

- Gibt es Gemeinsamkeiten in allen (oder den meisten) angegebenen Ereignissen?
- Wo war ich aktiv, wo »geschahen« Dinge?
- Welche Erfahrung müsste ich machen (oder habe ich gemacht), da mit ich »die Geschichte hinter mir lassen« könnte?
- Habe ich auch andere – entgegengesetzte – Erfahrungen gemacht?

(Zeit: Pro Person 10 Min.)

Eventuell anschließend Gruppengespräch:

- Gibt es Erfahrungen, die bei allen ähnlich sind?
- Gibt es ein »Grundgefühl« oder einen bestimmten Konflikt, den wir alle haben?
- Gibt es einen Zusammenhang mit der Zeit, in der wir leben?

Mögliche Themen

Trennung – Verantwortung – abgelehnt werden – gemocht werden - liebenswert sein – Körpergefühl – fähig sein/etwas können - schöpferisch sein – selbstständig sein – Anpassung – Angst – Wut – traurig sein - enttäuscht sein. (Weitere Themen selbst ausdenken.)

Material

Papier und Stift.

☯☯☯

Totenbett

Ziel

Das eigene Leben noch mal aus einer anderen Perspektive überschauen. Ansatzpunkte für Veränderungen gewinnen.

Durchführung

Die Tn setzen oder legen sich bequem hin und schließen die Augen. Entspannung (s. S. 57). Der Moderator kann folgenden Text verwenden:

»Stell dir vor, du liegst auf dem Totenbett; du weißt, du wirst bald sterben. Lass wie auf einer Leinwand dein ganzes Leben, vom Anfang bis jetzt, an dir vorüberziehen. Lass dir Zeit, lass Erinnerungen, Bilder, Personen entstehen, sieh und fühle genau hin. Du hast 10 Minuten Zeit.
Komm jetzt langsam in den Raum zurück. Räkele dich, öffne die Augen und sei wieder da.«

Der Moderator verteilt vervielfältigte Zettel und bittet die Tn, sich Zeit zu nehmen, über folgende Fragen nachzudenken. Wer mag, kann sich Notizen machen:

- Welche Erinnerungen sind für mich am schmerzlichsten? Welche am schönsten?
- Welche Erlebnisse, Handlungen, Orientierungen, Interessen haben meinem Leben Sinn gegeben?
- Welche Menschen waren in diesem Zusammenhang wichtig?
- Bereue ich etwas? Was hätte ich anders machen können? Was würde ich heute tun?
- Hat es Wahlmöglichkeiten gegeben, die ich nicht gesehen habe, vor denen ich Angst hatte?
- Bin ich mit meinem jetzigen Leben zufrieden oder gibt es Dinge, mit denen ich unzufrieden bin?
- Gibt es etwas, was ich ändern möchte? Was steht dem im Wege, wer kann mir dabei helfen?

(Zeit: 20 Min.)

Auswertung

Austausch in Kleingruppen.
(Zeit: pro Person 20 Min.)

Material

Eventuell Decken, ein genügend großer Raum. Papier und Stift, vervielfältigter Fragenkatalog.

Hinweis

Der Moderator sollte fünf Minuten vor Ende der Fantasie den Hinweis geben: »Ihr habt jetzt noch 5 Minuten Zeit.«

Unter der Kategorie Kennen lernen sind auch folgende Übungen verwendbar:

- Meine Familie als Baum, S. 72
- »Darf ich Ihnen meine Tochter/meinen Sohn vorstellen?« S. 89
- Unsere Wohnung, S. 165
- Geschwisterreihe, S. 87
- Wer bin ich? S. 192
- Beziehungsfeld in Münzen, S. 193
- Wandlungen meines Selbstverständnisses, S. 272
- Geschichten schreiben, S. 268

3.2 Familie

Die Kindheit der Kinder gehörte den Erwachsenen.
Erwachsene Hände drückten die Kinder zurecht,
unabweisbare Hände, Tast- und Tätschelpfoten fremder Leute,
Kleideranzieh- und Kleiderausziehhände,
Ohrfeigenhände und streichelnde Fingerspitzen ....
Es gab die harten und feuchten, mühsam gepflegten Hände des Dienstmädchens
und die zu allem berechtigten Hände der Eltern ...
Aus den Händen der Erwachsenen kam das Bonbon,
das Taschengeld und die schlecht gemeinte Dressur.
Kindheit-Widerwillen gegen erwachsene Hände,
Protest gegen jede Hand, die nicht kinderleicht war,
gegen alles, was Hand war und
sich nicht abschütteln ließ.
Chr. Meckel: Suchbild. Über meinen Vater,
Frankfurt/Main 1983,S.37f.

3.2.1 Beziehungen in der Familie

Meine Familie als Baum

Ziel

Das Erleben der Herkunftsfamilie in symbolischer Form darstellen. Kennen lernen anderer Gruppenmitglieder.

Durchführung

Jeder Tn malt auf einem großen Blatt Papier einen symbolischen Baum seiner Kindheitsfamilie. Der einfachste Weg ist, sich dieser Aufgabe nicht rational und planend zu nähern, sondern zunächst in Gedanken in die Kindheit zurückzukehren. Mit geschlossenen Augen fantasiert jeder Tn eine Weile und lässt einen Baum als Bild vor seinem inneren Auge entstehen. Dann öffnet er die Augen und lässt sich beim Malen des Bildes von seinen Gefühlen leiten. Auch der Hintergrund kann farbig gestaltet werden und das Grundgefühl in der Herkunftsfamilie ausdrücken.

Man kann sich der Aufgabe auch mit Hilfe folgender Fragen nähern:

- Welcher Pflanzentyp repräsentiert meine Familie am besten?
- Welche Stärken und Schwächen hat der Baum (die Familie)?
- Wie ist das Wurzelwerk des Baumes beschaffen? Woher bezieht er seine Kraft?
- Gibt es starke oder schwache Äste?
- Welche Farben und Formen drücken meine Gefühle zu meiner Kindheit und meiner Familie aus?

(Zeit: 15 Min.)

Auswertung

In Kleingruppen. Einer hängt sein Bild für alle sichtbar auf und lässt die anderen ihre Eindrücke beim Betrachten des Baumes sagen. Erst dann soll das eigene Bild erklärt werden.
(Zeit: pro Person 10 Min.)

Material

Zeichenpapier (mindestens DIN A3), bunte Stifte, Klebeband.

Familiensoziogramm

Ziel

Einstieg in biografisches Arbeiten; Kennen lernen anderer Tn. Erstes Nachdenken über die Beziehungsstruktur der Herkunftsfamilie.

Durchführung

Die Tn nehmen sich Stift und Papier und werden aufgefordert, innerhalb von 10 Minuten möglichst spontan ein Bild ihrer Familie und der Beziehungen untereinander, wie sie selbst sie erlebt haben, zu zeichnen.
Ausgangspunkt hierzu ist ein Kreis, der das Familiensystem symbolisiert und innerhalb dessen die Personen angeordnet werden. Der Kreis zeigt an, wie die Grenze der Familie zur Außenwelt beschaffen ist: Er kann an einer Stelle offen sein, er kann nur dünn oder wie eine dicke Mauer sein, an Stellen unterschiedlich

dick usf.. Die Namen der Familienmitglieder können verschieden groß, je nach Wichtigkeit geschrieben werden. Blitze, Herzen, Fragezeichen, Schlangenlinien usf. können die Art der Beziehung andeuten. Am äußeren Rand können andere Personen, die wichtig waren (zum Beispiel Großeltern), hinzugefügt werden. (Zeit: 10 Min.)

Auswertung

In Kleingruppen (3-4 Tn) wird über die Bilder gesprochen.

- Was fällt mir auf an deinem Bild?
- Wer hat die stärkste Position, die meisten Beziehungen?
- Wie ist der Kontakt nach außen?
- Welche Beziehung wurde *nicht* eingezeichnet (zum Beispiel Vater-Mutter)?
- Gibt es Koalitionen?
- Gibt es Außenseiter?

Eine *Variante* der Auswertung besteht darin, dass jeweils ein Tn sein Bild der Gruppe vorlegt. Die übrigen äußern, was sie wahrnehmen, was auffällt, welche Fragen ihnen in den Sinn kommen. Erst nach dieser Runde äußert sich der Zeichner. (Zeit: pro Person 10 Min.)

Weiterführungen

1. Ein weiteres Soziogramm zeichnen mit dem Thema: »Meine Familie, wie sie heute ist.«
2. Ein Soziogramm zeichnen zum Thema: »Wie ich mir die Familie gewünscht habe.«

Material

Papier und Stift.

Beziehungsfeld in Phasen der Kindheit

Ziel

Klären, welche Personen zu verschiedenen Zeitpunkten der Kindheit wichtig waren, welche näher und welche entfernt waren.

Durchführung

Die Tn legen ein DIN-A4-Blatt im Querformat hin und zeichnen drei große Kreise nebeneinander. Im Zentrum notieren sie jeweils »Ich«. Die Kreise stellen das Beziehungsfeld im Alter von 4 Jahren, 8 Jahren und 12 Jahren dar. (Es können auch andere Alter gewählt werden, wie 12, 16, 20.)
In mehr oder weniger großer Entfernung vom »Ich« trägt jeder die zu dem jeweiligen Zeitpunkt wichtigen Personen spontan, ohne lange zu überlegen, ein. Außerdem notiert jeder neben der Person mit »+« oder »–«, welches Gefühl er jetzt im Augenblick der Erinnerung mit der Stellung dieser Person verbindet, z.B.:

Wer war »nährend« nah, wer war erdrückend nah? Wer war zu weit weg, wessen Distanz war angenehm?
(Zeit: 10 Min.)

Auswertung
Kleingruppengespräch zu folgenden Fragen:
- Wie hat sich das Beziehungsfeld verändert? Wie kam es dazu?
- Was hat mir gefehlt, was hätte ich mir gewünscht?
- Wer war gut und »nährend«? Wer war »unbekömmlich«, einengend?
- Zum Thema Nähe und Distanz: Wann ist Nähe bzw. Distanz gut, hilfreich, förderlich, wann ist sie einengend, frustrierend, behindernd?
- Wie geht es mir in meinem heutigen Beziehungsfeld mit Nähe und Distanz? Wie beweglich bin ich? Kann ich kommen und gehen, verschmelzen und mich abgrenzen, kann ich für mich das richtige Maß an Nähe und Distanz jeweils herstellen?

(Zeit: pro Person 10 Min.)

Material
Papier und Stift.

☯☯☯

Familie in Tieren

Ziel
Dem eigenen Bild der Familienmitglieder auf die Spur kommen (symbolisch).

Durchführung
Am Anfang der Übung steht eine kurze Entspannungsphase (s. S. 57). Jeder denkt an die eigene Familie und schaut sich die einzelnen Personen noch einmal an. Dann nimmt er sich Stift und Papier und schreibt das erste Tier auf, das ihm zu jeder Person in den Sinn kommt. Es kommt darauf an, seinen spontanen Einfällen zu folgen und *nicht* zu den Eigenschaften das passende Tier zu suchen.
Im zweiten Schritt schreibt jeder spontan die Eigenschaften auf, die er mit diesem Tier verbindet.
Und erst der dritte Schritt lautet: »Kann ich das in Beziehung setzen zu diesem Familienmitglied?«
(Zeit: max. 10 Min.)

Auswertung
Je nach Art der Gruppe kann es jetzt nötig sein darauf hinzuweisen, dass die psychoanalytische Theorie davon ausgeht, dass solche spontanen Einfälle immer einen individuellen Sinn haben. Gemeint ist: Wenn ich zum Beispiel meine Mutter mit einem Krokodil in Verbindung bringe, sagt das etwas aus über meine Beziehung zu ihr und mein Erleben ihrer Person – auch wenn sie auf den ersten Blick eher einem Schaf ähnelt.

- Welchen Aspekt meiner Beziehung zu demjenigen drückt das Tier aus?
- Wie stehen die Familienmitglieder zueinander (zum Beispiel eine Bergziege zu einem Nilpferd)? Was sagt das über die Beziehungen zueinander aus?

(Zeit: pro Person 10 Min.)

Material
Papier und Stift

☯☯☯

Familie als Standbild

Ziel
Das Beziehungsgefüge der eigenen Familie in Form einer Statue gestalten.

Durchführung
Jeweils ein Tn baut aus anderen Gruppenmitgliedern ein »lebendes« Standbild, das entweder eine markante Situation oder das Beziehungsgefüge der Herkunftsfamilie – aus seiner Sicht – darstellt. Die Moderatorin trägt die Aufgabenstellung vor. Dann sollte sich – möglichst ohne lange *vorher* nachzudenken - ein Freiwilliger melden. In der folgenden ersten Phase der Übung wird nicht gesprochen.
Der »Gestalter« wählt aus den anwesenden Personen diejenigen aus, die er für das Bild verwenden möchte. Er stellt, setzt oder legt sie hin, wo und wie er möchte und versucht dabei, spontanen Ideen und Fantasien zu folgen. Er kann leise Anweisungen erteilen, zum Beispiel »Schau bitte in diese Richtung« oder »Sieh bitte X an«. Als Letzter stellt er sich selbst mit in das Bild hinein und setzt sich zu den anderen in Beziehung.
Die Gruppe lässt das Bild zunächst auf sich wirken. Vielleicht möchten einige herumgehen, um es von einer anderen Seite zu betrachten. Jetzt teilt als erstes die Gruppe mit, was sie sieht, fühlt, denkt, sich vorstellt. Es ist nicht so wichtig zu identifizieren, wer Vater oder Mutter sein soll, sondern die Tn sollten versuchen, ihren Gefühlen zu folgen, die von dem Bild hervorgerufen werden.
Im nächsten Schritt erzählen die Darsteller, wie sie sich in ihrer Position fühlen und wie ihre Beziehungen zu den anderen Personen sind.
Zuletzt erklärt der »Gestalter« das Bild und erzählt, wie er sich in der Statue gefühlt hat und bei dem, was die anderen gesagt haben.
(Zeit: pro Person 30 Min.)

Weiterführungen
- Andere Tn können die Position des »Gestalters« im Standbild einnehmen und erzählen, wie sie sich dort fühlen.
- Die Darsteller berichten, wie sie sich in ihren Positionen fühlen, wie sie die unterschiedlichen Beziehungen erleben und was sie am liebsten tun würden.

Sie können dies dann tun (z.B. weggehen oder jemand berühren oder jemand loslassen).

- Die Szene kann von hier aus in ein Rollenspiel übergehen.

Auswertung
Siehe oben.

Hinweis
Diese Übung ist nicht gleichzusetzen mit dem »Familien-Stellen« (z.B. nach B. Hellinger). Trotzdem kann sie bei problematischen Familienkonstellationen tief gehen.

☯☯☯

3.2.2 Erziehungsstil und Interaktionsmuster

Rollen-Zirkel

Ziel
Sich klar werden über die eigene »Rolle« innerhalb der Herkunftsfamilie und über die eigene Art, sich mit anderen (nicht) auseinander zu setzen.

Durchführung
Wie auf einer Bühne wird an einer Seite des Raumes ein Tisch mit vier Stühlen aufgestellt. Auf dem Tisch, vor jedem Platz, liegt ein großer Zettel, auf dem die zu diesem Platz gehörende »Rolle« steht:
1. Besänftigen,
2. Ausweichen,
3. Tadeln,
4. Predigen.
Der Moderator erklärt, dass es diese vier Verhaltensweisen in jeder Familie gibt, sie jedoch von den einzelnen zumeist abwechselnd und vermischt benutzt werden. In dem Rollenspiel soll jede Rolle eindeutig gespielt werden. Der Moderator erläutert – vielleicht auch mit Beispielen – die vier Rollen:
Besänftigen: beruhigen, schlichten, vermitteln, nett und fürsorglich sein, bemänteln, andere verteidigen.
Ausweichen: still sein, so tun, als hätte man nicht verstanden, das Thema wechseln, sich schwach stellen, ablenken.
Tadeln: urteilen, einschüchtern, anklagen, vergleichen, verfolgen, Schuld zuweisen.
Predigen: belehren, Autoritäten zitieren, logische Beweise erbringen, allgemeine Lebensweisheiten sagen, sachlich aufklären, selbst Recht haben.

Vier Tn aus der Gruppe setzen sich auf jeweils einen der Stühle. Jeder fühlt sich einen Moment in seine Rolle ein. Einer eröffnet das Gespräch zu einem beliebigen

Thema. Es sollen keine Eltern- oder Kindrollen vorher vereinbart werden. Es ist interessant zu beobachten, wie sie sich von selbst entwickeln.
Nach 5 Minuten bittet der Moderator die Spieler jeweils einen Platz weiter nach rechts zu rücken und nun diese Rolle zu spielen. Dies wird wiederholt, bis jeder jede Rolle einmal gespielt hat.
Es ist wichtig, besonders den Ausweicher (Nr.2) nicht links liegen zu lassen, sondern ihn immer wieder ins Gespräch zu ziehen. Es kann sich ruhig eine heftige Debatte ergeben.
(Zeit: 30 Min.)

Auswertung

Die Spieler nehmen sich einen Moment Zeit über folgendes nachzudenken:

- Welche Rolle fiel mir leicht, schwer, in welcher fühlte ich mich wohl, wo überfordert, beengt?
- Welche Rolle lag mir, welche nahm ich überwiegend in meiner Herkunftsfamilie ein?
- Die Spieler unterhalten sich über ihre Erfahrungen, auch darüber, wie sie die anderen erlebt haben.

Die Gruppe gibt ihre Eindrücke wieder:

- In welchen Rollen fand ich dich am überzeugendsten?
- Wo finde ich Teile, die ich von dir kenne, wieder?
- Von welcher Rolle kann ich mir vorstellen, dass du sie in deiner Herkunftsfamilie gehabt hast?

Gemeinsam wird über die Frage gesprochen:

- Mit welchen Strategien setze ich mich heute durch: bei meinen Eltern, bei Freunden, Mitbewohnern, am Arbeitsplatz?

Material

Möglichst einen Tisch mit vier Stühlen, Zettel mit Rollenbezeichnungen.

Hinweise

Diese Übung ist erfahrungsgemäß sehr lebendig und lustig; gut geeignet als Auflockerung – aber mit ernstem Hintergrund, der nicht verloren gehen sollte.

☯☯☯

»Ich will aber noch nicht ins Bett«

Ziel

Rollenspielübung, in der Kindheitskonflikte mit Eltern/Bezugspersonen wiederbelebt werden, um dem heutigen Umgang mit Konflikten auf die Spur zu kommen.

Durchführung

Die Tn erinnern sich an einen Konfliktanlass, der real war, und spielen dazu frei eine Szene. Falls ihnen kein Anlass einfällt, kann auch die Gruppe bzw. der Moderator eine Situation vorschlagen (zum Beispiel: das Kind soll ins Bett, hat aber noch keine Lust; das Kind bringt ein Tier nach Hause; das Kind will etwas »Unsinniges« oder »Unnützes« gekauft haben).
Ein Gruppenmitglied beginnt und spielt das Kind, das es früher war. Hierzu wählt er aus der Gruppe ein Elternpaar aus, wobei es nicht auf die Geschlechtszugehörigkeit ankommt. Wenn nur ein Elternteil vorhanden war, kann auch ein »Wunschvater« oder eine »Wunschmutter« ausgesucht werden.
Der Betreffende schildert die Szene kurz und charakterisiert die Haltung der Eltern (zum Beispiel Mutter vorwurfsvoll, Vater nachgiebig), dann wird »drauflosgespielt«. Es kommt nicht darauf an, die Szene so zu spielen, wie sie damals war.
Wenn das Rollenspiel stockt oder die »Eltern« sich zu weit von den Vorgaben entfernen, spielt der betreffende Tn kurz den Elternteil weiter, um die Richtung zu korrigieren.
Dieser Rollenwechsel kann auch als methodisches Element im Spiel sehr aufschlussreich sein, wenn er bewusst des öfteren vorgenommen wird.
(Zeit: pro Person 15 Min.)

Auswertung

Gruppen-Feedback unter folgenden Fragestellungen:

- Wie haben die anderen Tn den Betreffenden und die Eltern erlebt?
- Welche Beziehungsmuster wurden deutlich?
- Wie haben die »Eltern« das »Kind« und sich selbst in der Konfliktsituation erlebt?
- Wie hat das »Kind« sich und seine »Eltern« erlebt?
- Welche Durchsetzungsstrategien hat es versucht?
- Welche anderen Durchsetzungs-/Konfliktlösungsstrategien wären denkbar?
- Wie gehe ich heute in anderen Situationen mit Konflikten um, wenn ich etwas durchsetzen möchte (zum Beispiel gegenüber »Vorgesetzten« oder dem Partner)?
- Wie verhalte ich mich als Elternteil/Lehrer/Erziehender in Konflikten mit meinen Kindern/Schülern?
- Was hat sich in meiner Art, Konflikte auszutragen, verändert und wodurch?

(Zeit: pro Person 15 Min.)

Variante 1: Die Elternrollen werden doppelt besetzt, und die beiden Rolleninhaber handeln laut ihr weiteres Vorgehen aus.
Variante 2: Alternative Konfliktlösungen spielen.

Material

Hinweis

Es ist sinnvoll, eine ungefähre Zeit pro Person zu vereinbaren, wenn mehrere Rollenspiele durchgeführt werden sollen.

☯☯☯

Dialoge schreiben

Ziel

Wiederbelebung familiärer Interaktionsmuster; Erinnerung an die Art und Weise, wie Wünsche versagt wurden.

Durchführung

Die Tn legen Stift und Papier bereit. Die Aufgabe besteht darin, möglichst spontan, einen (oder mehrere) Dialoge zwischen Mutter (oder Vater) und Kind zu schreiben. Es ist dabei nicht wichtig, ob diese Szene real so oder so ähnlich stattgefunden haben könnte.
Die Tn versetzen sich gedanklich in ihre Kindheit zurück und erinnern sich an Situationen, in denen sie etwas wollten, es aber nicht durften oder bekamen.

Variante a: Der Moderator schlägt einige mögliche Situationen vor, aus denen die Tn sich eine auswählen. Sie können auch eine andere ihnen wichtige Situation nehmen.
Variante b: Alle Tn schreiben einen Dialog zu *derselben* Situation. Vorteil: intensiverer Zugang zum eigenen Konflikt durch Vergleich mit anderen.

Themenvorschläge:

- Das Kind soll ins Bett, will aber noch nicht.
- Das Kind kommt abends spät ins Schlafzimmer.
- Das Kind möchte noch etwas vorgelesen bekommen.
- Das Kind möchte mit Freunden etwas unternehmen, darf aber nicht.
- Das Kind möchte helfen.
- Das Kind möchte Geld für etwas ihm sehr Wichtiges (Barbie-Puppe, Mofa, Pop-Konzert).

Die Tn werden gebeten, im ersten Schritt spontan einen Dialog zu schreiben und dabei nur darauf zu achten, was ihnen als nächstes einfällt und ob es gefühlsmäßig so stimmt.
(Zeit: 15 Min.)
Im zweiten Schritt, der erst nach dem Schreiben angesagt wird, lesen sie das Geschriebene nochmals und achten auf Brüche, Unstimmigkeiten, korrigieren Formulierungen, kleine Wörter.
(Zeit: 5 Min.)

Auswertung

Der Schreiber liest den Dialog laut und in entsprechender Stimmlage vor. Die anderen Tn achten auf ihre Gefühle.

- Wie empfinde ich das Gehörte, was spüre ich im Körper?
- Wenn ich das Kind wäre, wie würde es mir währenddessen und danach gehen?
- Was würde ich gerne tun?
- Um was geht es für den einen, für die andere?
- Auf welche Weise werden die Wünsche des Kindes unterbunden? Mit Macht? Mit Einsicht? Durch Androhung von Konsequenzen? Durch Heranziehen Dritter? Durch Verleugnung der Wünsche des Kindes?

Der Schreiber hört still zu und sagt anschließend etwas dazu, wie das Gesagte seine damalige Beziehung zur Mutter (zum Vater) wiedergibt.

Material

Papier und Stift

☯☯☯

Zuneigung

Ziel

Klären, wie früher in der Familie Zuneigung und Liebe ausgedrückt wurde und wie jeder heute damit umgeht.

Durchführung

Die Tn erhalten einen vorbereiteten Zettel mit Fragen (s. u.) und werden gebeten, möglichst gut lesbar alles aufzuschreiben, was ihnen einfällt.
(Zeit: 20 Min.)

Auswertung

Jeder Tn sucht sich einen Partner, die Zettel werden ausgetauscht und zunächst in Ruhe gelesen. Anschließend sprechen sie darüber, was ihnen beim Text des anderen durch den Kopf geht, stellen Fragen, suchen Gemeinsamkeiten und Unterschiede.
(Zeit: 20 Min.)

Material

Vorbereitete Zettel mit folgenden Fragen:
»Schreib einfach alles auf, was dir in den Sinn kommt zu folgenden Fragen:«

- Gab es früher Kosenamen für dich? Wie ging und geht es dir damit?
- Wurdest du gestreichelt oder auf den Schoß genommen? Bei welchen Gelegenheiten und wie?
- Wurde gekuschelt oder geschmust? Wann? Wie oft? Wie lange?

- Wie war es mit Geschenken? Wer schenkte wem was? Gab es kleine Aufmerksamkeiten, Geschenke »ohne Grund«?
- Was geschah längerfristig mit diesen Geschenken?
- Wie war es bei euch morgens im Bett? Gab es »Rituale«?
- Erinnere dich an deine Eltern, wie haben sie ihre Zuneigung ausgedrückt? Durch Berührungen, Küsse, Schmusen?
- Waren deine Eltern unterschiedlich?
- Wie drückten sie Zuneigung gegenüber Außenstehenden aus?
- Was hättest du dir gewünscht?
- Wie drückst du heute Zuneigung aus? Wem gegenüber kannst du Zuneigung gut/leicht/kreativ ausdrücken, wem gegenüber fühlst du dich blockiert?
- Wie empfängst du Zuneigung, welche Art von Zuneigung berührt dich angenehm, welche ist dir unangenehm?

☯☯☯

Anerkennungsschreiben/Beschwerdebrief an die Eltern

Ziel
Klären und ausdrücken, was ich an den eigenen Eltern geschätzt habe bzw. was mir Anlass zur Beschwerde gibt.

Durchführung
Jeder Tn erhält einen DIN-A4-Bogen, auf dem jeder den eigenen Namen und folgende Überschrift notiert: »Ich danke dir, dass.. ..«.Jeder hat 15 Minuten Zeit, das aufzuschreiben, was er an den Eltern schätzt, was ihm wichtig war in Kindheit und Jugend. Am einfachsten ist es, sich bei geschlossenen Augen die Eltern nacheinander vorzustellen und dann spontan aus heutiger Sicht und in direkter Anrede zu schreiben. Es sollen nur die positiven Dinge notiert und keine versteckte Kritik geäußert werden.
Anschließend kann ein Beschwerdebrief geschrieben werden mit der Überschrift: »Ich nehme dir übel, dass. ..«
(Zeit: 15 Min.)

Auswertung
Die Gruppe bildet Paare. Die Briefe werden ausgetauscht und zunächst still, sehr langsam gelesen. Anschließend sagt jeder etwas darüber, was er beim Lesen empfunden hat, wie es ihm ergangen ist. Ein Gespräch zu folgenden Fragen kann sich anschließen.

- Wie war es früher, welche Seiten, Eigenschaften meiner Eltern mochte ich/mochte ich nicht, wie hat es sich bis heute verändert? Wie sehe ich sie heute?
- Habe ich ähnliche oder gleiche Eigenarten? Mag ich mich, wenn ich so bin?

- Sind dies auch heute Eigenschaften, die ich an anderen schätzet nicht schätze (zum Beispiel wenn ich an meinen Partner denke)?

(Zeit: 20 Min.)

Material
Papier und Stift.

☯☯☯

Kritik und Zurechtweisung

Ziel
Sich an die in der Familie typischen Arten von Kritik und Zurechtweisung erinnern, um Reaktionen heute auf die Spur zu kommen.

Durchführung
Die Gruppe teilt sich in Paare. Die Tn setzen oder legen sich bequem hin und schließen die Augen. Nach einer Entspannung (s. S. 57) kann der Moderator folgenden Text verwenden:

»Geh zurück in deine Kindheit, du bist wieder klein. Denk an deine Eltern und daran, wie sie dir ihre Missbilligung gezeigt haben, wenn du zum Beispiel etwas falsch gemacht hattest. Versuche dich auch an die Methoden zu erinnern, die ohne Worte waren, zum Beispiel Blicke, Seufzer, Räuspern usw. Du hast gleich 5 Minuten Zeit. Lass Szenen und Bilder in dir entstehen, achte genau darauf, wie dein Vater oder deine Mutter ihr Nicht-Einverständnis ausdrücken. Bleib nicht zu lange bei einer Szene, sondern sieh dir mehrere an. Achte auf deine Gefühle, spüre, wie dein Körper reagiert. Fang an. (5 Minuten Zeit geben.)
So, jetzt verabschiede dich von der Szene, in der du gerade bist, und kehre langsam hierher zurück.«
(Zeit: 20 Min.)

Auswertung
Austausch in Paaren.

- Wie ist es mir ergangen? Was habe ich gefühlt, vor allem auch im Körper?
- Was war besonders schlimm an dieser Art »Kritik«?
- Was hätte ich gerne getan?
- Wie drücke ich meine heute Missbilligung und Kritik aus?
- Wie reagiere ich heute auf erlebte Zurechtweisungen?

(Zeit: 20 Min.)

Material

☯☯☯

Konflikterfahrungen mit den Eltern

Ziel

In einer Fantasieübung sollen Kindheitskonflikte mit den Eltern/Bezugspersonen und die dazugehörigen Gefühle erlebt und deren Bedeutung für unser heutiges Handeln geklärt werden.

Durchführung

Die Tn nehmen eine für sie bequeme Haltung ein. Nach einer kurzen Entspannung (s. S. 57) kann der Moderator folgenden Text als Anleitung verwenden:

> *»Geh zurück in deine Kindheit... Stell dir vor, du bist wieder das Kind von früher und hast einen Konflikt mit deinen Eltern.*
> *Wie alt bist du? (30 Sek.)*
> *Sieh dich um. Lass die Situation nochmals vor dir ablaufen. Achte auf deinen Körper und deine Gefühle. (3 Min.)*
> *Halte deine Gefühle und deine Stimmung fest...*
> *Nun komm langsam wieder in den Raum zurück... öffne die Augen...*
> *Nimm ein Blatt Papier und Farben und versuche, deine Gefühle auszudrücken, ihnen Form und Farbe zu geben. Das muss nicht gegenständlich oder schön sein. Lass dich malen....«*
> *(Zeit: 20 Min.)*

Auswertung

Nacheinander legen die Tn ihr Bild in die Mitte bzw. hängen es für alle sichtbar auf.
Die anderen beschreiben nun, welche Gefühle sie bei diesem Bild haben, welche Stimmung sie in dem Bild spüren und was ihnen auffällt. Sie bleiben dabei bei sich und ihrem Erleben ohne allgemein oder deutend zu werden.
Dann erläutert der Betreffende sein Bild, die Situation, den Konflikt, seine Gefühle und geht gegebenenfalls der Frage nach:

- Wie habe ich damals Konflikte erlebt, wie fühle ich mich heute in Konflikten und wie gehe ich heute mit Konflikten um?

(Zeit: pro Person 15 Min.)

Material

Papier (Tapetenrolle o. ä.) und Farbstifte (Wachsmalkreiden o. ä.), Heftzwecken oder Klebeband.

☯☯☯

»Strafe muss sein!«

Ziel

Sich darüber klar werden, was als Kind verboten war, wie Abweichungen bestraft wurden und wovor jeder am meisten Angst hatte.

Durchführung

Die Tn schließen die Augen und entspannen sich (s. S. 57). Die Moderatorin gibt folgende Anleitung:

»Ich bitte dich, in deine Kindheit zurückzukehren. Du bist wieder ein Kind. Erinnere dich an eine Situation, in der du von deinen Eltern bestraft worden bist. Denk an die Situation, die für dich am schlimmsten war. Geh in sie hinein, fühle noch einmal, wie es dir ergangen ist. Wofür wurdest du bestraft? Auf welche Weise? Wie fühltest du dich? Spüre auch deinen Körper. (Wenn die Übung im Liegen durchgeführt wird: Wenn du magst, nimm eine Körperhaltung ein, die deinem Gefühl entspricht) (3 Min.)
Komm jetzt langsam in den Raum zurück, räkele dich und sei wieder hier.. .Sprich mit niemandem, nimm dir Papier und Stift und geh dem, was du erlebt hast, schreibend nach.«

Jeder denkt über folgende Fragen nach (am besten auf einer vorbereiteten Wandzeitung oder als Fragenkatalog vervielfältigt):

- Welche Dinge waren schlimm, verboten, wofür wurdest du bestraft? Notiere sie und versuche, sie in eine Reihenfolge zu bringen: Was war am allerschlimmsten usf.
- Wenn es herauskam, wie ging es dir dann? Wovor genau hattest du Angst? Wovor am allermeisten?
- Was geschah dann? Wer strafte: deine Mutter? Dein Vater? Wann strafte wer?
- Wie wurdest du üblicherweise bestraft?
- Gab es Drohungen, die immer wieder auftauchten? (»Wenn du so weitermachst, dann kommst du ins Internat!« »Du bringst mich noch ins Grab!« o.ä.) Fühle diesen Sätzen nach. Sag sie leise innerlich vor dich hin.
- Wie ging es weiter, wenn die Strafe vorbei war? War die Sache dann erledigt oder wurde sie dir nachgetragen?
- Wie geht es dir heute, wenn du Dinge tust, die verboten sind, von denen du annimmst, dass andere sie nicht gut finden? Traust du dich überhaupt, solche Dinge zu tun? Was befürchtest du, welche Fantasien verbindest du damit?
- Gibt es auch eine Lust, verbotene Dinge zu tun? Eine heimliche Freude?

(Zeit: 30 Min.)

Auswertung

In Kleingruppen. Eventuell anschließend Gruppengespräch:

- Welchen Sinn haben Strafen überhaupt?
- Was haben sie bei mir damals bewirkt?
- Wie stehe ich zum Thema »Strafe« bei der Vorstellung, eigene Kinder zu haben bzw. wie handhabe ich es bei meinen eigenen Kindern?
- Was würde ich auf keinen Fall von meinen Eltern übernehmen, was schon?

(Zeit: pro Person 10 Min.)

Material
Papier und Stift, vorbereitete Wandzeitung oder vervielfältigter Fragenkatalog.

☯☯☯

»Du wirst schon sehen, was du davon hast!«

Ziel
Elternbotschaften, die Normen und Ansprüche widerspiegeln, sollen wiederbelebt und ihre Bedeutung bis heute verfolgt werden.

Durchführung
Der Moderator kann folgenden Text als Anleitung verwenden:

> *»Setzt euch in einen Kreis zusammen. Schließt die Augen und überlegt euch, was eure Mutter oder euer Vater immer zu euch gesagt hat (wie zum Beispiel: »Du wirst schon sehen, was du davon hast!« »Kinder mit `nem Willen kriegen was auf die Brillen!« »Übermut tut selten gut!«) (2 Min.)*
> *Öffnet die Augen. Steht auf. Bleibt im Kreis stehen. Nun fängt einer an, einen (Aus-) Spruch seiner Eltern darzustellen, nicht nur mit Worten, sondern in der Körperhaltung, Gestik, Mimik, Stimmlage, Lautstärke so naturgetreu wie möglich. Dann setzt sich der Betreffende in die Mitte des Kreises.*
> *Die anderen Gruppenmitglieder nehmen den Spruch auf und wiederholen ihn auf den Betreffenden gerichtet mehrmals. (Max. 30 Sek.)*
> *Der Tn im Kreis sollte versuchen, sich an die damalige Situation zu erinnern. Er tut jetzt von hier aus etwas, was seiner momentanen Stimmung entspricht (zum Beispiel sich die Ohren zuhalten, die anderen zum Schweigen bringen, sich wehren etc.).*
> *Dann stellt das nächste Gruppenmitglied seine Elternbotschaft vor – usw.«*

Es wird vorher vereinbart, dass der Tn in der Mitte in dem Augenblick »Stop, Stop« rufen kann, wenn es ihm zuviel wird. Die Gruppe schweigt sofort.

Weiterführung
Die Sprüche werden auf einer Wandzeitung gesammelt.
Wie ist ein Mensch, der sich nach all diesen Anforderungen richtet?

Auswertung
Im anschließenden Gruppengespräch sind folgende Fragen hilfreich:
- Wie haben diese Botschaften damals auf mich gewirkt?
- Wirken sie heute noch?
- Wie gehe ich damit um?

Material
Ein großer Bogen Papier und Filzstifte für die Wandzeitung (s. Weiterführung).

Hinweis
Siehe auch Übung »Antreiber«, S. 105.

3.2.3 Meine Beziehungen zu einzelnen Personen

Geschwisterreihe

Ziel
Untersuchen, welche typischen Probleme und Erfahrungen die Stellung in der Geschwisterreihe bringen. Kennen lernen.

Durchführung
- älteste Geschwister
- mittlere Geschwister
- jüngste Geschwister
- Einzelkinder – versammeln sich in 4 Ecken des Raumes.

Die auf diese Weise gebildeten Gruppen sprechen 15 Minuten über ihre typischen Erfahrungen und Erlebnisse, die mit der jeweiligen Position verbunden sind. Konkrete Beispiele aus dem Alltag können dabei helfen.
Anschließend kann die Übung fortgesetzt werden, indem die jeweiligen Gruppen (aus ihrer Ecke heraus) miteinander ins Gespräch kommen. Dies läuft meist über aggressive und vorwurfsvolle Äußerungen am besten: »Ihr habt uns immer.. .!« »Wir durften nie. ..!« »Wir hätten uns auch mal gewünscht.. .« etc.
(Gesamtzeit: 20 Min.)

Auswertung
Gespräch über die Bedeutung der Geschwisterfolge für die Erziehung (z.B. Thema: Koalitionen).
(Zeit: 15 Min.)

Material

☯☯☯

Vaterbild/Mutterbild

Ziel
Sich die Beziehung zu einem Elternteil und das innere Bild von dieser Person durch ein konkretes Symbol vergegenwärtigen.

Durchführung
Die Tn gehen schweigend durch den Raum oder nach draußen und suchen zwei Gegenstände, die ihren Vater (oder ihre Mutter) symbolisieren; einen für »früher« und einen für »heute«.
(Zeit: 10 Min.)
Die Tn stellen nacheinander ihre Gegenstände vor. Die übrigen sehen sich die Gegenstände an und sagen, was ihnen dazu einfällt.
(Zeit: pro Person 10 Min.)

Auswertung

Im Paargespräch.

- Wie habe ich meinen Vater/meine Mutter erlebt: in der frühen Kindheit, in der Schulzeit, während der Pubertät, im späteren Erwachsenenalter und heute?
- Was war an mit ihm oder ihr besonders wichtig für mich? Was war schön? Was war nicht schön oder schmerzhaft?
- Was habe ich mir gewünscht, wonach habe ich mich gesehnt, was hat mir gefehlt?
- Gab es damals in der Nachbarschaft oder im sonstigen Umfeld eine Person, von der ich mir gewünscht hätte, er sei mein Vater/meine Mutter?
- Welche positiven Charaktereigenschaften oder Fertigkeiten habe ich von ihnen gelernt?
- Wie ist es, wenn ich feststelle: »Jetzt bin ich wie mein Vater oder meine Mutter?« Vor allem wenn es Eigenheiten sind, die ich nicht mag? Wie ist es, wenn andere so sind?

(Zeit: 20 Min.)

Mögliche Erweiterung

- Bei Frauen: Hat mein Vaterbild mit der Wahl meiner Partner zu tun?
- Bei Männern: Hat mein Mutterbild mit der Wahl meiner Partnerinnen zu tun?

Material

Räume oder Umgebung, die es ermöglichen, Gegenstände zu suchen. Wenn dies nicht möglich ist, kann der Moderator eine Sammlung unterschiedlicher Gegenstände mitbringen.

☯☯☯

Eltern-Reaktionen

Ziel

Einstellungen, Wertvorstellungen und Reaktionsmuster in der Herkunftsfamilie erforschen.

Durchführung

Jeder Tn erhält einen der vervielfältigten Zettel (s. Material) und beantwortet die Fragen möglichst spontan schriftlich (wobei typische Sätze der Eltern ruhig in wörtlicher Rede notiert werden können). Bei jeder Frage soll entschieden werden, ob die Eltern einheitlich oder unterschiedlich reagiert hätte. Beide Reaktionen werden notiert.

(Zeit: 20 Min.)

Auswertung

Gespräch in Kleingruppen.

- Fallen dir reale Szenen zu den Fragen ein?
- Welche »Familientraditionen« und Wertvorstellungen spielen eine Rolle?
- Wie dynamisch, wie starr sind die Reaktionsmuster ?
- Gibt es Personen/Freunden/Bekannten etc. nach denen sich die Reaktionen der Eltern ausrichteten?
- Gibt es schichtspezifische Reaktionen?

(Zeit: pro Person 10 Min.)

Material

Papier und Stift. Vervielfältigter Fragenkatalog mit folgendem Text:
Wie hätten oder haben deine Eltern reagiert auf:

- ein krankes Kind, das in der Nacht schreit;
- ein Kind, das Geld gestohlen hat;
- ein Kind, das ein wertvolles Familienstück zerbricht;
- sie überraschen dich bei Doktorspielen;
- ein Kind, das ihnen ein selbstgemaltes Bild schenkt;
- den Wunsch eines Kindes nach einem Haustier;
- die sexuelle Belästigung eines Kindes durch Fremde;
- neue Nachbarn anderer Religion oder anderer Rasse;
- sie überraschen dich mit deinem Freund/deiner Freundin;
- ein Kind, das sein Zimmer nicht aufräumt und ungepflegt herumläuft;
- das Engagement des Jugendlichen in einer politischen Gruppe;
- einen Autounfall mit Sachschaden;
- die Heirat/den Auszug des letzten Kindes, das noch zu Hause ist. (Weitere Fragen können hinzugefügt werden.)

»Darf ich Ihnen meine Tochter/meinen Sohn vorstellen?«

Ziel

Intensiver Einstieg in den Themenbereich: Welche Vorstellungen haben/hatten meine Eltern von mir? Kennen lernen.

Durchführung

Die Gruppe sitzt im Kreis auf Stühlen. Einer beginnt, stellt sich hinter den eigenen Stuhl und spricht über sich selbst, als wenn er die eigene Mutter oder der eigene Vater wäre und er selbst noch auf dem Stuhl säße. Er benutzt dazu folgende Satzanfänge: »Meine Tochter ist.. ..«, »Ich habe meinem Sohn. . ..« usw. Der Akteur achtet darauf, wie es ihm dabei geht. Wer mag, kann nach einiger Zeit auch aus der Sicht des anderen Elternteils sprechen.

Die Gruppe hört zu, achtet auf Mimik, Gestik, Tonfall des Akteurs und auf ihre eigenen Gefühle.

- Welches Bild wird von dem Sohn/der Tochter entworfen?
- Was wird besonders betont, was wird weggelassen?
- *Wie* wird über ihn oder sie gesprochen? Welche Gefühle zeigen sich darin: Liebe, Stolz, Verständnis, Ehrgeiz. . .!?

Die Gruppe spricht über ihre Wahrnehmungen.
(Zeit: pro Person 15 Min.)

Auswertung

Siehe oben.

Material

Stühle.

☯☯☯

Meine Oma, mein Opa, Tante Luise und Onkel Hans

Ziel

Der Bedeutung, die andere Bezugspersonen (Verwandte oder Freunde) in der Kindheit hatten, nachspüren.

Durchführung

Die Tn erhalten fünf Zettel im DINA4-Format.
Sie werden gebeten, sich an ihre Kindheit zu erinnern und aus dem Kreis der sie enger umgebenden erwachsenen Personen (die Eltern ausgeschlossen!) – wie zum Beispiel Großeltern, Tanten, Onkel, andere Verwandte, Nachbarn, Eltern von Spielfreunden usw. – fünf auszuwählen, die in irgendeiner Weise sehr wichtig (positiv oder negativ) waren. Auf jedem Zettel wird oben einer der Namen notiert.

Der Moderator bittet nun die Tn, folgendes zu tun:

- Versetz dich in deine Kindheit und erinnere dich an die Person. Notiere Eigenschaften oder Dinge, die dir besonders wichtig waren an diesem Menschen.
- Denk heute an die Person und charakterisiere sie mit einigen Worten. Tu dies mit allen fünf Leuten (20 Min.).

Lege nun die Zettel vor dich hin. Denke für jede Person über folgende Fragen (vervielfältigt verteilen) nach, mach dir Notizen:

- Was war anders als bei meiner Mutter oder bei meinem Vater?
- Was habe ich gemocht und was nicht?
- Was habe ich im Zusammensein mit ihnen gelernt, erfahren, gesehen? Was war neu, eine Erweiterung meines bisherigen Lebensraumes? (Zeitgeschichte, »Erzählen von früher«, die Art zu leben etc.).
- Wie war die Beziehung zwischen den einzelnen Personen und meinen Eltern? (Zeit: 20 Min.)

Leg die Zettel beiseite und denke darüber nach, woran es gelegen hat, dass andere Personen *nicht wichtig* waren: zum Beispiel die andere Großmutter oder der Großvater oder der Onkel usw. (Zeit: 5 Min.)

Auswertung
In Kleingruppen. Anschließend eventuell Gruppengespräch zu der allgemeinen Frage, welche Bedeutung andere außenstehende Personen hatten – und was gewesen wäre, wenn sie *nicht* da gewesen wären.
(Zeit: pro Person 15 Min.)

Material
Papier und Stift. Vervielfältigte Fragen.

☯☯☯

Meine Schwester, mein Bruder

Ziel
Der Beziehung zu den eigenen Geschwistern und der eigenen Rolle in der Familie nachgehen. Kennen lernen in einer Gruppe.

Durchführung
Jeder Tn bringt Fotos mit, auf denen er gemeinsam mit Geschwistern und/oder Eltern abgebildet ist – am besten aus verschiedenen Altersstufen. (Wenn keine Fotos zur Verfügung stehen, malen die Tn ein Bild, das sie selbst, ihre Geschwister und eventuell auch die Eltern darstellt.)
Die Gruppe teilt sich in Vierergruppen. Eine Person beginnt. Die Fotos werden kommentarlos in die Mitte gelegt. Die anderen Tn betrachten die Bilder und sprechen über das, was sie wahrnehmen und fühlen. Sie sollen entscheiden, welche Person auf den Fotos der Tn ist und ihre Wahl begründen.
- Welchen Eindruck habe ich von den Personen – vor allem von den Kindern auf den Bildern? Welche Eigenschaften vermute ich?
- Wie ist die Beziehung der Kinder untereinander und zu den Eltern?
- Welche Stimmung herrscht in der Familie auf dem Bild?

Der betreffende Tn hört zunächst schweigend zu. Dann kann er erzählen, die anderen können nachfragen etc.
(Zeit: pro Person 15 Min.)

Leitfragen für das Gespräch:
- Charakterisiere jedes deiner Geschwister und dich selbst mit fünf Eigenschaftswörtern und betrachte sie.
- Welche Eigenschaften wurden in der Familie positiv bewertet, welche negativ?
- Welche Rolle hatte ich in der Familie: die Stille, der Clown, der Rüpel, die Kluge. . .?

- Wie wäre es gewesen, wenn ich so gewesen wäre wie mein Bruder, meine Schwester?
- Was mag ich an ihm/an ihr, was nicht? Was mag er an mir und was nicht?
- War die Geschlechtszugehörigkeit in der Beziehung zu Bruder oder Schwester wichtig? Und für die Beziehung der Eltern zu uns?
- Wer bildete mit wem Koalitionen in der Familie? Hat sich das zu Zeiten verändert?

Auswertung

Siehe oben.

Material

Fotos, auf denen die Tn gemeinsam mit Geschwistern und/oder Eltern abgebildet sind, möglichst aus verschiedenen Altersstufen. *Oder:* Tapetenrolle und Wachsmalkreiden. Vorbereiteter Fragenkatalog.

☯☯☯

Eltern auf dem Bildschirm

Ziel

Wiedererinnern von Situationen aus der Kindheit, sich mit dem eigenen Tun oder Lassen beschäftigen.

Durchführung

Die Tn setzen oder legen sich bequem hin und entspannen sich (s. S. 57).
Der Moderator kann folgenden Text verwenden:

»Konzentriere dich ganz auf dich. Stell dir vor, du bist in einem Raum, in dem sich ein leerer Bildschirm befindet.
Allmählich erhellt er sich, das Bild wird klarer. Du siehst deine Mutter. Sieh sie dir genau an und achte darauf, wie du dich fühlst. (30 Sek.)
Lass eine Szene mit ihr in dir aufsteigen und frage dich: ›Was habe ich gesagt, getan... nicht getan oder nicht tun wollen? Was hätte ich gerne gesagt oder getan?‹ Du hast jetzt einige Minuten Zeit. (3 Min.)
Verabschiede dich nun von deiner Mutter. Der Bildschirm wird wieder dunkler, das Bild deiner Mutter verschwindet langsam...
Jetzt wird er wieder heller und klarer: Du siehst deinen Vater vor dir.
Mach es genau wie eben: sieh ihn an, fühle in dich hinein. (30 Sek.)
Lass eine Situation in dir entstehen und frage dich, was du gesagt, getan, nicht getan, gerne getan hättest. Du hast wieder einige Minuten Zeit. (3 Min.)
So, verabschiede dich nun von deinem Vater. Der Bildschirm wird allmählich dunkel...
Komm jetzt langsam in den Raum zurück, bleib noch einen Moment bei dir; wenn du magst, öffne die Augen, räkle dich und sei wieder hier.«

Die Tn erhalten den vervielfältigten Fragenkatalog und denken eine Weile darüber nach. (5 Min.)

- Gibt es Dinge, die ich immer wieder getan oder nicht getan habe?
- Wie ist es heute?
- Was wäre geschehen, wenn ich das getan hätte, was ich mich damals nicht traute?
- Woran lag es eigentlich, dass ich solche Angst hatte? War sie realistisch? Kann ich diese Dinge heute tun und wenn nicht, ist es immer noch die gleiche Angst, die mich abhält?

(Zeit: insgesamt 30 Min.)

Variante

Zusätzlich eine weitere Person freier Wahl betrachten (Oma, Tante, Bruder, Cousin etc.)

Auswertung

In Dreier- oder Vierergruppen. Einer beginnt zu erzählen, was er erlebt hat. Die anderen hören zu und achten auf ihre Gefühle. Der Schwerpunkt des Gespräches liegt auf dem *eigenen* Tun oder Lassen.
(Zeit: pro Person 15 Min.)

Material

Vervielfältigte Fragen.

☯☯☯

Die erste Person meines Lebens

Ziel

Zurückkehren zu einem frühen Bild von einer Person und dem Kontakt zu ihr; nachfühlen, was sie bedeutete.

Durchführung

Die Tn legen sich bequem hin (lange Entspannung s. S. 57).

»Ich bitte dich jetzt, an deinen Erinnerungen entlang in deine Kindheit zurückzukehren. Werde langsam immer kleiner und kleiner. Spüre es in deinem Körper. (30 Sek.)
Lass Personen aus deinem Gedächtnis auftauchen, sieh sie an und geh weiter... Du wirst kleiner und kleiner. Versuch so klein zu werden wie du kannst (1 Min.)
Lass ein Bild von einer Person entstehen. Wenn du es hast, halte es fest .. .Sieh dich um, wo bist du? Sieh die Person an. Was tut sie, was tust du? Lass die Situation noch mal stattfinden, achte dabei auf deine Gefühle und deinen Körper. (1 Min.)
Sieh dir die Person nochmals genau an, versuche zu spüren, was dieser Mensch damals für dich bedeutet hat...

Werde jetzt langsam wieder größer, lass dir Zeit, bis du wieder so groß bist wie heute. (30 Sek.)
Komm langsam in den Raum zurück. Öffne die Augen, räkle dich und sei wieder hier.
(Zeit: 15 Min.)

Ich bitte dich jetzt, zunächst mit niemandem zu sprechen. Nimm dir Papier und Stifte, setz dich in eine Ecke und male ein Bild von der Person, die du gesehen hast. Versuch das Kind in dir malen zu lassen, es ausdrücken zu lassen, was es gefühlt hat. Denk so wenig wie möglich, lass deine Hände malen, was kommt.«
(Zeit: 20 Min.)

Auswertung

Nacheinander hängt jeder sein Bild für alle sichtbar auf. Die Gruppe lässt das Bild auf sich wirken.

- Welches Gefühl nehme ich in diesem Bild wahr?
- Was fühle *ich,* wenn ich es sehe?
- Fühlt sich etwas widersprüchlich oder unstimmig an?

Die Tn äußern ihre Gefühle und Vermutungen. Anschließend erzählt der Maler, welche Situation er gemalt hat, wer diese Person war, welche Bedeutung sie damals hatte und wie sich das über die Jahre verändert hat.
Was habe ich von diesem Menschen bekommen, gelernt? Hat er mich gefördert oder behindert? Wie geht es mir, wenn ich heute an ihn denke?
(Zeit: pro Person 10 Min.)

Variante

Fortsetzung in einer Fantasie-Übung: Dialog mit der Person (vgl. Übung S. 274).

Material

Möglichst ein Raum, in dem alle bequem liegen können, Wolldecken, Papier (mind. DIN-A3), Wachsmalkreiden oder Filzstifte.

Trennung und Abschied

Ziel

Trennung und Abschied von nahestehenden Personen nacherleben. Sich über die Beziehung zu diesen Personen und deren Einfluss auf das eigene Leben klar werden.

Durchführung

Die Moderatorin kann folgende Anleitung verwenden:

»In unserem Leben gibt es immer wieder Trennungen und Abschiede von Personen, die uns sehr nahe stehen (zum Beispiel durch Tod oder durch Trennung von einem Partner). Wir wollen unsere Gefühle, die wir mit der Trennung oder dem Abschied von jemandem verbinden, und unsere Beziehung zu ihm oder ihr klären.
(Hier folgt eine kurze Körperentspannung, vgl. S. 57.)
Nimm dir Zeit und geh in deiner Lebensgeschichte zurück... Erinnere dich an einen Abschied oder eine Trennung von einem Menschen, der dir wichtig war... Geh noch einmal in die Situation hinein. (20 Sek.)
Geh nun weiter zurück, in die Zeit vor der Trennung... Was geschah? ... Wie fühlst du dich? (2 Min.)
Jetzt lass das Bild der Person noch deutlicher vor dir entstehen. Sieh sie dir genau an... Öffne dich für deine Gefühle zu demjenigen... Sag ihr, was du an ihr magst, was gut war an eurer Beziehung, was sie dir gegeben hat... Spüre die Anteile in dir, die wollen, dass die Person dableibt. Was sagen sie? (1 Min.)
Nimm auch die anderen Gefühle wahr – wie zum Beispiel Wut, Enttäuschung, Ärger. Gib ihnen Worte. Was war nicht gut an eurer Beziehung, was hat dir gefehlt? (1 Min.)
Lass dich jetzt auf den Gedanken ein, dass ihr euch trennen werdet. Wie fühlt es sich an, wenn du daran denkst, dass derjenige nicht mehr da sein wird? (30 Sek.)
Verabschiede dich von diesem Menschen – so lange, bis du entschlossen bist, ihn innerlich loszulassen. Sprich noch einmal innerlich ganz bewusst den Satz aus: ›Ich lasse dich jetzt los.‹ (1 Min.)
Komm nun allmählich zurück in den Raum, nimm die Geräusche des Raumes wahr, blinzele, öffne die Augen, räkele und strecke dich und sei wieder hier... Bleib noch einen Augenblick bei dem, was du erlebt hast.«
(Zeit: 15 Min.)

Auswertung

Austausch in Kleingruppen.

1. *Runde:* Ein Tn erzählt, was er erlebt hat. Die anderen hören zu, achten auf ihre Gefühle und Gedanken und fragen sich:
   - Was fällt mir an dir auf, während du deine Geschichte erzählst?
   - Was fällt mir an deiner Geschichte auf?
   - Welche Gefühle habe ich dazu?
2. *Runde:* Die Tn erhalten einen vervielfältigten Fragenkatalog, über den sie eine Weile nachdenken und sich anschließend in der Kleingruppe austauschen:
   - Welche Bedeutung haben Trennungen in meinem Leben?
   - Wenn ich alle erlebten Trennungen noch einmal betrachte, gibt es Dinge, die immer wieder passiert sind?
   - Wovor habe ich Angst bei Trennungen?
   - Wie geht es mir mit zeitweiligen Trennungen, zum Beispiel vom Partner?

- Kann ich mich von anderen trennen?
- Wie ist es oder war es mit meinen Eltern? (zum Beispiel Scheidung, Tod usw.)?
- Wie geht es mir, wenn ich daran denke, dass sie irgendwann sterben werden?
- Bin ich heute von ihnen getrennt?
- Wie war es, als ich von zu Hause ausgezogen bin?

(Zeit: pro Person 15 Min.)

Material
Vervielfältigter Fragenkatalog.

Hinweise
Zur Weiterführung vgl. Übung »Abschied«, S. 133 oder »Abschieds-Mandala malen, S.215

☯☯☯

Dialog mit den Eltern

Ziel
Die Beziehungen zu den Eltern in einer Fantasie nacherleben, klären und besser verstehen.

Durchführung
Die Tn setzen sich zu einer Fantasie bequem und entspannt auf ihren Platz und konzentrieren sich eine Weile auf sich selbst. (Vgl. kurze Entspannung S. 57)
Der Moderator kann folgenden Text verwenden:

> *»Bitte stell dir vor, du sitzt einem Elternteil gegenüber: Wer ist es? Wo sitzt ihr, wie ist euer Gesichtsausdruck, die Körperhaltung, was empfindet ihr beide? (2 Min.)*
> *Nun teile deinem Elternteil etwas mit, das sich bei dir aufgestaut hat, was du bisher nicht auszusprechen wagtest. Sag es jetzt offen und direkt! Was empfindest du dabei? Wie klingt deine Stimme? (1 Min.)*
> *Wie reagiert dein Elternteil? Was antwortet er? Was empfindest du?*
> *(30 Sek.)*
> *Schlüpfe jetzt in die Rolle des Elternteils, fühle dich in dessen Lage und Stimmung ein. Was sagst du als dieser Elternteil? Was empfindest du? (30 Sek.)*
> *Geh wieder zurück zu dir. Was sagst du, was fühlst du? (30 Sek.) Gehe jetzt eine Weile hin und her. (2 Min.)*
> *Ich bitte dich nun, gegenüber diesem Elternteil etwas zu fordern, zu verlangen, was du schon länger fordern wolltest. Wie geht es dir dabei... (30 Sek.)*
> *Werde nun wieder dein Elternteil. Wie fühlst du dich, wie reagierst du als Elternteil? Pendele jetzt wieder eine Weile zwischen dir und dem Elternteil hin und her und führe einen Dialog. (2 Min.)*

Nun sage bitte deinem Elternteil, was du an ihm besonders schätzt. (30 Sek.)
Pendele wieder wie vorher und führe einen Dialog. Achte darauf, wie du dich in den beiden Positionen fühlst. (2 Min.)
Verabschiede dich nun von deinem Elternteil. Tu dies spontan und ohne lange Überlegung. (30 Sek.)
Komm nun wieder in diesen Raum zurück, öffne die Augen und bleibe noch einige Augenblicke bei dem, was du erlebt hast.«
(Zeit: ca. 15 Min.)

Auswertung

Austausch zunächst in Paaren oder in einer Dreiergruppe, anschließend Gespräch in der Gesamtgruppe.

- Wie haben wir die Identifikation mit den Eltern erlebt?
- Gelang ein wirklicher Dialog oder was geschah stattdessen?
- Welche Gefühle haben die Tn nach dieser Fantasie gegenüber dem Elternteil?
- Was war am schwierigsten: Aufgestautes ausdrücken, fordern oder wertschätzen? Woran kann das liegen?
- Wie kann es, wenn nötig, zu einer Versöhnung kommen? Welche Rolle spielt Vergebung dabei?

(Zeit: 30 Min.)

Material

Hinweise

Nach dieser Übung sollte die Möglichkeit zur Einzelarbeit gegeben sein.

☯☯☯

Meine Eltern werden alt

Ziel

Auseinandersetzung mit der Frage, wie jeder mit dem Altern der Eltern umgehen will und kann

Durchführung

Nach einer kurzen Entspannung (s.S. 57) kann der Moderator folgenden Text verwenden:

»Wir wollen uns in dieser Fantasie verschiedene Möglichkeiten für die Situation mit unseren alten Eltern ansehen. Wenn deine Eltern nicht mehr leben, lass sie in deiner Fantasie trotzdem erscheinen. Egal wie alt deine Eltern heute sind, stell dir jetzt vor, wie sie älter werden, lass sie langsam immer älter werden... Was verändert sich? Wie verändern sie sich? ...

Wir erreichen jetzt den Punkt, an dem sie Unterstützung brauchen. Sie kommen in ihrem Haushalt nicht mehr alleine zurecht. Was tust du?...
Deine Eltern werden älter, sie können nicht mehr in ihrem Haushalt leben, eine Entscheidung muss getroffen werden. Spiele jetzt in der Fantasie verschiedene Möglichkeiten durch: Sie zu dir in deinen Haushalt nehmen, sie in ein Altersheim umsiedeln, einen Pflegedienst organisieren. Male dir die Situation im Alltag aus. Schau hin, wie es dir damit geht und entscheide dich für eine Möglichkeit (1 Min.)
Was wäre anders, wenn du nur noch ein Elternteil zu betreuen hättest?...
Jetzt gehen wir 5 Jahre weiter. Deine Eltern oder dein Elternteil ist pflegebedürftig. Wie sieht deine Entscheidung hierzu aus?...
Letzter Schritt: Deine Eltern oder dein Elternteil ist gestorben. Wenn du zurückblickst, wie beurteilst du deine Entscheidungen von hier aus, wie geht es dir damit? Waren sie richtig für deine Eltern? Und für dich?«
(Zeit: 15 Min.)

Auswertung
Paaraustausch.
- Wie ist es mir ergangen?
- Was war schwierig, was war leicht?
- Falls Elternteile schon gestorben sind: Wie war die Situation damals (Krankheit, Pflege etc.)
- Wie werden meine Eltern im Alter wohl sein? Welche Charaktereigenschaften werden sich mehr ausprägen? Womit hätte ich Schwierigkeiten?
- Wie wäre es, wenn meine Eltern oder ein Elternteil dement würden?
- Wo ist meine persönliche Grenze? Was wäre ich bereit zu tun, was nicht?
- An welcher Stelle fange ich an, mich schuldig zu fühlen? Wie würde ich damit umgehen?
- Was glaube ich, was meine Eltern von mir erwarten für ihr Alter?
- Was wünsche ich mir für mich selbst, wenn ich einmal alt bin?

(Zeit: pro Person 15 Min.)

Material

☯☯☯

3.2.4 Normen, Werte, »Aufträge«

»Regieanweisungen« in meinem Leben

Ziel
An Hand der Familientradition und den aus ihr entstandenen »Botschaften« in der eigenen Familie die eigene Grundeinstellung zu sich und zum Leben besser verstehen.

Durchführung

Die Tn legen Stift und Papier bereit.

1. Im *ersten Schritt* werden die Tn gebeten, sich, soweit sie es wissen, mit ihren *Familienvorfahren* zu beschäftigen (vor allem Großeltern und Urgroßeltern). Wer möchte, kann einen Stammbaum aufzeichnen.
   Fragestellung (am besten als Wandzeitung vorbereitet):
   - Wie lebten deine Familienvorfahren?
   - Welche Ausbildung, welche Berufe hatten sie?
   - Wie wohnten sie?
   - Welche besonderen Familientraditionen, -ideologien, -einstellungen gab es? Was war besonders wichtig (vielleicht auch bedingt durch Erfahrungen – z.B. ausgebombt sein)?
   - Was prägte deine Eltern davon – erinnere dich an Dinge, die sie oft sagten.

   Die Tn haben 10 Min. Zeit, sich dazu Notizen zu machen.

2. Im *zweiten Schritt* geht es jetzt um die *eigene Herkunftsfamilie.* Die Tn gehen folgender Frage nach, wer möchte, kann dazu die Augen schließen:
   - Welche »Botschaften« (also: Regieanweisungen, Leitmotive, Programmierungen, Mottos, Einflüsterungen, Gebote) bestimmen mein Verhalten und mein Leben?

   Jeder notiert maximal fünf. (5 Min.)
   Die Tn betrachten jetzt jede dieser Anweisungen einzeln, lesen sie nochmals intensiv und fragen sich, wo und wann sie sie empfangen haben. Gibt es eine bestimmte Schlüsselszene oder fallen mir andere Situationen dazu ein? Von wem stammt diese Anweisung: Mutter, Vater, Geschwister, Onkel, Tanten, Großeltern, Lehrer ...?
   Die Tn haben 10 Min. Zeit, sich dazu Notizen zu machen.

3. Im *dritten Schritt* geht es um die *eigene Grundeinstellung* zu sich selbst und zum Leben. Der Moderator hängt eine Wandzeitung auf mit folgendem Text:

Ich bin in Ordnung	–	Du bist in Ordnung
Ich bin o.k.	–	Du bist nicht o.k.
Ich bin nicht o.k.	–	Du bist o.k.
Ich bin nicht o.k.	–	Du bist nicht o.k.

   Die Tn werden aufgefordert, jedes der Satzpaare langsam zu lesen, in sich hineinzuspüren und sich für dasjenige zu entscheiden, das seine Grundeinstellung zum Leben am ehesten wiedergibt. (5 Min.)

Anschließend haben die Tn 10 Min. Zeit, die Notizen aus allen drei Schritten nochmals in Ruhe zu betrachten und zu vergleichen.

- Gibt es Zusammenhänge oder Dinge, die immer wieder auftauchen?
- Wie hängt meine Grundeinstellung mit der Geschichte meiner Familie zusammen?

(Gesamtzeit: ca. 40 Min.)

Auswertung

Austausch in Kleingruppen zu drei Tn.
(Zeit: pro Person 15 Min.)

Material

Papier und Stift, vorbereitete Wandzeitungen, Klebeband o.ä.

»Eltern-Geplauder«

Ziel

Meinen Fantasien über die Einstellung der eigenen Eltern zu mir als Kind und zu mir heute auf die Spur kommen. Abklären, wieweit mich heute (noch) ihre – in mich hineingenommenen – Erwartungen und Vorstellungen leiten.

Durchführung

Die Gruppe teilt sich in Paare oder in Dreier-Gruppen. Jeder entscheidet sich für einen Elternteil und teilt dem anderen mit, für wen er sich entschieden hat. Er versetzt sich jetzt ganz in die gewählte Rolle hinein und unterhält sich mit dem anderen über sich selbst als Kind. Vielleicht hilft es, sich vorzustellen, die Mutter von A würde den Vater von B auf einer Party treffen und sie würden sich von ihren Kindern erzählen.

- Was hat es aus seinem Leben gemacht?
- Hat es die Anforderungen der Eltern erfüllt?
- Was hält er von der Lebensführung, den Eigenschaften usf. des Kindes?
- Wie schneidet dieses Kind im Vergleich zu seinen Geschwistern ab?
- Was war es für ein Kind, als es klein war? usf.

(Zeit: 10 Min.)

Auswertung

Partnergespräch.

- Wie ist es mir selbst gegangen in der eingenommenen Rolle?
- Was ist mir an meinem Elternteil aufgefallen?
- Was an dem des anderen?
- Inwieweit bin ich in meiner Lebensführung und meinen Zielen von den Erwartungen meiner Eltern beeinflusst?
- Stimmen meine Vermutungen darüber, was sie von mir erwarten, mit der Realität überein?

Die Übung wird wiederholt, indem jeder jetzt die Rolle des anderen eigenen Elternteils einnimmt.
(Zeit: 15 Min.)

Material

--

Geld ausgeben

Ziel

Die in der Herkunftsfamilie vermittelte Einstellung zum Geld und die eigene Einstellung heute sollen in Beziehung gesetzt und reflektiert werden.

Durchführung

Jeder Tn erhält einen der vorbereiteten Zettel (s. u.) und füllt ihn ohne langes Überlegen aus.
(Zeit: 20 Min.)
Anschließend gibt jeder einen kurzen (!) Überblick über seine Tabelle, wobei nur Trends und Auffälligkeiten genannt werden.

Auswertung

Die Auswertung erfolgt in Vierer-Gruppen mit Hilfe folgender Fragen:

- Was fällt mir auf an dem, was ich geschrieben habe?
- Inwiefern bin ich von den Vorstellungen meiner Eltern geprägt?
- Wie wurde bei uns mit Geld umgegangen? Bekam ich Taschengeld?
- Hängt die Art und Weise des Umgangs mit Geld vom Lebensalter, von der Zeit, von der Schicht ab?
- Wie geht es mir heute mit Geld? Bin ich eher großzügig oder halte ich mein Geld zusammen? Weiß ich immer, wie viel Geld ich habe? Spare ich?
- Gibt es in meiner Familie etwas zu erben? Wie wird damit umgegangen?
- Wie würden meine Eltern darauf reagieren, wenn ich sie »anpumpen« wollte?

(Zeit: pro Person 10 Min.)

Material

Für jeden Tn einen Zettel wie abgebildet mit ausreichend Platz zum Schreiben.
Vervielfältigter Fragenkatalog.

Stell dir vor, du gewinnst folgenden Betrag:	100 €	1000 €	10.000 €	1 Mio. €
Ich würde damit folgendes machen/mir dafür kaufen:				
Meine Eltern würden wollen, dass ich das Geld so verwende:				
Meine Eltern würden das Geld so verwenden (wir setzen voraus, dass sie noch leben):				
Meine Eltern hätten früher das Geld so verwendet:				

☯☯☯

Poesiealbum

Ziel

Reflexion der durch das soziale Umfeld (Eltern, Verwandte, Lehrer, Freundinnen, Freunde, Mitschüler usw.) vermittelten Normen und Werte.

Durchführung

Je nach Größe teilt sich die Gruppe in Kleingruppen zu 4 bis 5 Personen. Die Tn, die ein Poesiealbum mitgebracht haben, lesen die Sprüche vor, die andere dort eingetragen haben. Das sich anschließende Gespräch kann sich an einer oder mehreren der folgenden Fragen orientieren:

- Was sagt die Wahl des Spruches über den Schreiber, das Verhältnis zum Empfänger, über Gedanken oder moralische Vorstellungen aus?
- Welche Werte und Ansichten werden mit den Sprüchen vermittelt?
- Was hat es für den Tn damals bedeutet, dieses Album zu besitzen, andere aufzufordern, etwas einzutragen usf., was bedeutet es heute, dieses Album zu besitzen?
- Wie war es, selbst bei anderen einzuschreiben? Welche Sprüche wurden wie und warum gewählt?

(Zeit: bei 4 bis 5 Personen 30 Min.)

Auswertung

Siehe oben.

Material

Soweit vorhanden Poesiealben. Es ist nicht nötig, dass jeder Tn eines mitbringt.

Hinweis

Diese Übung ist eine reizvolle Ergänzung zu »Fotos aus der eigenen Geschichte« (s. S. 59).

»Als gutes Kind muss ich.. .«

Ziel

Sich vergegenwärtigen, wie die Anforderungen aus der Kindheit heute noch wirken.

Durchführung

Jeweils ein Tn setzt sich auf einen Stuhl, dem ein leerer Stuhl gegenübersteht; die Gruppe sieht zu und arbeitet in Gedanken mit. Die Moderatorin kann folgende Anleitung verwenden:

»...Stell dir vor, dass deine Person aus zwei Teilen besteht: ein Teil, der dir immer sagt, was du tun sollst (solltest) und ein Teil, der sich zu diesen Anforderungen verhält: sie annimmt, ablehnt, verändert usw.
Als erstes sprichst du als Anforderungsteil. Versetz dich in deine Kindheit zurück. Vervollständige laut den Satz: ›Um ein gutes Kind zu sein, musst du....‹
Nun tausche den Platz. Nimm dir Zeit, genau zu spüren, wie es dir geht, wenn du das heute hörst. Fühle deinen Körper. Sprich aus, was in dir vorgeht.
Wie fühlst du dich, wenn du versuchst, diesen Erwartungen zu erfüllen? Wie würde geschehen, wenn du dich abgrenzt, was, wenn du dich weigerst, dich auflehnst? Probier es aus. Wie fühlt es sich an?
Suche jetzt eine andere Anforderung aus und wiederhole die Übung.«

Diese Übung kann zu verschiedenen Themen durchgespielt werden:
- »Um eine gute Tochter/ein guter Sohn zu sein, musst du...«
- »Um eine gute Schülerin/ein guter Schüler zu sein, musst du. . .«
- »Um eine gute Frau/ein guter Mann zu sein, musst du.. .« usw.

(Zeit: pro Person ca. 10 Min.)

Auswertung
Gruppengespräch, in dem die anderen Tn erzählen, was ihnen aufgefallen ist an Mimik, Gestik, Körperhaltung etc. in beiden Rollen. Der Akteur erzählt, wie es ihm ergangen ist und in welchen er sich heute immer noch so verhält, als wenn diese Vorschriften immer noch gültig wären.
(Zeit: 15 Min.)

Material
Zwei Stühle.

Spruch an der Wand

Ziel
Das entscheidende Lebensmotto der Herkunftsfamilie herausfinden und nachspüren, was diese »Botschaft« heute bedeutet.

Durchführung
Die Tn stellen sich in ihrer Fantasie die (bzw. einige der) elterliche/n Wohnung/en vor. Wenn in dieser Wohnung über dem Sofa ein Spruch gehangen hätte, der das entscheidende Lebensmotto dieser Familie (die höchste Leitlinie, nach der sich alles andere ausrichtete) wiedergab, wie hätte er gelautet?
(5 Min. Zeit geben, jeder formuliert den Spruch schriftlich.)

Die Tn machen sich zu folgenden Fragen Notizen:

- Wurde diese Botschaft laut ausgesprochen oder war sie allem unterlegt?
- Welche Bedeutung hat dieses Motto für mich als Kind, Jugendlicher gehabt, welche hat es heute?
- Welche Beziehung habe ich heute zu diesem Glaubenssatz? Befolge ich es, auch insgeheim, heute noch? In Teilen?
- Was würde passieren, wenn ich den Glaubenssatz über Bord werfen würde? Wer wäre ich ohne ihn?

(10 Min.)

Auswertung

Die Gruppe teilt sich in Untergruppen zu vier Tn. Jeder gibt seinen Spruch an den rechten Nachbarn weiter. Dieser sagt jeweils etwas zu dem Spruch.

- Wie fühle ich mich?
- Wie hätte ich reagiert?
- Anschließend sagt der Autor einige Sätze dazu.

(Zeit: pro Person 10 Min.)

Material

Papier und Schreibzeug.

☯☯☯

Antreiber

Ziel

Normen und Botschaften, die in das »Ich-Ideal« – in unser Bild davon, wie wir sein wollen oder sollen – eingeflossen sind, erkennen und ihre Wirksamkeit heute einschätzen.

Durchführung

Die Tn legen Zettel und Stift bereit. Sie setzen sich bequem hin, schließen die Augen, atmen ruhig und entspannen sich (bei Anfängergruppen eventuell kurze Entspannung, s. S. 57). Der Moderator kann folgenden Text verwenden:

»Stell dir vor, du bist wieder Kind. ... Sieh dich um, wo befindest du dich? Wie fühlst du dich, wie ist die Atmosphäre?
Geh jetzt weiter und denk an eine andere Situation aus deiner Kindheit, lass auf diese Weise mehrere Situationen in dir auftauchen, sieh sie dir an und spüre, wie du dich fühlst. (2 Min.)
Komm jetzt in den Raum zurück, nimm dir dein Schreibzeug und notiere, so viel wie dir einfällt, einfach untereinander, an Fortsetzungen des Satzes: ›Du bist in Ordnung, wenn du...‹ Notiere ohne lange zu überlegen, was dir einfällt. ›Du bist in Ordnung, wenn du....‹ (Zeit geben zum Notieren, 5 Min.)

Schließ jetzt wieder die Augen und denk an dich heute. Lass verschiedene Situationen aus deinem Alltagsleben an dir vorüberziehen; sieh sie dir an, fühl nach, wie es dir geht, usw. (2 Min.)
Komm jetzt hierher zurück und notiere wie eben schon einmal alles, was dir einfällt an Fortsetzungen des Satzes: ›Ich fühle mich in Ordnung, wenn ich...‹« (5 Min. Zeit geben)

»Jetzt nimm die beiden Listen und vergleiche sie miteinander:
- *Welche »Antreiber« gab es?*
- *Welche wirken heute noch?*
- *Gegen welche wehre ich mich?*
- *Welche sind neu, welche sind alt?*
- *Von wem (Vater, Mutter...) stammen sie?«*

(10 Min.)
(Zeit: insgesamt 35 Min.)

Auswertung
Gruppengespräch
- Wenn ich mir vorstelle, das Gegenteil von dem zu tun, was ich soll, was wäre dann, was würde geschehen?
- Wie würden meine Eltern reagieren?

(Zeit: 10 Min.)

Material
Papier und Stift.

☯☯☯

Unter dieser Kategorie sind auch folgende Übungen verwendbar:
- Meine Sexualität – ein Schilderwald, S. 257
- »Alle Männer wollen nur das eine.. .«, S. 260
- Autorität und Rebell, S. 200

3.2.5 Familien-Kultur und Familiengeschichte

Du wirst schon sehn, was du davon hast!
Ich mein's doch nur gut mit dir!
Stell dich nicht so an!
Wenn das alle machen würden!
Das kannst du denken, aber nicht sagen!
Solange du deine Füße unter meinen Tisch stellst...
Muss das sein?!
Das tut man nicht!
Das hast du nun davon!
Womit hab' ich das verdient?!
Ich hab's dir ja gleich gesagt!
Da muss man durch.
Na ja, das ist jetzt so ›ne Phase...
Wer nicht arbeitet, der soll auch nicht essen!
Komm du erst mal in mein Alter!
Ich will doch nur dein Bestes!
Das hätten wir uns früher nicht erlaubt!
Mädchen, zieh dir ein Hemd an!
Du bringst mich noch in's Grab!
Wer schön sein will, muss leiden!
Sei nicht immer so egoistisch!
Du musst dich rar machen!
Sei doch nicht so empfindlich!
Zu meiner Zeit...!
Eltern können auch mal Fehler machen.
Was sollen denn die Leute denken?!
So ist das Leben eben!

Familienstammbaum

Ziel
Mit dieser Methode können wir uns – zu verschiedenen Themenbereichen – über Familien»traditionen« klar werden.

Durchführung
Die Tn legen ein Blatt Papier senkrecht und zeichnen einen Stammbaum, beginnend unten mit sich selbst. Es ist meistens sinnvoll, nur bis zur Großelterngeneration zu gehen. Bei einigen Themen ist es besser, das Blatt quer zu legen und auch Onkel, Tanten, Cousinen, Cousins und eigene Geschwister einzutragen.
(Zeit: 15 Min.)
Der Moderator hat vorher einige Themen ausgewählt.

Beispiele für Themen:
- Welche Berufe/Ausbildungen hatten die Personen?
- Welche Lebenserfahrungen waren für sie prägend? Gab es bestimmte »Familienaufträge« oder »-botschaften«, die von Generation zu Generation weitergegeben wurden?

- Aus welchen Gegenden, sozialen und kulturellen Bedingungen stammen die Familienmitglieder?
- Wer hatte welche Krankheiten?
- Wie waren die Männer und Frauen (Eigenschaften) und ihre Ehen?
- Wer war der oder die Starke, wer war der oder die Schwache?
- Wie lösten die einzelnen ihre Konflikte (z.B. Rückzug, Streit, Alkohol, Schreien)?
- Welches waren die hervorstechendsten Eigenschaften, Begabungen, Talente? Charakterisiere jede Person mit drei Eigenschaften.

Jeder Tn betrachtet seinen Stammbaum unter der folgenden Fragestellung:
- Welche Linien lassen sich erkennen, welche Dinge tauchen immer wieder auf (Traditionen) und wie stehe ich selber in diesen Linien?

(Zeit: 5 Min.)
(Zeit insgesamt: 20 Min.)

Auswertung
Austausch in Dreiergruppen, wobei jeder seinen Stammbaum kurz vorstellt.
(Zeit: pro Person 20 Min.)

Material
Papier und Stift, eventuell Klebeband.

☯☯☯

»Arm, aber sauber...«

Ziel
Wertvorstellungen zum Thema Sauberkeit und Erfahrungen damit sollen erinnert und auf ihre heutige Bedeutung befragt werden.

Durchführung
Je nach Gruppengröße werden in der Gesamtgruppe oder in Untergruppen auf einer Wandzeitung Redensarten, Sprüche und Äußerungen zum Thema Sauberkeit gesammelt (wie zum Beispiel »Arm, aber sauber...« oder »Oben hui, unten pfui«), die wir im Laufe unserer Kindheit zu hören bekamen.
In einem zweiten Schritt notiert jeder Tn Stichwörter zu folgenden Fragen, die auf einem Zettel verteilt werden:
- Welche Erinnerungen und Gefühle stellen sich durch die einzelnen Redensarten ein?
- Wie wurde in der Herkunftsfamilie mit Sauberkeit umgegangen?
- Wer war – außerhalb der Familie – auch Träger von Sauberkeitsvorstellungen?
- Welchen Stellenwert hat Sauberkeit heute für mich und was hat das mit meinen Erfahrungen in der Familie zu tun? (zum Beispiel Schlampigkeit als Protest? Zwanghafte Handlungen? Rituale?)

- Gibt es geschlechtsspezifische Unterschiede bei den Redensarten, bei der Thematisierung von Sauberkeit?

(Zeit: 30 Min.)

Auswertung

Gruppengespräch über die Fragen.
(Zeit: 45 Min.)

Material

Tapetenrolle, große Papierbögen oder Tafel, dicke Filzstifte oder Kreide. Bogen mit abgezogenen Fragen, Stifte.

Hinweis

Gut zu kombinieren mit Übungen, die die Einstellung zum Körper thematisieren.

☯☯☯

Umgang mit Zeit

Ziel

Etwas über die Einstellung der Eltern zum Thema Zeit erfahren. Den eigenen Umgang mit »Zeit« heute prüfen.

Durchführung

Je nach Gruppengröße werden entweder in der ganzen Gruppe oder in Untergruppen auf einer Wandzeitung Sätze, Sprüche und Äußerungen zum Thema »Zeit« gesammelt, die in Kindheit und Jugend vermittelt wurden.

- *Klein sein – größer werden:* zum Beispiel »Wenn du erst größer bist, wirst du das schon verstehen.«
- *Lebenszeit:* zum Beispiel »Man lebt nur einmal.«
- *Täglicher Umgang mit Zeit:* zum Beispiel »Willst du hier Wurzeln schlagen? Tu endlich was!« »Trödel nicht rum!« »Zeit ist Geld«

(Zeit: 15 Min.)

Auswertung

In der Gruppe unter folgenden möglichen Fragestellungen:

- Welche Gefühle und Erinnerungen entstehen durch die einzelnen Sätze? Wie hängen die Sätze mit der damaligen Zeit zusammen?
- Wie gehe ich heute mit Zeit um? Gibt es Sätze, die auch heute noch Gültigkeit für mich haben (kann ich zum Beispiel Nichts-tun)?
- Was fällt mir ein zum Thema »Langeweile«?

(Zeit: 30 Min.)

Material

Entweder eine Tafel oder große Bögen Papier für eine Wandzeitung, dicke Filzstifte, Kreide o. ä.

☯☯☯

Belesene Leute oder: Lesen bildet

Ziel

Herausfinden, was, wie und warum wir früher gelesen haben, wie der Umgang mit Lesen in der Herkunftsfamilie war und wie er heute ist.

Durchführung

Die Tn nehmen sich Papier und Stifte. Sie zeichnen zunächst ein großes, das gesamte Blatt ausfüllendes Bücherregal, das durch waagerechte Linien in drei Fächer unterteilt wird. Die Teilnehmer malen für den Zeitraum von ca. 8 Jahren bis zur Pubertät in die verschiedenen Fächer folgendes:

- in das *unterste:* was ich selber gelesen habe.
- in das *mittlere:* was in der Familie gelesen wurde, was herumlag.
- in das *obere:* das Unerreichbare, das Verbotene, und die Bücher/Schriften, zu denen ich keinen Bezug hatte.

Variante

Es kann vereinbart werden, dass die Waagerechte eine Zeitachse darstellt, die am linken Rand mit 8 Jahren beginnt und am rechten Rand mit der Pubertät oder Jugend endet.
Die Tn werden gebeten, ihrer Kreativität Raum zu geben, vielleicht bestimmte Farben für bestimmte negative oder positive Gefühle zu verwenden, Notizen, Symbole, Pfeile etc. einzuzeichnen, usf.
(Zeit: 10 Min.)

Auswertung

In Kleingruppen.

- In welchen Situationen habe ich früher gelesen?
- Welche Szenen oder Berichte, Personen, Figuren, hatte ich besonders gerne? Was bedeuteten sie für mich?
- Was hat es für mich bedeutet zu lesen?
- Wurde in meiner Familie gelesen? Was wurde bevorzugt?
- Gibt es in der Familie dazu eine Tradition, eine »Lesekultur« ? Wie unterschieden sich Vater, Mutter, Geschwister?
- Wie ist es mir mit Pflichtlektüre (besonders in der Schule) ergangen?
- Was »musste« man gelesen haben – in der Familie – in der Jugendlichen-Gruppe – heute?

- Welchen Stellenwert hatte bei uns zu Hause das Zeitung lesen, das »Informiert-Sein« ?
- Wie geht es mir heute mit dem Lesen?

(Zeit: pro Person 15 Min.)

Material
Papier, Wachsmalkreiden oder Filzstifte.

☯☯☯

»Kleider machen Leute«

Ziel
Sich an die Bedeutung von Kleidungsstücken in der Kindheit erinnern und ihre Bedeutung für das Leben heute klären

Durchführung
Die Gruppe teilt sich in Kleingruppen (4-6 Personen). Jeder nimmt sich Zettel und Stift und notiert, wie er in Kindheit und Jugend typischerweise gekleidet war, wenn er

- zur Schule,
- sonntags zu Besuch,
- zum Spielen ging.

(5 Min.)

Reihum stellt sich jeder in der Ich-Form vor: »Ich gehe zur Schule und ich habe an ...« und sagt auch dazu, wie er sich in dieser Kleidung gefühlt hat. Die anderen hören zu und versuchen zu spüren, wie es ihnen in diesen Kleidungsstücken gegangen wäre.
(Pro Person max. 10 Min.)

Entweder bei dieser ersten Runde oder anschließend wird über folgende (möglichst vervielfältigte) Fragen gesprochen:

- Hattest du zu bestimmten Zeiten Lieblingskleidungsstücke? Wie sahen sie aus, und was für eine Bedeutung hatten sie für dich?
- Was mochtest du überhaupt nicht tragen? Warum nicht?
- Was solltest du oder musstest du nach Auffassung deiner Eltern tragen?
- Worauf musstest du achten?
- Welche Bedeutung hatte Kleidung in deiner Familie? (»Ordentlich« angezogen sein; Kleidung von Geschwistern auftragen; selbsthergestellte Kleidung – gekaufte Kleidung; Moden mitmachen oder nicht?)
- Wie ist es dir mit anderen Kindern gegangen? Fühltest du dich überlegen oder unterlegen?

- Wie ging es weiter, zum Beispiel in der Pubertät? (Dazugehören zu Cliquen; Mode – Anti-Mode; körperliche Vorzüge betonen oder Mängel kaschieren) Welches Gefühl verbandest du mit der damaligen Kleidung?
- Wie hat sich dein Verhältnis zu Kleidung bis heute verändert? Was bedeutet sie heute für dich, was ist dir wichtig an den Kleidungsstücken, die du trägst?
- Was hältst du von Uniformen?

(Zeit insgesamt: ca. 60 Min.)

Variante 1: Die Tn bringen zusätzlich Kinderfotos mit, auf denen vor allem die Kleidung gut zu erkennen ist.
Variante 2: Aufwendig aber spannend ist es, wenn die Tn Kleidungsstücke mitbringen, die für sie eine Bedeutung hatten (von der Lederhose bis zur Baseball-Kappe, vom Turnschuh bis zur ersten Krawatte, vom weißen Kniestrumpf bis zum Stöckelschuh) und jeweils eine Geschichte dazu erzählen.

Material
Papier, Stift, vervielfältigter Fragenkatalog. Für die Varianten siehe dort.

Ferien

Ziel
Der Bedeutung von Ferien als Erfahrungen jenseits von Alltag nachgehen.

Durchführung
Die Tn setzen sich bequem hin und schließen die Augen. Die Moderatorin kann folgenden Text verwenden:

> *»Geh zurück in deine Kindheit Denk an deine Familie und an das Stichwort ›Ferien‹. – Achte darauf, was dir als erstes dazu einfällt. Suche nach einem Bild, einer Szene. Lass sie entstehen mit allen Personen, Handlungen, dem Ort und der Stimmung... Öffne jetzt die Augen und schreibe in der Ich-Form auf, was du gesehen und was du empfunden hast«*
> *(Zeit: 15 Min.)*

Auswertung
In Kleingruppen.

- Was war in den Ferien anders als im Alltag?
- Wie hat sich die Bedeutung von Ferien im Laufe meines Lebens verändert (zum Beispiel in der Pubertät)?
- Wie hätte ich mir Ferien gewünscht?
- Woran lag es, wenn die Ferien nicht so waren, wie ich es mir gewünscht hätte?
- Was war positiv?

(Zeit: pro Person 10 Min.)

Material

Papier und Stift.

☯☯☯

Ess-Kultur

Ziel

Das gemeinsame Essen, die gemeinsamen Mahlzeiten sind einen wichtigen Bereich jedes Familienlebens. Es soll genauer betrachtet werden, welche Gepflogenheiten in der Herkunftsfamilie herrschten.

Durchführung

Die Tn versorgen sich mit den benötigten Materialien (s. u.). Sie beschäftigen sich (vielleicht ausgehend von einer »typischen« Mahlzeit) zunächst gedanklich mit folgenden Fragen:

- Welche Gepflogenheiten, Rituale, Normen gab es im Zusammenhang mit Essen in meiner Familie? Gab es z.B. an bestimmten Tagen bestimmte Gerichte?
- Wer bediente sich zuerst; welches Geschirr, welches Besteck?
- Was durfte man als Kind beim Essen, was nicht? Wie war es, wenn man etwas nicht mochte?
- Wann gab es welche Mahlzeit?
- Welches waren die Hauptnahrungsmittel? Gab es »typische« Gerichte?

(Zeit: 10 Min.)

Anschließend fertigt jeder Tn eine Collage zu diesem Thema an.

(Zeit: 30 Min.)

Auswertung

Je nach Größe der Gruppe in Kleingruppen oder in der ganzen Gruppe, indem jeder das eigene Bild vorstellt und etwas dazu erzählt.

- Auf welchen Ebenen der Ess-Kultur spiegeln sich die Schichtzugehörigkeit, landschaftliche Eigenarten, Zeitumstände wider?
- Welche Bedeutung hat Ernährung, haben Mahlzeiten für mich heute?
- Habe ich bestimmte Regeln, Vorlieben, Abneigungen übernommen?

(Zeit: pro Person 10 Min.)

Variante

Die Gruppe isst gemeinsam. Die eine Hälfte der Tn übernimmt die Rolle der Eltern, die die Kinder erziehen (ohne Übertreibung) und auf einen gewissen »Stil« beim Essen achten. Die andere Hälfte der Tn spielt Kinder, die essen, wie sie nie gedurft haben (oder wie Kinder spontan, von sich aus essen würden).
Anschließend wird über diese Erfahrung gesprochen.

Material

Große Bögen Papier (Tapete), Scheren, Klebstoff und Illustrierte.

Musik, was sie bedeutete

Ziel

Der Frage nachgehen, was Musik für mich bedeutet hat, was sie heute bedeutet und wie der Umgang mit Musik in der Herkunftsfamilie damit zusammenhängt.

Durchführung

Die Durchführung der Übung hängt davon ab, wie groß die Gruppe ist, wie viel Zeit für diese Übung verwendet werden soll und – vor allem – davon, wie groß die Altersunterschiede innerhalb der Gruppe sind.

Variante 1: In einer Gruppe, die altersmäßig nahe beieinander liegt, ist folgendes Verfahren zeitsparend: Jeder Tn schreibt auf einen Zettel 4 Musikstücke oder Lieder, die für ihn wichtig waren, und zwar eins

- aus der Zeit vor der Schule,
- aus der Grundschulzeit (6.-10. Lebensjahr),
- aus der Pubertätszeit,
- heute.

Zwei oder drei Freiwillige finden sich bereit, die Zettel zu sammeln und eine CD (oder eine Auswahl auf einem MP3-Player) zusammenzustellen, auf der möglichst viele der Titel vorkommen. Vielleicht haben einige Tn CDs, alte Platten o. ä., die sie zur Verfügung stellen können.
Die Gruppe findet sich zusammen und hört jedes Stück einzeln. Der Betreffende erzählt, was gerade diese Musik für ihn bedeutet (hat). In einer altershomogenen Gruppe gibt es sicherlich viele Überschneidungen und Wiedererkennenserlebnisse. Da es die eventuell genannten Kinderlieder oder Schlager kaum auf modernen Tonträgern gibt, kann es spannend sein, Text und Melodie gemeinsam mit der Gruppe wiederzufinden.
Variante 2: Jeder Tn stellt eine eigene CD (oder ein Band) zusammen – hier können die Lieder selbst gesungen werden o. ä. – und spielt sie den andern vor, wobei er erzählt, was diese Musik für ihn bedeutet/e. (Zeit: bei 10 Tn ca. ein Abend)

Auswertung

- Welche Rolle spielte Musik bei mir zu Hause? Hatten wir ein Radio, einen Plattenspieler, ein Tonbandgerät, einen CD-Player oder wurde selbst musiziert? Gab es besondere Anlässe, an denen bestimmte Musik gespielt wurde?
- Wie hängen meine Musik-Erfahrungen mit der Zeit, in der ich aufwuchs, zusammen?
- Was bedeutet Musik heute für mich?
- Wie und über welche Stationen hat sich dies verändert?
- Welche Bedeutung hatte Musik jeweils für meine Suche nach Identität?

Material
Diese Übung muss längerfristig geplant werden. Abspielgeräte und Bänder, CDn etc. sind nötig, um nicht nur *über* Musik zu reden, sondern beim Hören Erinnerung und Bedeutung wiederzubeleben.

☯☯☯

Feste

Ziel
Sich vergegenwärtigen, welche Bedeutung Feste in der Lebensgeschichte bisher hatten, welche Einstellung jeder heute zu Festen und Feiern hat.

Durchführung
Die Tn nehmen sich Papier und Stift. Sie verfassen, innerhalb einer festgelegten Zeit (30 Min.), einen Text, der in Inhalt und Stimmung den typischen Ablauf eines früher erlebten Familienfestes wiedergibt (Weihnachten, Geburtstag, Jubiläum etc.).
Die Art des Textes kann frei bestimmt werden, sei es ein Bericht, eine Reportage, ein Bühnenstück, ein Märchen, eine Satire oder ein Gedicht.

Variante
Jeder schreibt die Geschichte in der Ich-Form je einmal aus der Sicht verschiedener Beteiligten oder notiert zu jedem Beteiligten einen markanten Satz aus dessen Perspektive als »Motto«.

Auswertung
In Kleingruppen. Einer liest vor und die anderen achten auf ihre Eindrücke und Reaktionen.
- Was empfinde ich beim Hören des Textes?
- Was fällt mir auf?
- Was wird *nicht* berichtet?
- Wie hängt das Berichtete mit der gewählten Form zusammen?

Nach der Individualbesprechung Kleingruppengespräche zum Beispiel zu folgenden Fragen, die vervielfältigt verteilt werden:
- Was war schön an diesen Festen?
- Woran liegt es, wenn wir angestrengte, verspannte und unangenehme Erinnerungen daran haben?
- Wo haben wir alle ähnliche Erfahrungen gemacht?
- Habe ich gerne Geschenke entgegengenommen oder selber geschenkt?
- Wie geht es mir heute mit Festen? Kann ich sie entspannt genießen oder mache ich »alles ganz anders«, lasse ich sie ausfallen, gehe nicht hin usw.?
- Wie könnte das mit meinen früheren Erfahrungen zusammenhängen?

- Wie müsste heute ein solches Fest sein, damit ich es voll genießen könnte?
- Wie will ich es machen, wenn ich selber Kinder habe bzw. wie mache ich es mit meinen eigenen Kindern?

(Zeit: pro Person 15 Min.)

Material

Papier und Stift.

☯☯☯

»Spinat ist gesund«

Ziel

Den Ernährungsstil und die Gesundheitsvorstellungen der Herkunftsfamilie mit den eigenen heutigen Gewohnheiten und Auffassungen vergleichen.

Durchführung

Die Tn haben Papier und Stift vor sich. Nach einer kurzen Entspannung (s. S. 57) gibt der Moderator folgende Anleitung:

> *»Sieh dich als Kind, und denke dabei an alles, was irgendwie mit Essen oder Ernährung zu tun hat. Lass verschiedene Bilder entstehen. Sieh dich in ihnen um, achte auf deine Gefühle und halte einige davon fest.«*
> *(3 Min.)*

Der Moderator gibt in kurzem Abstand die folgenden Hilfsfragen, wobei die Tn zwischen Erinnerungen/Vorstellungen und Aufschreiben hin- und herpendeln sollen:

- Wie war die Stimmung bei den Mahlzeiten in deiner Familie?
- Gibt es Dinge, die nur dort besprochen wurden?
- Wie war in deiner Familie die Einstellung zum Gewicht, zum Körper, Dicksein, Dünnsein? Gab es Diäten usw.? Sprüche?
- Wie wurde in deiner Familie mit Süßigkeiten umgegangen?
- Wie ist es heute: Wie ernährst du dich? Welche Bedeutung hat Essen in deinem Leben? Notwendigkeit? Lustgewinn? Ersatz? Trost?

(Zeit: 25 Min.)

Auswertung

In Kleingruppen.
Leitfragen:

- Inwiefern haben damalige Esserfahrungen heute noch Einfluss auf mich?
- Wie gehe ich mit meinem Körper um? Kann ich mich mögen, wie ich bin? Wie stark haben gesellschaftliche Vorstellungen von dem »richtigen« Körpermaß noch Einfluss auf mich?

(Zeit: pro Person 10 Min.)

Material
Papier und Stift.

☯☯☯

Badezimmerkultur

Ziel
Sich den Umgang mit Sauberkeitsvorstellungen am Beispiel des »Intimitätsbereiches« Badezimmer in Erinnerung rufen und nach Erfahrungen mit Körperhygiene in der Lebensgeschichte fragen.

Durchführung
Nach einer kurzen Entspannungsphase (s. S. 57) im Sitzen, gibt der Moderator folgende Anleitung (die Tn können dabei die Augen schließen, wenn sie mögen.):

»Geh zurück in deine Kindheit, sieh dich als Kind und versuche, dich an euer Badezimmer/eure Toilette zu erinnern. Lass den Raum noch einmal vor dir entstehen. Wie sah er aus? ... Welche Erinnerungen verbindest du damit. Lass Situationen und Bilder in dir aufsteigen. Halte einige davon fest.« (2 Min.)
(Zeit insgesamt: 15 Min.)

Auswertung
Austausch in Kleingruppen anhand der folgenden Fragen (vervielfältigt verteilen):
- Wie war das mit Sauberkeitsvorstellungen in deiner Familie? Gab es bestimmte Wasch»rituale«, Badetage usw.?
- Hatte das Badezimmer/die Toilette für dich auch noch eine andere Funktion – zum Beispiel als Raum, in dem du Dinge tun konntest, die andere nicht sehen, merken, wissen sollten?
- Wie ist es heute? Wie haben sich die Sauberkeitsvorstellungen deiner Familie ausgewirkt? Hast du sie übernommen oder verändert?
- Kannst du dich erinnern, ob du mit deinen Eltern oder Geschwistern zusammen gebadet hast?
- Wie wurde in deiner Familie über Körperausscheidungen oder Ausscheidungsorgane gesprochen? Gab es besondere Ausdrücke?
- Welche Fantasien hast du mit Kot, Urin und deinen Ausscheidungsorganen verbunden, kannst du dich noch daran erinnern?
- Welche Bedeutung hatte der Umgang deiner Familie mit Ausscheidungen für die Entwicklung deiner Beziehung zu deinem Körper?

(Zeit: pro Person 10 Min.)

Material
Vervielfältigter Fragenkatalog.

3.3 Kindsein

Erwachsene machten sich an den Kindern zu schaffen.
Jacken wurden gebürstet und Scheitel gezogen, Nasen geputzt und Kragen zurechtgerückt.
Kinder waren die Visitenkarten-Geschöpfe ihrer Eltern
und hatten einwandfrei in Erscheinung zu treten.
Chr. Meckel: Suchbild. Über meinen Vater,
Frankfurt/M. 1983, S.37

3.3.1 Spielen

Spielen in der Kindheit

Ziel
Die eigenen Erfahrungen beim Spielen werden reflektiert.

Durchführung
Die Tn haben Papier und Stift vor sich und erhalten nach einer kurzen Entspannungsphase (s. S. 57) folgende Anleitung:

»Sieh dich als Kind beim Spielen. Lass verschiedene Bilder entstehen und schau dich in den Situationen um! Halte einige fest und sieh sie dir genauer an.«

Der Moderator lässt etwa 5 Minuten Zeit und gibt dann im Abstand von ca. 2 Minuten folgende Hilfsfragen. Die Tn sollen sich Notizen machen und pendeln zwischen Vorstellungsbildern und Aufschreiben:

- Wo hast du gespielt? Draußen, drinnen, auf der Straße, auf dem Hof, im Park, wo am liebsten?
- Mit wem hast du gespielt? Waren es Nachbarn, Verwandte, Schulkameraden? Wie war das in unterschiedlichen Altersstufen?
- Was hast du am liebsten gespielt? Was hat am meisten Spaß gemacht? Was mochtest du nicht?
- Welches waren deine Lieblingsspielzeuge, -geräte, -instrumente?
- Wer warst du beim Spielen? Welche Rolle hattest du: zum Beispiel eher Star, Schiedsrichter, Außenseiter, Mitläufer, eher untergeordnet oder führend, mehr drin, am Rande oder draußen?

Nachdem die Tn auf diese Weise ca. 15 Minuten alleine gearbeitet haben, werden sie gebeten, die Notizen nochmals durchzugehen:

- Was fällt mir auf?
- Woran bleibe ich hängen?
- Sehe ich irgendeinen Zusammenhang mit meinem heutigen Leben?

(Zeit: 5 Min.)
(Zeit: insgesamt 30 Min.)

Auswertung

In Untergruppen.

Leitfragen

- Welche Bedeutung haben meine Spielerfahrungen für meine Entwicklung?
- Was wird an der Art des Spielens über mich selbst klar?
- Welche Defizite bleiben?
- Spiele ich als Erwachsener? Wie oft, wie viel spiele ich? Wie verspielt bin ich heute?

(Zeit: pro Person 10 Min.)

Material

Stift und Papier.

☯☯☯

Kindervorstellungen oder: »Was ist ein Dingsbums? «

Ziel

Für kurze Zeit in die kindliche Neugier, Fantasie und Philosophie zurückkehren und spüren, wie sich diese anfühlen.

Durchführung

Die Gruppe teilt sich in Vierergruppen und innerhalb der Gruppe in zwei Paare. Die Kleingruppe einigt sich darauf, welches Paar beginnen will. Der Moderator verwendet etwa folgenden Text:

»Schließe die Augen und stell dir vor, du bist ungefähr 3 bis 4 Jahre alt. Du beherrschst deinen Körper und auch die Sprache. Du bist neugierig auf die Welt. Dein Denken ist fantasievoll, alles ist möglich.
Ihr bekommt jetzt einen Zettel mit Fragen. Das Paar, das beginnt, wählt sich davon drei aus. Die beiden Dreijährigen unterhalten sich über die Frage, suchen nach Erklärungen, denken sich Geschichten aus usf., über jede Frage 5 Minuten. Die anderen beiden hören zu und beobachten. Dann werden die Rollen gewechselt, wobei das zweite Paar sich drei andere Fragen wählt ...«
(Zeit: insgesamt 35 Min.)

Auswertung

In der Vierergruppe.
- Wie ist es mir gegangen, als ich das Kind war? Was habe ich gefühlt, gedacht, wie war mein Grundgefühl?
- Hatte ich viel Fantasie, legte ich mir Erklärungen zurecht, war ich neugierig?
- Was hat das Kind, das ich eben gespielt habe, mit dem Kind zu tun, das ich wirklich war?
- Wie war ich außerdem noch – welche Seiten fehlten bei dem Kind, das ich gerade war?
- Wie hätten meine Eltern reagiert, wenn ich so wie eben gewesen wäre?
- Wie habe ich die anderen wahrgenommen?
- Was hat mir gefallen an dir?

(Zeit: pro Person 10 Min.)

Material

Für jedes Paar einen Zettel mit folgenden oder ähnlichen Fragen:
- Was ist Donner?
- Woraus ist eine Wolke gemacht?
- Was ist ein schlimmes Wort?
- Was bedeutet »tot«?
- Was ist ein Neger?
- Woher kommen die Babies?
- Was ist ein Dingsbums?
- Was ist »Gott«?

Hinweise

Gut geeignet als Einstieg in das Sich-Einfühlen in das Kind-Sein und zur Lockerung.

Sandkasten-Spiele

Ziel
Durch Spielen den Kontakt zu dem Kind, das wir waren, wieder aufnehmen.

Durchführung
Benötigt wird für diese Übung entweder Strand, Sand, eine Sandkiste oder ein genügend großes Kinderzimmer mit Spielzeug o. ä.
Die Tn schließen kurz die Augen, entspannen sich (kurze Entspannung s. S. 57) und versuchen, sich gefühlsmäßig darauf einzustellen, gleich zusammen mit anderen Kindern zu spielen. (5 Min.)
Dann öffnen sie die Augen und fangen an, als Kinder zu spielen, frei und ohne Programm. Es ist dabei wichtig, im Kontakt mit sich selbst, dem eigenen Körper und Gefühlen zu bleiben, sich selbst zu folgen. Die Tn werden gebeten, so wenig zu denken oder gar zu reflektieren wie möglich und einfach zu agieren. (Zeit: 20 bis 30 Min.)
Anschließend setzt oder legt sich jeder ruhig hin und lässt seine Erfahrung in sich nachklingen. (3 Min.)

Auswertung
In Gruppen oder Kleingruppengespräch.
- Wie fühle ich mich jetzt, nach diesem Spielen?
- Wie habe ich mich verhalten?
- Stimmt das mit meiner Vorstellung davon, wie ich als Kind war, überein? Oder bin ich überrascht?
- Wie bin ich in Kontakt zu anderen getreten?
- Welche Rolle habe ich eingenommen?
- Mit welchen anderen Kindern habe oder hätte ich gerne gespielt?
- Welche mochte ich nicht?
- Gab es Streit, Konflikte, Zusammenspiel?
- Wie habe ich die anderen erlebt?

(Zeit: pro Person 10 Min.)

Material
Sand, Strand oder Spielzimmer und wenn möglich, entsprechendes Spielzeug. Möglichst bequeme Kleidung, die auch dreckig werden kann.

☯☯☯

Krabbeln

Ziel
Über das Körpergedächtnis in das Kleinstkindalter zurückgehen und damaligen Erfahrungen auf die Spur kommen.

Durchführung

Die Gruppe setzt sich bequem auf den Boden. Der Moderator gibt vorher folgenden Hinweis:

> *»Diese Übung ist ein Spiel, das lustig sein kann und soll. Es ist dabei wichtig, im Kontakt mit dem eigenen Körper zu bleiben. Versuche, deinen Körper machen zu lassen, ihm zu folgen und nichts absichtlich zu tun. Schließ die Augen.*
> *Stell dir jetzt vor, du bist noch sehr klein. Du kannst noch nicht laufen, aber du kannst schon krabbeln. Du kannst auch noch nicht sprechen. Viele Dinge um dich herum sind dir fremd, du musst sie noch erforschen. Du verstehst vieles noch nicht, aber du bist sehr neugierig. Versuch in das Gefühl hineinzugehen, lass dir Zeit. (30 Sek.)*
> *Wenn du soweit bist, öffne die Augen und krabble hier und jetzt los. Du siehst, es sind noch andere Kinder hier. Es gibt viele Dinge zu entdecken, zu untersuchen und auszuprobieren. Bleib in Kontakt mit deinem Körper. Wie fühlst du dich? Wie ist es, von unten nach oben zu gucken? Achte auf Gefühle, Fantasien, Bilder, die in dir aufsteigen … Spricht jemand zu dir? Was sagt die Stimme?«*
> *(Zeit: offen, ca. 10 Min.)*

Auswertung

Gruppengespräch.
(Zeit: 10 Min.)

Material

Bequeme Kleidung und entsprechende Räumlichkeiten, möglichst mit Teppichboden.

Hinweise

Diese Übung kann als Entspannungs- oder Lockerungsübung in eine Sequenz aufgenommen werden. Die Gruppe sollte schon mit dem Körpergedächtnis gearbeitet haben, da sonst die Gefahr besteht, ins Albern abzugleiten.

☯☯☯

»Fass das nicht an!«

Ziel

Durch Zurückversetzen in eine frühe Phase der Umweltaneignung soll unseren ersten Erfahrungen mit Verboten nachgespürt werden.

Durchführung

Die Gruppe teilt sich in Paare auf. Die Paare verständigen sich darüber, wer das »Kind« und wer die »Autoritätsperson« spielen will.
Die Kinder bewegen sich durch den Raum (eventuell auch krabbelnd) und versuchen, ihn zu erkunden, indem sie Gegenstände berühren. (Dazu kann man gege-

benenfalls vorher Gegenstände aufstellen.) Sobald sie etwas anfassen bzw. anfassen wollen, ertönt von der Bezugsperson der Ruf: »Fass das nicht an!« Gegebenenfalls nimmt sie dem Kind die Gegenstände auch weg.
Versucht das Kind, sich auf andere Personen zuzubewegen und mit ihnen Kontakt aufzunehmen, reagiert die Bezugsperson mit:
»Bleib hier, das tut man nicht!« (Varianten in der Formulierung der Verbote kann die Bezugsperson selbst erfinden.)
Auch wenn die Übung sehr lustig ist, sollten die Kinder versuchen, bei ihren inneren Gefühlen zu bleiben.
Nach ca. 5 Minuten vertauschen die Tn die Rollen.
(Zeit: 10 Min.)

Auswertung

Austausch in Paaren zu folgenden Fragen (vervielfältigen):

- Wie ging es mir als Kind? Wie war es, wenn mir etwas verboten wurde?
- Gibt es Erinnerungen, die mit diesen Gefühlen verbunden sind? In welchen Situationen meiner Kindheit habe ich ähnlich empfunden? An welche Personen erinnere ich mich in diesem Zusammenhang?
- Wie habe ich mich bei Verboten verhalten (trotzig, resigniert)?
- Wie gehe ich heute mit Verboten um?
- Wie habe ich mich als Bezugsperson gefühlt? Fiel es mir leicht oder schwer, Verbote auszusprechen? Welche Gefühle hatte ich dem Kind gegenüber?
- Wer aus meinem Leben fiel mir zur Bezugspersonenrolle ein?
- Gegebenenfalls: Wie verhalte ich mich meinen eigenen Kindern oder Schülern gegenüber? Was verbiete ich? Wann und wie spreche ich Verbote aus? Wie fühle ich mich dabei?
- In welchen anderen Lebenssituationen bin ich in der Rolle des Verbietenden? Welche Erfahrungen mache ich damit? Lassen sich diese Erfahrungen rückbeziehen auf meine Kindheitserlebnisse mit Verboten?

(Zeit: pro Person 10 Min.)

Material

Ein genügend großer Raum mit ausreichend vielen Gegenständen. Vervielfältigter Fragenkatalog.

Hinweis

Die Übung kann auch zur Auflockerung verwendet werden.

3.3.2 Beziehungen außerhalb der Familie

Meine Clique

Ziel

Der Bedeutung von Beziehungen zu einer Gruppe Gleichaltriger während der Jugend oder Pubertät nachgehen.

Durchführung

Die Tn nehmen Stift und Papier. Der Moderator kann folgende Anleitung verwenden:

»Setz dich in einer bequemen Haltung hin und schließe die Augen. Geh nun in Gedanken zurück in deine Jugend ... Lass die Bilder der Leute vor dir entstehen, mit denen du damals zusammen warst, Bilder von Leuten aus deiner Clique oder Gruppe. Sieh dir die Personen genau an. (30 Sek.)
Lass auch Bilder von Situationen entstehen, in denen ihr zusammen wart.« (3 Min.)

Der Moderator verteilt anschließend den vervielfältigten Fragenkatalog und bittet die Tn, diesen in einer Stillarbeit zu beantworten. (30 Min.)

Fragen

- Wie war meine Rolle in der Gruppe?
- Wie waren die Beziehungen der einzelnen Leute in der Clique zueinander (wie war es zum Beispiel zwischen Mädchen und Jungen)? Wer sich noch erinnern kann, zeichnet ein kleines Soziogramm der Clique.
- Gab es Konkurrenz und Rivalitäten und worum ging es dabei?
- Welche Konflikte gab es?
- Was war in der Clique »in«, das heißt: Wie musste man sich verhalten – was musste man haben (Kleidung, Statussymbole, Musik) was musste man tun – wie musste man denken, um dazuzugehören? Lass dir in Ruhe einige Merkmale einfallen, die damals wichtig waren.
- Welche Rolle spielte Musik in diesem Zusammenhang?
- Von wem grenzten wir uns damals ab (zum Beispiel »Spießer«)?
- Worüber sprachen wir, welche Erfahrungen wurden ausgetauscht?
- In welchen Bereichen bzw. bei welchen Entscheidungen wurde ich durch die Clique beeinflusst (zum Beispiel Ausbildung, Berufswahl, Partnerwahl, politische Orientierungen usw.)?
- Wie waren meine Eltern meiner Clique, den einzelnen Leuten der Clique gegenüber eingestellt?
- Welche Einflüsse der Clique sind heute noch in mir wirksam?

Auswertung

Kleingruppengespräch zum Geschriebenen und zu der Frage:

- Gibt es heute Personen oder Gruppen, an denen ich mich orientiere?

(Zeit: pro Person 10 Min.)

Material

Stift und vervielfältigter Fragenkatalog.

☯☯☯

Mein bester Freund, meine beste Freundin

Ziel

Sich über die Bedeutung von gleichaltrigen Freunden und Freundinnen während der Kindheit und Jugend klar werden.

Durchführung

Die Tn werden gebeten, eine bequeme Haltung einzunehmen und die Augen zu schließen. Nach einer kurzen Entspannung (s. S. 57) kann der Moderator folgende Anleitung verwenden:

»Kehre an deinen Erinnerungen entlang zurück in deine Kindheit. Spüre, wie du immer kleiner und kleiner wirst. (30 Sek.)
Suche nun, bis du deinen besten Freund oder deine beste Freundin aus deiner Kindheit triffst. Lass sein oder ihr Bild vor dir entstehen. Wenn du keinen besten Freund oder beste Freundin gehabt hast, denke an Kinder, mit denen du damals zusammen warst oder stelle dir ein Kind vor, das du gerne als Freund oder Freundin gehabt hättest. (2 Min.)
Lass Situationen vor dir entstehen und nochmals stattfinden. Was geschah? Wie fühlst du dich dabei? (3 Min.)
Sieh dir deinen Freund oder deine Freundin nochmals genau an und versuche zu spüren, was er oder sie damals für dich bedeutet hat. (1 Min.)
Gehe nun weiter, welche Freunde und Freundinnen begegnen dir? Geh weiter bis heute. Was haben dir die verschiedenen Personen bedeutet? (5 Min.)
Komm nun langsam wieder in den Raum zurück. Räkele dich, öffne die Augen und sei wieder hier.«
(Zeit: 25 Min.)

Auswertung

Austausch in Kleingruppen zu folgenden Fragen (vervielfältigter Fragenkatalog):

- Was taten wir zusammen? Welche Spiele spielten wir?
- Welche Rollen hatten wir jeweils inne (zum Beispiel: Wer von uns beiden bestimmte, was getan oder gespielt wurde)?
- Wie verhielten sich unsere Eltern zu unserer Freundschaft?

- Worüber stritten wir uns?
- Gab es Konkurrenz und Rivalität zwischen uns und worum ging es dabei?
- Wie war es, wenn Dritte dazukamen?
- Wodurch endeten die Freundschaften?
- Wie ist es mit meinen Freunden und Freundinnen heute?

(Zeit: pro Person 10 Min.)

Material
Vervielfältigter Fragenkatalog.

Spielerinnerungen – Ich und die anderen

Ziel
Durch Erinnerung an Lieblings-Rollen soll der sozialen Bedeutung von Spielen nachgespürt werden.

Durchführung
Die Tn nehmen eine bequeme Haltung ein und schließen die Augen. Nach einer kurzen Entspannungsphase (s. S. 57) kann der Moderator folgenden Text als Anleitung verwenden:

»Geh allmählich in Gedanken wieder zurück in deine Kindheit ... Spüre, wie du immer kleiner und kleiner wirst und wieder das Kind von früher bist ... Erinnere dich daran, wie du früher gespielt hast. Wo hast du gespielt? Sieh dich um! (30 Sek.)
Mit wem hast du gespielt? Sieh dir deine Spielkameraden genau an.
Welche Gefühle hast du ihnen gegenüber? (1 Min.)
Nun erinnere dich, was du, was ihr am liebsten gespielt habt. (30 Sek.)
Welche Lieblingsfantasien oder -vorstellungen hattest du dabei? Welche Rolle hast du am liebsten gespielt? Nun schlüpfe in diese Rolle hinein. Wie fühlst du dich? Wie geht es weiter? (2 Min.)
Lass verschiedene andere Spielszenen an dir vorüberziehen und achte darauf, wie du dich dabei fühlst. (2 Min.)
Bleib bei deiner Rolle und bei deinen Gefühlen, halte sie fest, komme allmählich zurück in den Raum und bringe sie mit hierher. «

Eine Freiwilliger sucht sich einige Tn aus der Gruppe und gruppiert diese und sich selbst zu einem Szenenbild. Dies soll ausdrücken, wie er sich und die anderen erlebt hat. Die anderen äußern ihre Eindrücke dazu (s. Hinweise). Je nach Zeit können sich andere anschließen und ihr Szenenbild aufbauen.
(Zeit: pro Person 10 Min.)

Auswertung

Wenn noch ein Bedürfnis in der Gruppe besteht: Gruppengespräch. Folgende Fragen können hilfreich sein (eventuell auf einer Wandzeitung notieren):

- Welche Rolle hast du am liebsten, welche am häufigsten gespielt?
- Mit welcher Rolle oder Figur hast du dich am stärksten identifiziert?
- Was hat diese Rolle mit deiner damaligen Situation zu tun? Konntest du Gefühle ausleben, die du in Wirklichkeit nicht haben durftest (zum Beispiel: wütend sein, böse, andere unterdrücken ...)? Hast du etwas weitergegeben, was du selbst erfahren hast (zum Beispiel Macht über andere ausüben)?
- Findest du die Rolle, die du im Spiel einnahmst, in heutigen Situationen wieder?
- Welche Rolle wäre das genaue Gegenteil von deiner gewesen? Woher kennst du sie?

(Zeit: 20 Min.)

Material

Eventuell Wandzeitung mit Fragen für das Gruppengespräch.

Hinweis

Eine ausführliche Moderation für die Szenenbilder findet sich bei der Übung »Familie als Standbild«, S. 76.

☯☯☯

Zu Besuch bei anderen Leuten

Ziel

Erfahrungen im Umgang mit anderen Leuten und die Darstellung der eigenen Familie nach außen reflektieren

Durchführung

Die Tn legen Stift und Papier bereit. Der Moderator kann folgende Anleitung verwenden:

»Geh zurück in deine Kindheit und sieh dich, wie du mit deinen Eltern oder einem Elternteil auf dem Weg bist, andere Leute zu besuchen. Was läuft auf dem Weg dorthin ab? Sprechen deine Eltern über die Leute, die ihr besuchen wollt? Ermahnen dich deine Eltern zu einem bestimmten Verhalten? (30 Sek.)
Ihr kommt jetzt zu den Leuten. Was sagen oder tun die Beteiligten?
Was tust und empfindest du? Was läuft ab? (1 Min.)
Jetzt geht der Besuch zu Ende. Was geschieht? (1 Min.)
Ihr seid jetzt auf dem Rückweg. Was geschieht? (1 Min.)
Wähle aus diesen Bildern eines aus und versuche deinen Gefühlen in einem Text Ausdruck zu geben. Du hast 20 Minuten Zeit.«

Auswertung
In der Kleingruppe.
Ein Tn beginnt und liest seinen Text vor. Die anderen hören zu und nehmen wahr, wie sie sich dabei fühlen.

- Welche Stimmung vermittelt mir deine Szene?
- Was fiel mir an den Personen auf?
- Was sagt die Sprache, die du verwendest, aus?
- Was fehlte?
- Gab es Brüche oder Widersprüche?
- Wie werden die Beziehungen der Beteiligten untereinander charakterisiert?
- Wenn ich an deiner Stelle gewesen wäre, was hätte ich gerne getan?

Nun nimmt jeder noch mal zu folgenden Fragen Stellung:

- Konntest du dich deinen Bedürfnissen entsprechend verhalten?
- Wie wurde die Kontrolle deines Verhaltens ausgeübt?
- Gab es Strafen für »Fehlverhalten«?
- Wie sahst du deine Eltern: Verhielten sie sich z.B. anders als zu Hause?

(Zeit: pro Person 15 Min.)

Variante 1: Die Szene statt des Aufschreibens als Rollenspiel spielen. (vgl. Übung »Anleitung zum Rollenspiel«, S. 269)
Variante 2: Die Szene als Bild darstellen.

Material
Stift und Papier.

☯☯☯

Unter dieser Kategorie ist auch folgende Übung verwendbar:
Beziehungsfeld in Phasen der Kindheit, S. 74

☯☯☯

3.3.3 Ängste, Träume, existentielle Erfahrungen

Krankheit und Lebensgeschichte

Ziel
Dem Zusammenhang zwischen der Lebenssituation und bestimmten Erkrankungen nachgehen. Einstellungen zur Krankheit und Umgang mit Krankheit zum Thema machen.

Durchführung
Die Tn nehmen ein Blatt Papier (mindestens DIN-A4, besser ein größeres) und ziehen, parallel zum linken Rand eine senkrechte Linie, die ihre Lebenslinie darstellt (von Geburt an bis heute). Auf dieser werden in Abständen die einzelnen Lebensjahre markiert. Nun tragen die Tn zu den einzelnen Lebensjahren die

Krankheiten, Verletzungen (eventuell auch Gewichtszu- und -abnahmen) ein, an die sie sich erinnern. Daneben soll in kurzen Stichworten notiert werden, welches Gefühl sie mit der Krankheit verbanden und wie die damalige Lebenssituation war, bzw. welche wichtigen Ereignisse und Konflikte in diese Zeit fallen (zum Beispiel Trennung der Eltern, Umzug in eine andere Stadt, Heimunterbringung, Arbeitslosigkeit eines Elternteils, Geburt eines Geschwisters usw.).
(Zeit: 15 Min.)

In einem zweiten Arbeitsschritt wird ein vervielfältigter Fragenkatalog verteilt, den die Tn in einer Stillarbeitsphase schriftlich (in Stichworten) beantworten.

Fragen:

- Schreib spontan die ersten fünf Wörter auf, die dir einfallen zum Thema Kranksein.
- Denk an die wichtigsten Krankheiten oder Verletzungen: Wie sah deine Lebenssituation zu dem Zeitpunkt aus? Was bewegte dich damals?
- Welche Redewendungen oder bildlichen Vergleiche fallen dir zu bestimmten Krankheiten ein, die du hattest (zum Beispiel bei Halsschmerzen: »Ich konnte nicht mehr schlucken«)?
- Kannst du einen Zusammenhang zwischen solchen Bildern und deiner damaligen Lebenssituation erkennen?
- Denk einmal umgekehrt: Was hast du davon »gehabt«, dass du krank warst? Welche Vorteile hatte es?
- Welche Krankheiten traten immer wieder auf? Gibt es Ähnlichkeiten in der jeweiligen Lebenssituation?
- Haben sich nach Krankheiten Veränderungen oder Entwicklungen in deinem Leben ergeben?
- Welche Krankheiten kamen in deiner Familie vor und welche Redewendungen verbindest du mit diesen Krankheiten?
- Wie wurde in deiner Familie damit umgegangen, wenn du krank warst?
- Welche Ideale in Bezug auf den Umgang mit Krankheit herrschten vor (»Zähne zusammenbeißen!«, »Gesunder Geist, gesunder Körper!«)?
- Welche Erfahrungen hast du mit Erkrankungen anderer gemacht?
- Wie ist es heute für dich, wenn du krank bist, wenn dein Kind krank ist?
- Welche schlimmen Krankheiten fürchtest du?
  (Zeit: 25 Min.)

(Zeit insgesamt 40 Min.)

Auswertung

Im Kleingruppengespräch. Die Tn legen der Reihe nach ihre Lebenslinien in die Mitte, erläutern sie und sprechen über das Geschriebene. Die anderen teilen mit, was ihnen auffällt, und stellen Fragen.
(Zeit: pro Person 15 Min.)

Material
Papier (mindestens DIN-A4, besser größer), Stifte, vervielfältigter Fragenkatalog.

☯☯☯

Kinderträume

Ziel
Durch das Erinnern von Tag- oder Nachtträumen aus der Kindheit der damaligen Lebenssituation nachspüren.

Durchführung
Die Tn werden gebeten, eine bequeme Haltung im Sitzen oder Liegen einzunehmen. Nach einer längeren Phase der Körperentspannung (s. S. 57) kann der Moderator folgende Anleitung verwenden:

> *»Geh nun langsam an deinen Erinnerungen entlang zurück in deine Kindheit. Werde langsam immer kleiner und kleiner, bis du das Kind von früher bist. Geh soweit zurück, wie du magst.*
> *Suche nun in deiner Kindheit einen Traum oder einen Tagtraum oder eine Fantasie, die du hattest. Wenn du einen Traum oder einen Tagtraum gefunden hast, halte ihn fest. Geh noch einmal ganz in ihn hinein. Lass in Ruhe Bilder entstehen und nimm deine Gefühle wahr. Wie fühlt sich dein Körper an? (3 Min.)*
> *Verabschiede dich nun von deinem Traum und komme allmählich wieder in den Raum zurück. Bleibe bei deinem Gefühl. Öffne die Augen.*
> *Steh nun langsam auf, sprich nicht. Nimm dir Stifte/Kreiden und Papier und versuche, deine Stimmungen und Gefühle in einem Bild auszudrücken. Es kommt dabei nicht darauf an, dass es ein besonders schönes oder gegenständliches Bild wird. Versuche, nicht zu werten, sondern lasse einfach dein Gefühl malen. Du hast jetzt 20 Minuten Zeit.«*

Auswertung
(Klein)Gruppengespräch.
Ein Tn beginnt und hängt sein Bild auf. Die anderen betrachten es in Ruhe und teilen ihre Eindrücke und Gefühle mit.
Anschließend erläutert der Maler sein Bild und geht dabei folgenden Fragen (Wandzeitung) nach:

- Wie war meine Lebenssituation damals?
- Woher kenne ich das Gefühl, das im Traum/Tagtraum auftritt?
- Drückt der Traum einen Wunsch, eine Angst, eine Bedrohung oder vielleicht einen Entwicklungsschritt aus?
- Versuche, das Gegenteil zu fantasieren.

(Zeit: pro Person 10 Min.)

Material
Farbstifte oder Wachsmalkreiden, große Bogen Papier (Tapetenrolle), Klebeband, Wandzeitung mit Fragen.

☯☯☯

»Ich bin wütend«

Ziel
Der Geschichte des eigenen Umgangs mit Aggressionen (Wut und Zorn) auf die Spur kommen.

Durchführung
Die Tn nehmen eine bequeme Haltung ein und schließen die Augen. Nach einer kurzen Entspannung (vgl. S. 57) kann der Moderator folgende Anleitung verwenden:

»Geh in Gedanken an deinen Erinnerungen entlang in deine Kindheit zurück. Werde immer kleiner und kleiner. Stell dir vor, du bist wieder das Kind von früher. (30 Sek.)
Denk nun an eine Situation, in der du besonders wütend und böse auf jemanden warst. Lass die Situation vor dir entstehen und geh ganz in das Gefühl hinein. Was geschieht? (2 Min.)
Wie geht es weiter? Wie endet die Situation? (2 Min.)
Was empfindest du? Werde ganz dein Gefühl und gib ihm Worte.
Sprich nun als Dein Gefühl...
Was würdest du am liebsten tun? Tu es. Was geschieht? (2 Min.)
Bleib bei deinem Gefühl, geh durch deine Geschichte und erinnere dich an andere Situationen, in denen du wütend warst. Gibt es Dinge, die du immer wieder erlebst, immer wieder tust? (5 Min.)
Komm nun langsam in den Raum zurück. Öffne die Augen, räkle dich und sei wieder hier.«
(Zeit: 15 Min.)

Auswertung
Kleingruppengespräch. Die Tn tauschen sich darüber aus, wie es ihnen ergangen ist.

Fragen:
(Wandzeitung oder vervielfältigter Fragenkatalog)
- Welche Umgehensweisen mit Wut sind für mich typisch?
- Hat sich das in meiner Lebensgeschichte verändert?
- Wie reagierten meine Eltern, wenn ich meine Wut zeigte?

- Wem gegenüber drücke ich meine Wut aus, wem gegenüber traue ich mich nicht?
- In welcher Form drücke ich meine Wut aus?
- Wie reagieren die anderen darauf?
- Wovor habe ich Angst?
- Wie geht es mir, wenn andere auf mich wütend sind?
- Gibt es etwas »hinter« meiner Wut (Angst, Trauer, Sehnsucht, Schmerz)?

(Zeit: pro Person 10 Min.)

Variante

Nach der Fantasie erzählen die Tn, wie es ihnen ergangen ist. Wer mag, kann die Szene noch einmal im Rollenspiel nachspielen (vgl. Übung »Anleitung zum Rollenspiel«, S. 269) und nach anderen Lösungen, Verhaltensweisen oder Ausdrucksformen für seine Wut suchen.

Material

Wandzeitung oder vervielfältigter Fragenkatalog.

Peinliche Situationen

Ziel

In einer Fantasieübung sollen peinliche Situationen in der Kindheit und die dazugehörigen Gefühle aktualisiert und nach der Bedeutung dieser Erfahrung für das heutige Handeln gefragt werden.

Durchführung

Die Tn setzen oder legen sich bequem hin. Nach einer Entspannungsphase (s. S. 57) gibt der Moderator folgende Anleitung:

»Geh in Gedanken zurück in deine Kindheit und stell dir vor, du bist wieder das Kind von damals. (30 Sek.)
Erinnere dich an eine Situation, in der du dich sehr geschämt hast, die dir sehr peinlich war. Was ist geschehen? Lass die Situation noch mal vor dir ablaufen. Achte darauf, was du fühlst und tust, was die anderen tun. Spüre deinen Körper. (2 Min.)
Nun komm langsam wieder in den Raum zurück. Öffne deine Augen und sei wieder hier.
Nimm dir jetzt Stift und Papier und schreibe die Szene auf, wenn es dir angenehmer ist, in der dritten Person. Geh dabei langsam vor, achte auf Details, die verschiedenen Gefühle die du bei dir und bei den anderen wahrnimmst. Folge auch deinen Fantasien und Vermutungen. Versuche, deinem Gefühl Worte zu geben. Du hast 20 Minuten Zeit.«

Auswertung

In Kleingruppen. Nacheinander lesen die Tn ihre Geschichte vor. Die übrigen Tn äußern, was sie wahrnehmen, welche Gefühle der Text bei ihnen auslöst, welche Stimmung ihnen aus dem Text entgegenkommt. Was »fehlt«? Wo sind Brüche oder Widersprüche? Was fällt mir an der Sprache auf?
Anschließend erläutert der Betreffende seinen Text und die Situation, das Gefühl, das er ausdrücken wollte, und geht der Frage nach: Wo, in welchen Situationen habe ich heute ein ähnliches Gefühl? Wie verhalte ich mich dann?
(Zeit: pro Person 10 Min.)

Material

Papier und Stift.

Hinweis

Zur Weiterführung s. Übung »Kollektive Erinnerungsarbeit«, S. 275

☯☯☯

Abschied

Ziel

Erfahrungen mit dem Thema »Abschied« nachgehen, verschiedene Formen von Abschied oder Trennung darstellen und den heutigen Umgang mit Abschied betrachten.

Durchführung

Der Moderator kann folgenden Text verwenden:

»Suche dir einen Partner bzw. eine Partnerin und verständigt euch, wer A und wer B sein soll. Zwei Paare schließen sich zu einer Vierergruppe zusammen.
Setze dich bequem hin und schließe die Augen.
Atme ein und tief wieder aus und versuche, so entspannt wie möglich zu sitzen.
Geh nun in Gedanken in deine Kindheit zurück und erinnere dich an eine Trennung oder den Abschied von einer Person, die wichtig für dich war. Wenn du in deiner Kindheit keine Abschiedssituationen findest, gehe in der Zeit einfach weiter, bis du eine findest. (1 Min.)
Geh in die Situation und lass sie noch einmal vor dir ablaufen. Nimm wahr, was du diesem Menschen gegenüber fühlst. (2 Min.)
Komm nun wieder in den Raum zurück, blinzele, öffne die Augen und sei wieder hier.
Die Gruppen einigen sich, welches Paar zuerst agiert. Das andere Paar sieht zu. Wir werden jetzt den Abschied von diesem Menschen in vier verschiedenen Formen spielen.

A gibt seinen Gefühlen mit dem Körper, durch Gesten oder Mimik und mit einem Wort oder Laut Ausdruck. B verhält sich nur reaktiv, achtet auf A und darauf, was As Verhalten gefühlsmäßig auslöst. (Zeit geben)

- Zuerst verabschiedet sich A von B *so, wie die Szene in der Fantasie erlebt wurde.*
- Nun verabschiedet sich A von B auf eine *wegstoßende Art.* Denke dabei an einen Satz wie zum Beispiel »Geh weg !«, »Ich bin froh, dass du gehst!« (Zeit geben)
- A verabschiedet sich jetzt von B auf eine *anklammernde Art.* Denke dabei an einen Satz wie zum Beispiel: »Ich will nicht, dass du gehst!« (Zeit geben)
- A verabschiedet sich auf eine *erwachsene Art.* Denke an einen Satz wie zum Beispiel: »Ich bin traurig, dass du gehst, und ich kann dich loslassen.« (Zeit geben)

Kurzer Austausch in der Vierergruppe:

- Wie ist es mir ergangen? Was habe ich gefühlt?
- Wie habe ich dich in der Rolle des Abschiednehmenden erlebt?

(Zeit: 10 Min.)

Nun wechseln A und B die Rollen.
Nach dem anschließenden Austausch in der Vierergruppe spielt das zweite Paar die Formen der Trennung durch.

Auswertung

Gespräch in der Vierergruppe.

- Wie trenne ich mich normalerweise?
- Woher, aus welchen Situationen kenne ich die unterschiedlichen Formen der Trennung?

(Zeit: insgesamt 90 Min.)

Variante 1: Die Trennung wird jeweils von einem Paar vor der ganzen Gruppe gespielt. Die Gruppe gibt ein Feedback darüber, wie sie den Abschiednehmenden in den verschiedenen Phasen erlebt hat.
Variante 2: Auf die Imagination vorab wird verzichtet. Die Tn werden einfach gebeten, sich einen Abschied aus ihrer Kindheit vorzustellen, diesen in den vier verschiedenen Versionen durchzuspielen und wahrzunehmen, welche Erinnerungen, Bilder, Gefühle entstehen.

Material

Ein genügend großer Raum.

Hinweis

Siehe auch die Auswertungsfragen der Übung »Trennung und Abschied«, S. 94

»Meine Eltern streiten sich«

Ziel
Das Erlebnis, dass die eigenen Eltern sich streiten, wiedererleben. Klärung der Frage, wie meine Einstellung zu Konflikten und Auseinandersetzungen damit zu tun hat.

Durchführung
Die Tn setzen oder legen sich bequem hin. Nach einer Entspannungsphase (s. S. 57) gibt der Moderator folgende Anleitung:

»Stell dir vor, du bist wieder klein. Du bist ein Kind und zu Hause. (30 Sek.)
Stell dir jetzt vor, deine Eltern würden sich streiten. Auch wenn du das Gefühl hast, sie würden es nie tun, versuch es dir vorzustellen.
Worüber streiten sie sich? Lass den Streit vor dir ablaufen und achte genau darauf, wie es dir geht. (1 Min.)
Sieh deine Mutter an, sieh deinen Vater an – was möchtest du am liebsten tun? Bleib bei diesem Gefühl.
Wovor hast du am meisten Angst? Was könnte geschehen? Auf wessen Seite stehst du? Warum? Wie fühlt es sich an, wenn du auf der Seite des anderen wärst. (30 Sek.)
Der Streit wird beendet. Wie geschieht das?
Verabschiede dich und komm langsam in den Raum zurück. Räkle dich und bleib noch einen Moment bei dir.«
(Zeit: 20 Min.)

Auswertung
In Kleingruppen. Die Tn erhalten den vervielfältigten Fragenkatalog. Jeder Tn sucht sich *drei* Fragen aus und beantwortet sie schriftlich.
- Ist Streiten überhaupt notwendig?
- Wodurch unterscheidet sich ein »guter« Streit von einem »schlechten« Streit?
- Wie setze ich mich mit anderen auseinander? Wo habe ich Schwierigkeiten? Wie vermeide ich Konflikte?
- Was geschieht nach dem Ende eines Streites? Kann ich die Situation hinter mir lassen? Bin ich nachtragend?
- Wie waren die Auseinandersetzungen in meiner Familie? Wer stritt mit wem, und wie? Gab es offene oder eher verdeckte Formen (zum Beispiel Schmollen, Weggehen)?
- Wie hängen meine eigene Einstellung, meine Fähigkeiten und Unfähigkeiten mit den Erfahrungen in meiner Familie zusammen? Welche Konfliktlösungsformen habe ich beibehalten?
- Wenn ich mein Leben insgesamt betrachte, wie hat sich meine Art, Auseinandersetzungen zu führen, verändert? Wodurch?

Austausch in der Kleingruppe.
(Zeit: pro Person 10 Min.)

Material

Vervielfältigter Fragenkatalog.

☯☯☯

»Ich habe mich verlaufen«

Ziel

Erfahrungen beim Sich-Verlaufen oder Verlorengehen als Kind durch eine Fantasie wiederbeleben.

Durchführung

Die Tn werden gebeten, eine bequeme Haltung im Sitzen oder besser: im Liegen einzunehmen und die Augen zu schließen. Nach einer kurzen Phase der Körperentspannung (s. S. 57) kann der Moderator folgende Anleitung verwenden:

> *«Versetze dich in deine Kindheit zurück. Stell dir vor, du bist wieder klein. (30 Sek.)*
> *Erinnere dich an eine Situation oder stell dir eine vor, in der du unterwegs bist und dich verläufst, verirrst oder in der du verlorengegangen bist. Was ist geschehen? Wo befindest du dich? Geh ganz in die Situation hinein und öffne für alle Gefühle. Auch in deinem Körper.*
> *Was geht in deinem Kopf vor? Was befürchtest du? Was wünschst du dir? (2 Min.)*
> *Was würdest du am liebsten tun?*
> *Wie geht es jetzt weiter? Kümmert sich jemand um dich? Was tust du? Wie fühlst du dich? Wie endet die Situation? (2 Min.)*
> *Komm nun langsam wieder zurück. Nimm die Geräusche des Raumes wahr. Öffne die Augen, räkle dich und sei wieder hier.*
> *Bleib bei deinem Gefühl, sprich nicht und nimm dir Stifte und Papier und drücke deine Empfindungen in Farben und Formen aus. Es braucht kein gegenständliches Bild zu werden, sondern einfach ein Ausdruck deiner Gefühle.« (20 Min.)*
> *(Zeit: insgesamt 35 Min.)*

Auswertung

In Kleingruppen. Die Tn hängen nacheinander ihre Bilder für alle sichtbar auf. Die anderen betrachten das Bild in Ruhe, lassen es auf sich wirken und äußern sich zu folgenden Fragen:

- Welche Stimmung kommt mir aus dem Bild entgegen?
- Was fühle ich, wenn ich es sehe?
- Was fällt mir auf?
- Was kommt mir zu dem Bild in den Sinn?

Anschließend schildert der Maler die dargestellte Situation.
(Zeit: pro Person 10 Min.)

Danach schließt sich ein Austausch in der Kleingruppe zu folgenden Fragen an (Wandzeitung oder vervielfältigter Fragenkatalog):

- Wo habe ich heute ähnliche Gefühle wie in der damaligen Situation?
- Wo fühle ich mich heute desorientiert, alleingelassen, habe Schwierigkeiten, mich zurechtzufinden?
- Wo habe ich heute Angst, »in die Irre zu gehen«, verloren zu gehen?
- Wie geht es mir mit einer neuen, unbekannten Umgebung, zum Beispiel in einer fremden Stadt, im Ausland, wenn etwas Unvorhergesehenes passiert, ich mich verlaufe, Leute im Gedränge verliere etc.?
- Tue ich etwas, um solche Situationen zu vermeiden?
- Was tue ich, wenn solche Situationen eingetreten sind?
- Kann ich mich mit der Bitte um Hilfe an fremde Leute wenden? Oder eher nicht?

(Zeit: 15 Min.)

Material

Farbstifte (Wachsmalkreiden o. ä.), Papier (Tapetenrolle), vorbereiteter Fragenkatalog oder Wandzeitung, Klebeband.

☯☯☯

Unter dieser Kategorie sind auch folgende Übungen verwendbar:

- Frühere Gefühle leben in meinem Körper, S. 238
- Einem Kind das Leben erklären, S. 206

3.4 Schule

Hier in der Schule wurde man fürs Leben fertiggemacht.
H.-D. Baroth: Aber es waren doch schöne Zeiten,
München 1982, S. 46

Schul-»Karriere«

Ziel

Sich den Verlauf der eigenen Schulzeit, Erfolge, Krisen, Gefühle im Überblick vergegenwärtigen, um ein genaueres Bild von den Wirkungen der Schulerfahrungen zu erhalten.

Durchführung

Die Tn nehmen ein DIN-A4-Blatt im Querformat und tragen in der Mitte des Blattes auf einer Waagerechten die einzelnen Schuljahre ein (eventuell auch das eigene Alter). In der Senkrechten am linken Rand Ziffern von + 3 bis - 3, wobei die Waagerechte Null bedeutet. (vgl. die Übung »Lebenslinie«) Jeder nimmt sich drei verschiedene Farben und trägt in das Diagramm drei Linien ein:

- Wie habe ich mich (damals) im Unterricht gefühlt?
- Wie habe ich mich in den Beziehungen zu anderen Schülern und Schülerinnen gefühlt?
- Wie waren meine »objektiven« Leistungen?

Die Bedeutung der Farben wird mit einem Stichwort an der Linie notiert. An markanten Wendepunkten werden Ereignisse (zum Beispiel neue Schule, Sitzen geblieben, Klassenfahrt) dazugeschrieben.
(Zeit: 20 Min.)

Variante

Sofern die Schulzeugnisse vorliegen, kann die »objektive« Linie mit ihrer Hilfe erstellt werden.

Auswertung

Anhand der folgenden Fragestellungen (vervielfältigt verteilen) geht jeder kurz für sich (10 Min.) die Linien noch einmal durch. Anschließend Austausch in Kleingruppen.

Fragestellungen:
- Wie stehen die Linien zueinander?
- Kritische Ereignisse oder Wendepunkte – was war in der Zeit mit mir? Wie ging es mir?
- Wie kam es zu meinem Entschluss, zum Beispiel auf die Realschule zu gehen? Wer war daran beteiligt?
- Wie habe ich die verschiedenen Schulen empfunden?
- Wie mussten Lehrer sein, damit ich keine Angst hatte, gute Leistungen erbrachte?
- Wenn ich heute an meine Schulzeit denke, wie geht es mir dabei?

(Zeit: pro Person 10 Min.)

Material

Papier, Stift, Buntstifte oder Filzstifte, eventuell Schulzeugnisse, vervielfältigter Fragenkatalog.

☯☯☯

Schulfächer

Ziel

Der Frage nachgehen, wodurch die Vorliebe oder Abneigung gegenüber Schulfächern bestimmt wurde, wie sie sich veränderte und welche Bedeutung dies heute hat.

Durchführung

Die Tn nehmen sich Stift und Papier und werden gebeten, das Blatt waagerecht in drei Teile zu teilen:

1. Fächer, die ich gemocht habe,
2. Fächer, die ich nicht mochte,
3. Fächer, zu denen ich keinen Bezug hatte,

und dann alle Schulfächer, die sie hatten, spontan, ohne viel Überlegen untereinander einzuordnen. Wenn sich die Beziehung zu einem Fach sehr stark verändert hat, kann es unter mehreren Überschriften mit Angabe der Klassenstufe eingetragen werden. (5 Min.)

Im zweiten Schritt geht jeder in Ruhe die Liste durch und notiert hinter den Fächern Stichwörter zu folgenden Fragen:
- Woran lag es, dass ich dieses Gefühl zu dem Fach habe oder hatte?
- Wie und wodurch hat sich diese Einstellung weiterentwickelt und verändert?

(10 Min.)
(Zeit: insgesamt 15 Min.)

Auswertung
Gruppengespräch. Jeder stellt reihum kurz (!) seine Liste vor. Anschließend Gespräch zu folgenden Fragen:
- Was hat – nachdem, was wir von den anderen gehört haben – mehr Einfluss auf bestimmte Vorlieben: die Inhalte oder die Person des Lehrers oder der Lehrerin?
- Wie stark war der Einfluss unserer Eltern auf unsere Vorlieben?
- Wenn wir an die Fächer denken, die wir nicht mochten oder zu denen wir keinen Bezug hatten: Wie hat es sich weiterentwickelt? Habe ich heute noch eine Abneigung gegen Mathematik oder kein Interesse für Geschichte?
- Wenn wir die Fächer betrachten, die wir gerne mochten: Haben diese Vorlieben Auswirkungen auf meine Berufswahl und meine heutigen Interessen gehabt?
- Haben Schulfächer eigentlich einen Sinn, oder könnte man die Einteilung abschaffen?
- Habe ich Erfahrungen mit fächerübergreifendem Unterricht oder Projekten gemacht?

(Zeit: 30 Min.)

Material
Papier und Stift.

Schulhefte

Ziel
Einstieg in das Thema und gefühlsmäßige Annäherung an das Schulkind von damals.

Durchführung

Die Tn werden gebeten – soweit vorhanden – ihre Schulhefte (Arbeitsmappen o.ä.) mitzubringen. Diejenigen, die keine Hefte mehr besitzen, können sich mit ihren Erinnerungen an dem Gespräch beteiligen. Möglichst in der Großgruppe breitet einer das mitgebrachte Material aus, lässt es herumgehen und liest vielleicht einen oder zwei Schulaufsätze vor. Die anderen achten auf ihre Gefühle. Mögliche Fragen zur Anregung:

- Wie war die Handschrift in den verschiedenen Jahren, wie hat sie sich verändert?
- Welche Bedeutung hatten Sauberkeit und »Schön«-Schreiben in der Schule für mich?
- Wie war es mit Hausaufgaben? Haben meine Eltern sich darum gekümmert, und wie? Wie bin ich damit umgegangen?
- Worüber und wie wird in dem Aufsatz geschrieben? Welches Gefühl vermittelt der Aufsatz?
- Was haben Lehrerurteile bei mir bewirkt?

(Zeit: pro Person 15 Min.; es ist erwünscht, wenn ein offeneres allgemeineres Gespräch entsteht.)

Auswertung
- Was hat Schule für mich bedeutet?
- Was hat mich gefördert, was hat mich gehemmt?

Material
Mitgebrachte Schulhefte.

☯☯☯

Zeugnisköpfe

Ziel
Einstieg in das Thema: »Wie habe ich Schule erlebt?«

Durchführung
Die Tn wurden vorher gebeten, zu Hause die Beurteilungen (»Zeugnisköpfe«), die die verschiedenen Lehrer in die Zeugnisse geschrieben haben, unter Angabe der Klassenstufe aber *ohne* Nennung des Namens, abzuschreiben (möglichst getippt, maximal eine DIN-A4-Seite).
Die Zettel werden verdeckt gesammelt, gut gemischt und nebeneinander aufgehängt oder ausgelegt und nummeriert. Die Tn lesen in Ruhe die Texte durch und machen sich verdeckt eine Liste, auf der sie notieren, welcher Text ihrer Meinung nach zu welchem Tn gehört.
(Zeit: 20 Min.)

Der Moderator liest den Anfang des ersten Textes vor und die Tn sagen der Reihe nach, wem sie den Text Nr. 1 zugeordnet haben, und begründen ihre Wahl möglichst in einem kurzen Satz usf.
(Zeit: 60 Min. bei 12 Tn)

Jeder nimmt sich jetzt das eigene Blatt von der Wand, die Gruppe teilt sich in Kleingruppen. Ein Tn beginnt, indem er das eigene Blatt in die Mitte legt. Die anderen lesen es nochmals in Ruhe und sagen, was ihnen durch den Kopf geht, bzw. vorher durch den Kopf gegangen ist, was sie spüren etc. Wichtig ist, dass sich ohne Zeitdruck ein Gespräch entwickeln kann.
(Zeit: pro Person 10 Min.)

Auswertung
- Stimmt das, was in den Zeugnisköpfen steht, mit meinem Gefühl von damals überein?
- Welche Rolle haben Zeugnisse für mich gespielt?
- Wie wurde in meiner Familie damit umgegangen?
- Was für ein Kind war ich in der Schule und wie hat die Gruppe mich eingeschätzt?
- Wie wollte ich sein in der Schule (soziale Position in der Klasse und leistungsmäßig) ?

Material

Vorher angefertigte Abschriften der Zeugnisköpfe, Stift und Papier, Heftzwecken oder Klebeband.

☯☯☯

Elternsprechtag

Ziel

Die Einstellung der Eltern zu den eigenen Lehrern nacherleben und sich die eigenen Hoffnungen und Befürchtungen bewusst machen.

Durchführung

Die Tn nehmen eine bequeme Haltung im Sitzen ein und schließen die Augen. Kurze Phase der Körperentspannung (s.S. 57). Der Moderator kann folgenden Text als Anleitung verwenden:

»Geh zurück in deine Kindheit oder Jugend. Sieh dich wieder zur Schule gehen.
Es ist Elternsprechtag. Deine Eltern (oder ein Elternteil) und dein Lehrer oder deine Lehrerin unterhalten sich über dich. Stell dir vor, du bist im Raum unsichtbar anwesend.
In welcher Schule, welcher Klasse bist du? Was sagt dein Lehrer oder deine Lehrerin? Was sagen deine Eltern? Höre genau hin. Wie spricht man von dir? Wie verhalten sich deine Eltern dem Lehrer oder der Lehrerin gegenüber? (2 Min.)
Nimm alles genau wahr. Wie fühlst du dich, wenn du das hörst? Was würdest du am liebsten tun oder sagen? Sag es! Tu es! Was geschieht? Wie geht es dir? (30 Sek.)
Komm nun langsam wieder zurück. Blinzle, öffne die Augen, räkele dich, strecke dich und sei wieder da. «
(Zeit: 10 Min.)

Auswertung

In Kleingruppen. Die Tn erhalten folgenden vervielfältigten Fragenkatalog:
- Wie ging es mir, wenn Elternsprechtag war? Hatte ich Befürchtungen oder Hoffnungen?
- Hatte ich das Gefühl, meine Eltern stehen auf meiner Seite?
- Wie verhielten sich meine Eltern?
- Haben sie sich für meine schulischen Belange interessiert?
- Wie verhielten sie sich anschließend mir gegenüber?

Ein Tn beginnt und erzählt seine Erfahrungen während der Übung. Die anderen hören zu und achten auf ihre Gefühle und was ihnen auffällt. Anschließend wird über die Fragen gesprochen.
(Zeit: pro Person 10 Min.)

Material
Vervielfältigter Fragenkatalog.

☯☯☯

Ich und die Mitschüler/innen

Ziel
Nachdenken über die eigene Position im sozialen »Ranggefüge« der Schulklasse zu verschiedenen Zeitpunkten der Schulzeit.

Durchführung
Die Tn nehmen sich Stift und Papier, legen das Blatt im Querformat und zeichnen – mit ausreichend Platz dazwischen – drei Leitern auf. Unter ihnen wird notiert: Grundstufe, Mittelstufe, Oberstufe. Die Tn tragen jetzt in die Leitern wie in eine Rangfolge Namen von Klassenkameraden ein und auch sich selbst.

- Wer war unter uns Schülern am »beliebtesten«, am »angesehensten«? Wen wollten alle gerne zum Freund oder zur Freundin haben?
- Wer wurde von den meisten nicht gemocht oder abgelehnt?
  Wer mag, kann zu den Namen auch ein Stichwort notieren, woran es lag, dass er oder sie diese Position hatte.

(Zeit: 20 Min.)

Anschließend nimmt sich jeder Zeit, das Bild zu betrachten und über folgende Fragen nachzudenken:

- War ich zufrieden mit meiner Position? Wenn nicht: An wessen Stelle wäre ich gerne gewesen, und was hätte ich dann sein müssen?
- Wenn sich meine Position verändert hat, wie kam es dazu, woran lag das?
- Wie ist es heute in Gruppen – welche Position nehme ich oft ein?

(Zeit: 5 Min.)

Auswertung
In Kleingruppen. Jeder stellt einzeln sein Bild unter Berücksichtigung der Fragen vor (nur Tendenzen, nicht zu viele Einzelheiten!).
(Zeit: pro Person 10 Min.)

Material
Papier und Stift.

☯☯☯

Schulreform und Schullaufbahn

Ziel

Untersuchen, inwieweit meine Schullaufbahn durch Schulreformen beeinflusst worden ist.

Durchführung

Es wird eine Wandzeitung mit einer Zeitleiste aufgehängt. Frühestes Datum ist das Jahr der Einschulung des ältesten Teilnehmers. Im gemeinsamen Gespräch werden wichtige Maßnahmen der Schulreformen möglichst konkret zusammengetragen und zwar auf folgende Weise:
Ein Tn erzählt seine Erinnerung und vor allem, was dieses Ereignis für ihn, für seine Schullaufbahn bedeutete usf.

- Wäre ich heute das, was ich bin, wenn es diese Veränderung nicht gegeben hätte?
- Hat sie mir genützt oder geschadet?

Eine Hilfe kann sein, sich kontrastierend die Schule der Eltern-Generation vor Augen zu führen oder mit anderen Bundesländern oder auch dem Ausland zu vergleichen.
Sehr nützlich ist es auch, wenn der Moderator eine Tabelle o. ä. der Reformen und Veränderungsmaßnahmen vorbereitet hat, die in die Schulzeit der Tn fallen.
(Zeit: 45 Min.)

Auswertung

Siehe oben.

Material

Wandzeitung, Filzstifte, Klebeband oder Heftzwecken.

Hinweis

Aktuelle Daten zur Bildungs- und Schulreform finden sich bei Herbert Gudjons: Pädagogisches Grundwissen. Bad Heilbrunn 2006, 9. Auflage, S. 261–306

☯☯☯

Schul-Szenen

Ziel

Durch ein gelenktes Fantasie-Spiel eigenen Schulerfahrungen gefühlsmäßig auf die Spur kommen.

Durchführung

Die Tn werden nach einer kurzen Entspannung (s. S. 57) gebeten, sich in ihre Grundschulzeit zurückzuversetzen. Der Moderator kann folgenden Text verwenden:

»Stell dir vor, du bist wieder ein Kind und gehst zur Schule. Wie siehst du aus? Deine Haare, deine Kleidung? Wie fühlt sich dein Körper an?
Du bist jetzt dieses Kind. Du bist in der Schule. Wo sitzt du? Wie fühlst du dich? (1 Min.)
Komm jetzt wieder in den Raum zurück. Dies hier ist deine Schulklasse. Nimm deinen Stuhl und stell ihn dorthin, wo du gesessen hast.
Setzt dich auf deinen Stuhl und versuch, das Kind zu sein... Es sind noch andere Kinder da.
Wir werden jetzt Unterricht spielen und ich bin der Lehrer. Versuch, an deinen Erinnerungen und deinen Gefühlen zu bleiben, stell dir vor, wie du damals gewesen bist.«

Der Moderator setzt sich vor die »Schulklasse« und lässt den Tn Zeit, sich ganz in die Situation hineinzufühlen ... Der »Lehrer« sagt:

»Ich werde jetzt nacheinander eine Reihe von Situationen ankündigen. Stellt sie euch vor und achtet darauf, was in euch vorgeht. Wer will, nimmt eine Körperhaltung ein, die dies Gefühl ausdrückt.

1. *›Wir schreiben jetzt ein Diktat. Nehmt bitte Hefte und Schreibzeug heraus.‹ (30 Sek.)*
2. *›Ich habe euch heute das Diktat wieder mitgebracht und werde jetzt die Hefte austeilen.‹ (30 Sek.)*
3. *›Ich möchte mir heute mal ganz genau eure Hausaufgaben ansehen.‹ (30 Sek.)*
4. *›Kommst du bitte nach der Stunde mal zu mir!‹ (30 Sek.)*
5. *›Einer von euch hat sich gestern sehr daneben benommen, und er weiß das selber ganz genau.‹ (30 Sek.)*
6. *›Ich bin sehr stolz auf euch!‹*
7. *›Aus unserer Klasse bleibt niemand sitzen.‹«*

(Zeit: insgesamt 20 Min.)

Auswertung

In der Gruppe.

- Wie ist es mir ergangen?
- Wie habe ich mich damals eigentlich gefühlt?
- Wie geht es mir heute in Gruppen – welche Position nehme ich ein?

(Zeit: 15 Min.)

Material

Ein genügend großer Raum, Stühle für alle.

Hinweise

Es kann auch eine andere Schulstufe vereinbart werden.

»Lehrer, die wir hatten«

Ziel
Der Frage nachgehen, welche Bedeutung einzelne Lehrer hatten, und überlegen, wie jeder selbst als Lehrer sein möchte oder würde.

Durchführung
1. Gruppengespräch zu dem Thema: »Lehrer, die wir hatten«; erzählen, vielleicht auch vorspielen (diese Phase kann ruhig sehr lustig sein). (20 Min.)
2. Jeder Tn denkt an einen Lehrer, der sehr unangenehm war, nimmt sich Papier und Stifte und malt ein Bild von sich und dem Lehrer, das ausdrückt, wie er sich dieser Person gegenüber gefühlt hat. (10 Min.)
   Die Bilder werden eines nach dem anderen an eine Wand gehängt und kurz einzeln besprochen. Die Gruppe sagt, was sie bei jedem Bild empfindet, anschließend äußert sich der Maler kurz dazu. (Pro Person max. 5 Min.)
   Anschließend Gruppengespräch:
   - Welche Erfahrungen haben wir mit Lehrern gemacht?
   - Welche Erfahrungen sind bei allen Tn ähnlich oder gleich?
   - Welche Auswirkungen hatten diese Erfahrungen für mein späteres Leben?
   - Wie habe ich bei diesen Lehrern gelernt?
   - Hat es Lehrer gegeben, mit denen ich mich identifiziert habe, die Vorbild für mich waren? Was mochte ich an ihnen?
   - Wenn ich jetzt an einen Lehrer denke, den ich in guter Erinnerung habe, worin bestand der Unterschied zu anderen?

   (30 Min.)
3. Jeder notiert auf einem Zettel Stichwörter zu den Themen (vervielfältigt verteilen):
   Für Lehramtsstudierende oder Referendare:
   - Wie möchte oder würde ich als Lehrer sein wollen?
   - Ist das realistisch?

   Für Lehrer im Beruf:
   - Wie bin ich als Lehrer? Wie möchte ich gerne sein?

Anschließend Austausch in der Gruppe.
(Zeit: insgesamt 75 Min.)

Auswertung
siehe oben.

Material
Papier, Stift, Wachsmalkreiden, Malpapier und Klebeband, vervielfältigter Fragenkatalog.

»Ein Lehrer hat mal ...«

Ziel

Eine Situation in der Schule soll wiedererlebt werden. Geklärt werden soll ihre Bedeutung für unser heutiges Verhalten in Gruppen, für den Umgang mit Autoritäten, für unser Handeln als Erziehende und unsere Einstellung zur Lehrerrolle.

Durchführung

Die Tn nehmen eine für sie bequeme Haltung ein und schließen die Augen. Kurze Entspannung (s. S. 57). Der Moderator kann folgenden Text als Anleitung verwenden:

> *»Geh in Gedanken langsam zurück in deine Kindheit....*
> *Stell dir vor, du bist das Schulkind von früher ... Erinnere dich an eine für dich unglückliche oder schlimme Situation mit einem Lehrer oder einer Lehrerin ...*
> *Sieh dich um, wo befindest du dich? Sieh dir die Person oder die Personen, die da sind, genau an. Was geschieht? Was tust du? Wie reagieren die anderen Personen? (30 Sek.)*
> *Welche Gefühle hast du? Spüre genau hin. Wie fühlt sich dein Körper an?*
> *Fantasiere mal: Was hättest du in der Situation am liebsten getan? ...*
> *Folge deiner Fantasie und tu es – alles ist erlaubt, nichts kann falsch sein. (20 Sek.)*
> *Nun komm langsam in den Raum zurück. Öffne die Augen, räkle und strecke dich.*
> *Wenn ihr gleich über eure Fantasien sprecht, versucht bei euren Gefühlen zu bleiben und nicht in das Erzählen von Anekdoten zu verfallen. Das ist oft ein Schutz gegen das Gefühl von zum Beispiel Ohnmacht, Ausgeliefertsein, Traurigkeit, Verzweifelt sein usw.«*
> *(Zeit: 15 Min.)*

Auswertung

In Paaren oder Kleingruppen. Jeder erzählt von den Erlebnissen während der Fantasie und geht auf folgende Fragen ein:

- Wo habe ich heute ähnliche Gefühle wie damals?
- Sind meine Einstellungen durch diese Erfahrungen geprägt?
- Wie geht es mir heute mit Autoritäten?
- Wenn ich mir vorstelle, selber Lehrer zu sein, wie möchte ich sein? Wie möchte ich nicht sein?
- Wie stelle ich mir eine »gute« Schule vor?
- Was mache ich mit Lehrern, die meine eigenen Kinder verletzen, schlecht behandeln etc.?

(Zeit: pro Person 10 Min.)

Variante 1: Rollenspiel. Ein Tn spielt die erinnerte Szene vor. Er wählt sich aus der Gruppe die Mitspieler und beschreibt ihnen kurz die Situation. Die Szene

wird einmal vorgespielt und dann nochmals gespielt, wobei der Tn zum Beispiel so reagiert, wie er es sich gewünscht hätte o. ä. (vgl. »Anleitung zum Rollenspiel«, S. 269)
Variante 2: Eine andere Situation wählen, in der man glücklich und zufrieden war.

Material

Schule – Widerstand und Anpassung

Ziel
Der Frage nachgehen, inwieweit die Schule eine Entwicklung zum kritikfähigen Menschen gefördert oder behindert hat.

Durchführung
1. Die Tn nehmen Stift und Papier und notieren alles, wie es ihnen in den Sinn kommt, zu folgender Frage:
   - Wenn ich an mich während meiner Schulzeit denke, was fällt mir ein zum Stichwort: »Anpassung«? Wo, wie, wann, auf welche Weise bin ich angepasst worden oder habe ich mich angepasst? (5 Min.)
2. Auf einem zweiten Zettel notieren die Tn Ereignisse, Erlebnisse, während der Schulzeit. Hierzu wird das Papier durch waagerechte Linien in drei Teile geteilt, die folgende Überschriften erhalten:
   - Wann und wie habe ich Widerstand geleistet?
   - Wo nicht, obwohl ich eigentlich gewollt hätte?
   - In welchen anderen Situationen hätte ich – von heute aus betrachtet - Widerstand leisten müssen? (10 Min.)

(Zeit: insgesamt 15 Min.)

Auswertung
Gruppengespräch zu folgenden Fragen:
- Wie stark geht der Anpassungsdruck von der Schule als Institution aus? (Hierzu eventuell eine Wandzeitung gemeinsam anfertigen.)
- Was ist daran notwendig, auf was könnte man verzichten?
- Welche meiner Fähigkeiten sind auf der Strecke geblieben?
- Wie weit habe ich mich angepasst, wo habe ich mir Nischen geschaffen oder erhalten?
- Welche heimlichen Widerstandsstrategien hatte ich?
- Woran hat es gelegen, dass ich mich in bestimmten Situationen gewehrt habe und in anderen nicht?

- Wie war es zu Hause – habe ich gelernt, widerständig zu sein oder nicht? Wurde ich von meinen Eltern bestärkt und unterstützt?
- Wie geht es mir heute damit (zum Beispiel Beruf, Ausbildung, Universität, Politik)?
- Was habe ich aus diesen Schulsituationen gelernt?

(Zeit: 30 Min.)

Material

Papier und Stift, eventuell Wandzeitung und Klebeband.

☯☯☯

Unter dieser Kategorie sind auch folgende Übungen verwendbar:

- Autoritäten, S. 163
- Arbeitsstörungen, S. 202
- Prüfungssituationen, S. 160
- Leben am Seil, S. 61

3.5 Ausbildung/Beruf

... ich gab mein Bestes,
tat, was das Montageband mir jeweils vorschlug.
Leider, wenn ich mein Leben in die Arbeit legte, war es von mir weg,
und ich konnte es auch nach Feierabend und am Wochenende nicht wiederfinden ...
Je mehr ich mich ausarbeitete, je weniger behielt ich von mir.
Ich vermutete, desto mehr wäre in den Sachen,
die das Montageband mit meiner Beihilfe machte, und schaute.
Aber auch dort konnte ich mich nicht finden.
Wo war mein Leben,
das ich in die Arbeit legte,
dann aber hin?
H. Kipphardt: März, Reinbek 1976, S. 48

Ausbildungs- /Berufsentscheidung

Ziel

Herausfinden, welche Personen oder Faktoren Einfluss auf meine Ausbildungs- oder Berufsentscheidung hatten und wie wichtig diese im einzelnen waren.

Durchführung

Die Tn zeichnen in die Mitte eines DIN-A4- Blattes (besser DIN-A3) einen Kreis, in den sie ihren Beruf eintragen. Um diesen Kreis herum verteilen sie acht weitere Kreise, in die sie folgendes eintragen:

- *Familientradition:* Meine Eltern sagten: ...
- *Kinderträume:* Als Kind wollte ich immer werden: ...
- *Verbotene Berufe:* Das durfte ich auf keinen Fall werden: ...
- *Lebensumstände,* die hinderten oder förderten (politisch, räumlich, körperlich, Abschlüsse): ...
- *Vorbild:* So wie der wollte ich gerne sein: ...
- *Meine Clique,* Gleichaltrige, Freunde: ...
- *Schule, Lehrer:* ...
- ein Kreis bleibt frei.

Die Tn erhalten folgende Anweisung:

»Versetze dich in Gedanken zurück in die Zeit, als du die erste Entscheidung getroffen hast, in deinen Beruf oder eine Ausbildung zu gehen. Trage neben die Kreise ein, was dir zu den einzelnen Bereichen einfällt. Wenn etwas Wichtiges fehlt, hast du einen freien Kreis zur Verfügung.
Zeichne dann Pfeile von den Kreisen ausgehend zur Mitte – zu deinem Beruf oder deiner Ausbildung – hin. Zeige durch die Dicke der Pfeile an, wie wichtig die einzelnen Bereiche für deine Entscheidung waren.
(15 Min. Zeit geben.)

Nimm dir nun Zeit, das zu betrachten, was du gezeichnet hast. Decke mit der Hand der Reihe nach jeden Bereich einmal zu und stell dir vor, was gewesen wäre, wenn dieser Einfluss nicht vorhanden gewesen wäre. Was wäre dann aus dir geworden?«
(Zeit: 10 Min.)
(Zeit: insgesamt 25 Min.)

Auswertung

In Kleingruppen.

- Wenn ich heute nochmals in der damaligen Situation wäre, wie würde ich mich entscheiden?
- Was gefällt mir an meinem Beruf oder meiner Ausbildung?
- Wie ist meine berufliche Entwicklung weitergegangen? Welche Einflüsse waren ausschlaggebend?
- Wie wird sie weitergehen? Wovon hängt das ab?

(Zeit: pro Person 10 Min.)

Material

Papier (möglichst DIN A3) und Stift.

☯☯☯

Berufs-»Karriere«

Ziel

Stationen der beruflichen Laufbahn untersuchen, die die eigene Entwicklung geprägt und beeinflusst haben.

Durchführung

Der Moderator kann folgenden Text als Anleitung verwenden:

»Mit dieser Übung können wir uns einen Überblick über unsere Erfahrungen im Berufsleben, ihren Ablauf, ihre Wendepunkte und deren Bedeutung verschaffen. Es kommt bei dieser Übung nicht so sehr darauf an, eine stetig verlaufende Karriere-Leiter darzustellen, sondern zu fragen:
Was bedeuteten einzelne Stationen – wie Arbeitsplatzwechsel, Beförderungen, Phasen der Arbeitslosigkeit, Umschulungen etc. – gefühlsmäßig für mich und für die Entwicklung meiner Persönlichkeit?«

Auf einem DIN-A4-Blatt im Querformat (vgl. Übung »Lebenslinie«, S. 58) wird in der Mitte des Blattes eine waagerechte Linie gezogen, auf der die einzelnen Berufsjahre (bzw. das jeweilige Lebensalter) markiert werden. Am linken Rand wird eine senkrechte Linie gezeichnet – von unten beginnend mit - 3, - 2, -1; 0 stellt den Schnittpunkt mit der Waagerechten dar, + 1, + 2, + 3. Mit Hilfe von Kreuzen markieren die Tn nun auf der waagerechten Linie wichtige berufliche Stationen und Ereignisse und bewerten sie von + 3 bis - 3, so wie ein »objektiver« Betrachter

sie von außen sehen würde. Gegebenenfalls schreiben sie ein Stichwort bzw. das Ereignis dazu. Wer mag, kann die Kreuze mit einer farbigen Linie verbinden.
In einem zweiten Schritt wird mit einer anderen Farbe jeweils eingetragen, wie sie sich persönlich gefühlt haben, was das Ereignis für sie bedeutet hat. Wenn gegensätzliche Gefühle da waren, wird dies vermerkt und ein Stichwort dazu notiert (zum Beispiel beruflicher Aufstieg = Stress, Angst, etwas falsch zu machen und Freude über die Anerkennung) .
(Zeit: 15 Min.)

Auswertung

Anhand folgender Fragestellungen, die auf einer Wandzeitung notiert sind, geht jeder Teilnehmern seine Linien nochmals durch:

- In welchem Verhältnis stehen die beiden Linien zueinander?
- Gab es in der Zeit von Wendepunkten, besonderen oder problematischen Ereignissen im Berufsleben auch wichtige Ereignisse außerhalb der Berufssphäre, die mich beeinflussten?
- Wer oder was hat meine berufliche Entwicklung beeinflusst: Personen (Wer hat mich gefördert, unterstützt, gehemmt?), zeitgeschichtliche Faktoren (zum Beispiel Krieg usw.), wirtschaftliche Bedingungen (zum Beispiel Rezessionen, Arbeitslosigkeit usw.)?
- Wann habe ich Situationen aktiv verändert (Was machte mir Mut, veranlasste mich dazu)?
- Was kam einfach – ohne mein Zutun – auf mich zu?
- Wenn ich heute noch einmal von vorn beginnen könnte, was würde ich anders machen wollen?
- Was möchte ich heute ändern? Welche konkreten Schritte kann ich dazu unternehmen?

(Zeit: 10 Min.)

Anschließend erfolgt ein Austausch in der Gruppe. Jeder Teilnehmer hängt seine Zeichnung auf. Die anderen sagen, was ihnen auffällt oder fragen nach. Der betreffende Teilnehmer erläutert seine Zeichnung.
(Zeit: pro Person 10 Min.)

Material

Papier, verschiedenfarbige Filzstifte, Wandzeitung mit Fragen.

Hinweise

Bei dieser und andern Übungen mit dem Grundmuster der Lebenslinie wird von den Tn. oft gefragt, ob sie die Gefühle eintragen sollen, die sie *damals* hatten oder jene, die sie *heute* im Rückblick auf ein Ereignis haben. Der Moderator muss die Antwort je nach seiner Zielrichtung geben: Geht es mehr um das Nacherleben der Situation damals (s. »Feldbeobachtung« im Theorieteil dieses Buches) sind

die Gefühle damals gefragt und sollen entsprechend eingetragen werden.. Geht es mehr um die distanzierte Reflexion von heute aus (s. »Beobachterposition« im Theorieteil), werden die Gefühle beim heutigen Rückblick eingetragen.
Eine Weiterarbeit ist möglich an der Frage: »Was möchte ich ändern?« anhand der Übung »Lebensplanung«, S. 209.

Beruf und Lebensgeschichte

Ziel

Herausfinden, wie die berufliche Tätigkeit mit dem bisherigen Leben zusammenhängt und welche Erfahrungen in Beruf und Ausbildung wichtig waren.

Durchführung

In die Mitte wird ein Stapel mit Karten gelegt, auf denen Fragen notiert sind (s. u. Material).
Wer mag (oder alle Tn nacheinander) zieht eine Karte, liest die Karte und entscheidet sich, ob er die Frage beantworten will. Falls nicht, mischt er die Karte wieder unter den Stapel, zieht eine neue, liest die Frage laut vor und beantwortet sie so ausführlich wie möglich. Die anderen hören zu und überlegen, was ihnen zu der Erzählung einfällt: Welche Erfahrungen habe ich selbst in diesem Zusammenhang gemacht?
Die übrigen Tn erzählen dann *ihre* Erfahrungen. Es ist beabsichtigt, in ein Gespräch zu kommen. Wenn das Thema erschöpft ist, zieht ein anderer eine Karte.
Wenn schwierige Situationen geschildert werden, kann gemeinsam überlegt werden, ob es Lösungsmöglichkeiten gibt. (Hier kann ein Rollenspiel anschließen, in dem Situationen und mögliche Lösungen gespielt werden. Vgl. Übung »Anleitung zum Rollenspiel«, S. 269.)
(Zeit: 90 Min.)

Auswertung

Siehe oben.

Variante 1: Die Tn erhalten den abgezogenen Fragenkatalog als Gesprächsleitfaden, die Gruppe teilt sich auf in Paare, die sich über die Fragen unterhalten. Anschließend Auswertung im Plenum.
Variante 2: Der Fragenkatalog wird in Einzelarbeit in Stichwörtern schriftlich beantwortet .

Material

Karten, auf denen folgende Fragen notiert sind:

- Wie bist du zur Entscheidung gekommen, deinen Beruf zu erlernen? Wer oder was hat dich beeinflusst?

- Was macht(e) dir am meisten Spaß bei deiner Ausbildung?
- Wenn du deine Vorstellungen vor Berufs-/Ausbildungsbeginn mit deinen jetzigen Erfahrungen vergleichst, wo gibt es Übereinstimmungen, was ist anders als du es dir vorgestellt hast?
- Was wolltest du deinem Ausbilder immer schon mal sagen (und trautest dich vielleicht nicht)?
- Was macht(e) dir am wenigsten Spaß an deiner Ausbildung? Worüber ärgerst du dich?
- Wie ist dein Verhältnis zu deinen Kollegen? (Schildere ein typisches Beispiel.)
- Was befürchtest du in deinem Beruf, wovor hast du am meisten Angst- und wie gehst du damit um?
- Welche Konflikte gab oder gibt es mit Vorgesetzten? Wo kannst du dich durchsetzen und wie machst du das? Wo nicht?
- Wie siehst du deine Zukunft? Wovon träumst du? Was ist realistisch?
- Welche Erfahrungen hast du mit der Gewerkschaft, dem Betriebsrat, betrieblicher Mitbestimmung gemacht?
- Sprichst du mit anderen über deine Erfahrungen in Ausbildung/Beruf (Eltern? Freunde? Wer sonst?)? Was ist dir daran wichtig?
- Was ist dir außerhalb deines Berufsbereiches wichtig? Was tust du in deiner Freizeit?
- Welches ist momentan dein wichtigstes Ziel?
- Wie denkst du über den Spruch: »Wer nicht arbeitet, soll auch nicht essen!« ?
- Welches sind die wichtigsten Erfahrungen, die du während deiner Ausbildung gemacht hast?
- Inwieweit ist das Thema »Arbeitslosigkeit« für dich wichtig? Wie geht es dir, wenn du darüber nachdenkst?
- Vergleiche deine berufliche Tätigkeit mit deinen Vorfahren, deiner Familie, deiner Verwandtschaft! Was fällt dir auf?
- Hattest du als Kind bestimmte Berufswünsche? Wenn ja, was hat dich an dem Beruf gereizt?

Arbeitslosigkeit

Ziel

Sich mit den Problemen von Arbeitslosigkeit und deren Bedeutung für die eigene Lebensgeschichte beschäftigen.

Durchführung

Die Tn legen Stift und Papier bereit und erhalten einen vorbereiteten, vervielfältigten Fragenkatalog, den sie in Stichworten schriftlich beantworten. Die Tn werden gebeten, die erste Frage möglichst ohne lange zu überlegen (assoziativ) zu beantworten.

Fragenkatalog:
- Für Tn, die potenziell von Arbeitslosigkeit bedroht sind: Stell dir vor, du bist arbeitslos ...
- Bei Teilnehmern, die arbeitslos sind: Wenn du daran denkst, dass du arbeitslos bist, welche Gefühle löst das in dir aus?
- Wie ist es dir seit dem Beginn deiner Arbeitslosigkeit ergangen?
- Was befürchtest du?
- Wovon träumst du, was würdest du am liebsten tun?
- Welche Perspektiven sind realistisch, realisierbar?
- Welche Schritte kannst du zur Verwirklichung deiner Träume tun?
- Welche Möglichkeiten hast du im Bereich der Arbeitswelt?
- Welche Möglichkeiten hast du in anderen Bereichen (könntest du dich zum Beispiel sozial engagieren, dich an alternativen Projekten beteiligen usf.)?
- Als du arbeitslos wurdest, hast du es deinen Familienmitgliedern gesagt?
- Wie hast du es deinen Freunden und Bekannten gesagt?
- Wie gehen deine Kinder mit deiner Arbeitslosigkeit um – erzählen sie es zum Beispiel Mitschülern?
- Welche Werte, Sprüche, Vorstellungen hast du aus deiner Familie oder Schicht zu Arbeitslosigkeit mitbekommen? (»Wer arbeiten will, der findet auch was«)
- Gibt es auch positive Seiten von Arbeitslosigkeit?

(Zeit: 20 Min.)

Auswertung
Im Gruppengespräch.
- Gibt es ähnliche Erfahrungen im Umgang mit Arbeitslosigkeit?
- Lassen sich konkrete Schritte zur Realisierung neuer Perspektiven für den einzelnen Tn entwickeln?
- Welche politischen Schritte können unternommen werden (Zusammenschluss zu Arbeitsloseninitiativen, Wahlverhalten)?
- Für Arbeitslose: Habe ich das Gefühl, weniger wert zu sein, seitdem ich nicht mehr arbeite?

(Zeit: 45 Min.)

Variante 1: Für Gruppen, deren Tn nicht gerne schreiben, kann der Fragenkatalog als Gesprächsgrundlage dienen.
Variante 2: Für Tn, die früher bereits einmal arbeitslos waren, kann rückblickend gefragt werden: Was hat die Arbeitslosigkeit für meine Biografie, Lebensgeschichte bedeutet?

Material

Papier und Stift, vervielfältigter Fragenkatalog.

Wie verbringe ich meine Zeit?

Ziel

Sich über die Verwendung der eigenen Zeit klar werden und darüber nachdenken, wie es zu der derzeitigen Einteilung kam.

Durchführung

Die Tn erhalten einen vorgefertigten »Stundenplan« (Vorlage s.u. vervielfältigen und verteilen). Sie nehmen einen Stift und werden gebeten, sich in Ruhe zu erinnern, wie viel Zeit sie in der letzten Woche mit welcher Beschäftigung verbracht haben und dies so genau wie möglich in den Plan einzutragen. Folgende Bereiche und Tätigkeiten sollen dabei berücksichtigt werden (eventuell auf einer Wandzeitung notieren):

- Schlaf,
- Berufstätigkeit (eventuell nach unterschiedlichen Tätigkeiten untergliedern),
- Fortbildung,
- Schule,
- An- und Abfahrt zur bzw. von der Arbeits- und Ausbildungsstätte,
- Essen,
- Hausarbeit,
- Hygiene,
- Freizeit (die verschiedenen Beschäftigungen aufschreiben).

Als Gedächtnisstütze kann dabei der eigene Terminkalender dienen.
(Zeit: 20 Min.)

In einer anschließenden Stillarbeitsphase gehen die Tn anhand folgender Fragen (vervielfältigter Fragenkatalog) ihren Zeitverwendungsplan nochmals in Ruhe durch und machen sich dazu Notizen. (Zeit: 15 Min.)

Fragen:

- Welche Beschäftigungen nehmen den Hauptteil meiner Zeit ein? Welche den geringsten Teil?
- Auf welche Beschäftigungen verwende ich den größten Teil meiner *Frei*zeit?
- Wo gibt es Phasen, die ich nur für mich nutze und was fange ich damit an? Wenn nicht, vermisse ich das?
- Was hat sich in der Verwendung meiner Zeit geändert im Gegensatz zu früher?

- Welche Bedingungen in meinem Leben haben dazu geführt, dass ich meine Zeit *so* verwende? Wie ist es dazu gekommen? (Auch Sachzwängen zu folgen ist eine Entscheidung!)
- Welche Beschäftigungen befriedigen mich am meisten und wie viel Zeit nehmen diese ein?
- Bin ich mit der Einteilung meiner Zeit zufrieden?
- Was möchte ich ändern und was kann ich dafür tun?
- Gibt es Glaubenssätze zum Thema »Zeit verschwenden« oder »Nichtstun«? Kann ich einfach »nichts« tun?
- Wie ist mein Verhältnis zu »Pausen« oder Zeiten der Entspannung?

(Zeit: insgesamt 35 Min.)

Auswertung

Kleingruppengespräch. Die Tn legen nacheinander ihren Plan in die Mitte und erläutern ihn. Die anderen betrachten ihn und sagen, was ihnen auffällt. Der Betreffende erzählt, was ihm zu den Fragen eingefallen ist. Vielleicht können Überlegungen zu konkreten Veränderungsschritten angestellt werden.
(Zeit: pro Person 10 Min.)

Weiterführung

- Auf einer Wandzeitung werden die Zeiten, die die Tn für Beschäftigungen verwenden, addiert, und es wird eine Art Statistik für eine Woche erstellt.
- Einen neune Wochenplan aufstellen für eine typische Woche im Leben der Eltern, Vater und Mutter getrennt, evt auch Großeltern, und die Pläne vergleichen.

Material

Stift, vervielfältigter Stundenplan (evtl. zweimal), Wandzeitung zu den verschiedenen Tätigkeiten, vervielfältigter Fragenkatalog. Papier für eine Wandzeitung (s. Weiterführung), Filzstift, Klebeband.

Wochenplan zur Zeitverwendung:

	So	Mo	Di	Mi	Do	Fr	Sa
0-1 h							
1-2							
2-3							
3-4							
4-5							
5-6							
6-7							
7-8							
8-9							
9-10							
10-11							
11-12							
12-13							
13-14							
14-15							
15-16							
16-17							
17-18							
18-19							
19-20							
20-21							
21-22							
22-23							
23-24							

Arbeits-Beziehungen

Ziel

Sich über die Beziehungen zu Arbeitskollegen, Vorgesetzten und Mitarbeitern klar werden und der Frage nachgehen, ob es in früheren Phasen der Lebensgeschichte bereits ähnliche Beziehungskonstellationen (Familie, Schule) gab.

Durchführung

Die Tn nehmen Stift und Papier und unterteilen ein DIN-A4-Blatt im Querformat durch zwei senkrechte Linien in drei Spalten. Diese werden überschrieben mit: Kindheit, Schule/Jugend, Beruf heute. Die Tn schreiben in jede dieser Spalten ca. 5 Personen, die zum damaligen Zeitpunkt wichtig für sie waren, und notieren mit einem Stichwort das Grundgefühl, das sie dieser Person gegenüber hatten. (10 Min.)

In einem zweiten Arbeitsschritt betrachten die Tn in einer Stillarbeit die drei Spalten anhand folgender Arbeitshilfe (vervielfältigen oder als Wandzeitung aufhängen) und machen sich dazu Notizen:

- Fällt dir etwas auf, wenn du die drei Listen vergleichst?
- Such dir die Personen heraus, zu denen zu ein ähnliches Grundgefühl hattest. Schreibe sie untereinander. Schau dir die Beziehungen noch einmal genauer an.
- Siehst du Zusammenhänge oder Ähnlichkeiten zwischen bestimmten Beziehungen früher und bestimmten Beziehungen heute?
- Wie wirkt sich das Gefühl, das du zu den Personen heute hast, auf dein Verhalten aus?
- Denk über das Stichwort »Konkurrenz« nach. Was fällt dir dazu ein?
  (Zeit: 20 Min.)

(Zeit: insgesamt 30 Min.)

Auswertung

Austausch über das Geschriebene in Kleingruppen.
(Zeit: Pro Person 10 Min.)

Material

Papier und Stift. Vervielfältigte Arbeitshilfe oder Wandzeitung.

☯☯☯

Prüfungssituationen

Ziel

Sich Prüfungssituationen in Erinnerung rufen und nach der Herkunft der damit verbundenen Gefühle fragen.

Durchführung

Die Tn nehmen eine für sie bequeme Haltung im Sitzen, besser noch im Liegen, ein und schließen die Augen. Der Moderator kann nach einer Entspannung (s. S. 57) folgenden Text als Anleitung verwenden:

»Fast alle Menschen haben irgendwann Prüfungen gemacht (Fahrprüfung, Abitur, Examen, Lehrabschlussprüfung usw.). Geh in deiner Geschichte zurück und rufe dir eine Prüfungssituation in Erinnerung, die wichtig für dich war. (30 Sek.)
Stell dir vor, du stehst jetzt unmittelbar vor dieser Prüfung. Wo befindest du dich? Wer ist außer dir noch da? Wie fühlst du dich? Wie fühlt sich dein Körper an? (30 Sek.)
Achte genau auf deine unterschiedlichen Gedanken und Empfindungen. Was sagt dein ängstlicher Teil ? Lass ihn sprechen. (20 Sek.).
Was sagt dein zuversichtlicher Teil? Lass auch ihn sprechen. (20 Sek.)
Geh jetzt weiter: Die Prüfungssituation ist da. Was geschieht? Vergegenwärtige dir das Bild. Sieh genau hin. Was geschieht? (30 Sek.)
Was möchtest du am liebsten tun? Tu es! Was geschieht? (30 Sek.)
Komm nun allmählich wieder zurück. Blinzle, öffne die Augen, strecke dich und sei wieder da.«
(Zeit: 15 Min.)

Auswertung

In der Großgruppe oder in Kleingruppen. Ein Teilnehmer beginnt und berichtet, wie es ihm ergangen ist, was er erlebt hat. Die anderen hören zu und achten auf folgendes:

- Wie fühle ich mich, wenn ich dir zuhöre?
- Was fällt mir auf?
- Was fehlt? Gibt es Brüche, Widersprüche?

Allgemeine Fragen für das Gruppengespräch:

- Woher kenne ich die Angst, die ich in Prüfungen habe?
- Welche Haltung nehme ich gegenüber den Prüfern ein? (Erstarrtes Kaninchen, Rebell oder…?) Kenne ich dieses Beziehungsmuster aus meiner Lebensgeschichte?
- Welche Vorstellung habe ich von anderen Prüflingen? Welches Gefühl habe ich ihnen gegenüber?
- Was hilft mir in oder vor Prüfungen? Was nicht?
- Wenn ich mir vorstelle, die Prüfung nicht zu bestehen, wie fühle ich mich damit? Wie wäre es, das anderen zu erzählen?
- Gibt es Erwartungen aus meiner Familie in Bezug auf Prüfungen? Oder Familientraditionen (»In unserer Familie fällt jeder einmal durch die Fahrprüfung«)

(Zeit: pro Person 10 Min.)

Material

Konflikte am Arbeitsplatz

Ziel

Konflikte in der beruflichen Tätigkeit werden in einem Rollenspiel wiederbelebt und bearbeitet. Handlungsalternativen sollen gefunden werden

Durchführung

Der Moderator kann folgende Anleitung verwenden:

»Nimm dir einen Moment Zeit. Denk an deine Arbeitsstelle. Sieh dich bei der Arbeit. Denk an die Menschen, mit denen du zu tun hast. Lass Bilder entstehen und überleg, welche typischen Szenen oder Konflikte es gibt. (Zum Beispiel: meine Rolle als Frau im Betrieb oder Konflikte mit dem Chef usw.)«
(2 Min.)

Es folgt ein Rollenspiel. Einer fängt an und wählt aus der Gruppe die anderen Mitspieler aus, die an der Szene beteiligt sind. Der Betreffende spielt sich selbst. Zunächst wird die Szene kurz geschildert und die Haltung der anderen Mitspieler charakterisiert (zum Beispiel der Chef ist aufbrausend, rechthaberisch, der Kollege versucht, es allen recht zu machen usw.). Dann wird eine Szene gespielt. (ca. 5 bis 8 Min.)
Wenn das Rollenspiel ins Stocken gerät oder sich die anderen Mitspieler zu weit von den Vorgaben entfernen, spielt der Betreffende kurz deren Part weiter, um die Richtung zu korrigieren. (Ein solcher Rollenwechsel kann auch vorgenommen werden, um zum Beispiel bei Konflikten die Sichtweise des Gegenübers besser nachvollziehen zu können.)

Gruppenfeedback unter folgenden Fragestellungen:

- Wie habe ich den Betreffenden und die anderen Mitspieler erlebt?
- Welche Beziehungsmuster habe ich wahrgenommen?
- Wie haben die am Rollenspiel Beteiligten sich selbst in der Situation erlebt?
- Hatten sie den Impuls, sich anders zu verhalten?
- Welche Durchsetzungsstrategien wurden versucht?
- Welche anderen Konfliktlösungsstrategien sind denkbar?

Fragen an den Akteur:
(durch die Gruppe oder den Anleiter gestellt)

- Wenn du in deiner Lebensgeschichte zurückgehst, an frühere Arbeitsstellen denkst, an die Schule, an deine Familie, als du Kind warst: Wo hattest du ähnliche Gefühle, ähnliche Konflikte wie hier während des Rollenspiels? Kommt dir etwas vertraut vor, wiederholt sich etwas?
- Wie hast du dich damals in Konflikten verhalten, wie hast du Konflikte gelöst (was ist ähnlich, was hat sich verändert)?

- Welche betrieblichen und welche gesellschaftlichen Bedingungen tragen zur Entstehung des Konfliktes bei? Wodurch zum Beispiel sind im betrieblichen Ablauf Konflikte vorprogrammiert (etwa wenn Zuständigkeiten nicht deutlich geklärt oder abgegrenzt sind)?
- Welche Bedeutung hat die Arbeitsmarktsituation (Arbeitslosigkeit) für dein Verhalten? Passt du dich an, wenn du befürchten musst, entlassen zu werden?
- Inwiefern verhältst du dich in diesen Konflikten anders als du dich in Auseinandersetzungen mit Freunden verhalten würdest?

Gemeinsam sollte in der Gruppe der Frage nachgegangen werden, welche weiteren Lösungsschritte der Akteur unternehmen kann. Die Szene kann noch einmal gespielt werden, um andere Lösungen oder Durchsetzungsstrategien auszuprobieren (die Gruppe macht Vorschläge, die anderen Tn greifen ein, spielen mit).
(Zeit: pro Person 30 Min.)

Auswertung
Siehe oben

Material
Ein genügend großer Raum für das Rollenspiel.

Autoritäten

Ziel
Erforschen, welche Person(en) ich als Autorität erlebt habe, was sie kennzeichnete, wie mein Verhältnis heute zu Autoritätspersonen ist und welche Probleme ich im Umgang mit ihnen habe.

Durchführung
Nach einer kurzen Entspannungsphase (s. S. 57) kann der Moderator folgende Anleitung verwenden:

Variante 1: *»Geh in Gedanken zurück in deine Kindheit oder Jugend. Versuch dich zu erinnern: Vor welcher Person hattest du großen Respekt und Angst... Lass das Bild dieser Person vor dir entstehen. Sieh sie dir genau an.*
Was befürchtest du von dieser Person? Wie fühlst du dich ihr gegenüber? (1 Min.)
Erinnere dich an eine konkrete Situation mit dieser Person. (2 Min.)
Halte das Bild der Person fest. Nun komme langsam wieder in den Raum zurück. Öffne die Augen. Sprich nicht, bleib bei dir und deinen Gefühlen. Nimm ein Blatt Papier und Stifte und male das Bild der Person. Es braucht nicht schön zu sein. Wichtig ist, dass es die für dich wesentlichen Merkmale der Person zeigt.«(Zeit: 10 Min.)
(Zeit: insgesamt 25 Min.)

Variante 2: *(auch als Fortsetzung sinnvoll): »Stelle dir in deiner Fantasie die Person vor, die im Moment eine große Autorität in deinem Leben darstellt, vor der du Angst oder Respekt hast. Lass ihr Bild vor deinem inneren Auge entstehen. Sieh sie dir genau an. Was fällt dir auf? Wie verhält sich die Person dir gegenüber? Wie fühlst du dich ihr gegenüber? (2 Min.)*
Halte das Bild der Person fest. Male sie.
(Wie bei der ersten Variante. Zeit: 10 Min.)
Nun befestige das Bild an der Wand. Stelle dich an die gegenüberliegende Wand. Wie fühlst du dich, wenn du das Bild betrachtest? Jetzt gehe langsam auf das Bild zu. Was fühlst du? Spüre genau hin, wie nahe du dem Bild in diesem Moment kommen willst.« (Zeit: 5 Min.)

Auswertung

Austausch in der Kleingruppe. Die Gruppe sagt, wie sie das Bild empfindet und was ihr auffällt. Danach erzählt der Maler, um welche Person es sich handelt und wie es ihm ergangen ist.

- Wie ist es heute: Kannst du dich gegen Autoritäten zur Wehr setzen, dich abgrenzen? Denk an Vorgesetzte, Polizisten, Beamte, Lehrer, Professoren, Ärzte, Hausmeister, »Fachleute«, Leiter etc.
- Welche Eigenschaften müsste eine Person haben, die du als maßgeblich und richtungsweisend empfinden würdest, eine positive Autorität? Gibt es jemanden, der diese Kriterien für dich erfüllt?

(Zeit: pro Person 10 Min.)

Material

Tapetenrolle, Farbstifte, Klebeband.

Unter dieser Kategorie sich auch folgende Übungen verwendbar:

- Arbeitsstörungen, S. 202
- Konkurrenz, S. 201
- Lebensplanung, S. 209
- Wohin will ich? S. 208
- Autorität und Rebell, S. 200
- Meine Qualitäten, meine Stärken, S.198

3.6 Zeitgeschichtlicher Hintergrund

Nur wenn wir ertragen können,
dass wir nicht unendlich sein können,
könnten wir darauf verzichten,
mit Hilfe einer endlosen Expansion der Technik
immer größer werden zu wollen und damit
in Wirklichkeit immer verletzlicher zu werden.
H. E. Richter, Sich der Krise stellen,
Reinbek 1981, 138

3.6.1 Räumlich-dingliche Umgebung

Unsere Wohnung

Ziel

Sich an die erste Wohnung erinnern und über ihre Bedeutung nachdenken. Soziokulturelle Einflüsse erkunden.

Durchführung

Nach einer kurzen Entspannung (s. S. 57) kann der Moderator folgenden Text verwenden:

»Stell dir vor, du bist in der ersten Wohnung, an die du dich erinnern kannst. (30 Sek.) Schau dich um. Was siehst du: Wände, Einrichtung, Farben, Formen, Türen, Fenster? Benutze auch deine anderen Sinne: Was hörst du? Was riechst du, schmeckst du, fühlst du? Wie fühlt sich dein Körper an? Lass dir Zeit, die Wohnung in Ruhe zu erforschen. (2 Min.)

Denk jetzt an die Menschen, die dort sind. Lass Bilder vor deinem inneren Auge entstehen. Betrachte ihre Gesichter, ihre Haltung, Kleider. Was tun sie?
(1 Min.)
Verabschiede dich aus der Wohnung und komm wieder in die Gegenwart zurück, öffne die Augen und denke noch einige Augenblicke über die Bilder nach.«
(Zeit: 15 Min.)

Variante

»Denke nacheinander an verschiedene Wohnungen, in denen du gelebt hast. Lass Bilder entstehen und gehe ihnen nach. Vergleiche sie. Wo hast du dich wohl oder unwohl gefühlt? Was war dort anders? Warum bist du weggezogen? Wie war es, eine erste eigene Wohnung (oder Zimmer in einer WG oder ähnlich) zu haben? Was ist für dich an deiner Wohnung das Wichtigste, was ist verzichtbar, was könntest du aufgeben?«
(Zeit: 10 Min.)

Auswertung

In der Großgruppe

- Was sagt die Wohnung über die soziale Schicht, Kultur, Sitten, Bräuche, Lebensumstände meiner Herkunftsfamilie?
- Wie oft bin ich umgezogen und was bedeuteten Wohnungswechsel für mich?
- Gibt es Ähnlichkeiten zwischen der »frühen« Wohnung und meiner heutigen (Einrichtung zum Beispiel)? Oder gerade nicht?
- An was konnte ich mich gut erinnern, was waren verschwommen, was fehlte ganz?
- Was fällt mir zu den Stichwörtern »Heimat« und »Zuhause« ein?

(Zeit: 30 Min.)

Material

Unser »Revier« als Kinder

Ziel

Dem Lebensraum und seinen wichtigen Elementen von der Kindheit bis heute nachspüren.

Durchführung

Die Tn malen in die Mitte eines Blattes Papier (mind. DIN-A-4) einen Kreis von ca. 5-6 cm Durchmesser. Dieser Kreis symbolisiert den Lebensraum *bis etwa zum Schulbeginn.* Einzelne Wörter zur Charakterisierung dieses Raumes, in dem ich mich als Kind überwiegend bewegt habe, auch Gefühle, werden hineingeschrieben (zum Beispiel Garten, eingezäunter Spielplatz, Fußweg mit Kastanienbäumen usw.).

Ein weiterer Ring wird nun um den Kreis gezeichnet, der die Erweiterung des Lebensraumes *bis etwa zum Ende der Grundschulzeit* symbolisiert: Welche Erfahrungsmöglichkeiten gab es hier? (Häuser, Straßen, Plätze, Torbögen, die Wiesen, den Wald, die Einkaufsstraße, der Supermarkt, der Schulweg, Menschen, die mir dort begegneten, einzelne weitere Ausflüge, Reisen etc.). Wie dick soll dieser Ring ausfallen?
Anschließend wird ein weiterer Ring gezeichnet, dessen Stärke wiederum selber bestimmt wird für die Erweiterung des Lebensraumes *bis etwa 14-15 Jahre.* (Welche Landschaften, welche Sitten, Bräuche, welche Traditionen, Einschränkungen, Gebote, aber auch welche Verkehrsmittel, Treffpunkte gab es, wie groß war mein Erfahrungsraum? Alles, was mir einfällt, kann notiert werden.)
Ein weiterer Ring symbolisiert nun *die Zeit bis zum Erwachsenwerden mit ca. 18-20 Jahren.* Auch hier wird eingetragen, wo ich welche Erfahrungen machte, welche kulturellen, regionalen, landschaftlichen Eindrücke ich gewann und wodurch sich mein Erfahrungsraum vergrößerte.
Auf den noch verbleibenden Platz außerhalb des letzten Ringes werden schließlich alle Eindrücke notiert, die für mich *bis heute* am wichtigsten waren. Was bestimmt heute meinen Lebens- und Erfahrungsraum?
(Je nach Alter der Tn. können die letzten beiden Ringe auch zu einem zusammengefasst werden.)
(Zeit: 25 Min.)

Auswertung

In Kleingruppen. Die Tn stellen nacheinander ihre Blätter vor.

- Welches waren die am meisten prägenden räumlichen und gegenständlichen Bedingungen?
- Was fällt mir zum Stichwort »Heimat« ein?
- Wo gab es Brüche (zum Beispiel Umzug, Flucht, Arbeitsplatzwechsel)?
- Wie ist mein Gefühl, wenn ich an die Lebensräume meiner Kindheit und Jugend denke?
- Gibt es Schmerzen über Verlorenes? Was fehlt mir heute?
- Habe ich heute das Gefühl, irgendwo hinzugehören?
- Welche regionalen Prägungen (auch zum Beispiel sprachlich) bestimmen mich heute noch?
- Was habe ich weggelassen, woran könnte das liegen?
- Wo in meinen Räumen habe ich mich geborgen und sicher gefühlt?

(Zeit: pro Person 10 Min.)

Material

Papier und Schreibzeug.

Konsum-Kinder

Ziel
Sich darüber klar werden, wie wir – ohne es zu merken – in ein bestimmtes Konsumverhalten oder Ernährungsgewohnheiten hineingewachsen sind.

Durchführung

1. *Runde:* Der Moderator gibt einige Stichworte als Gesprächsimpulse vor, zum Beispiel:
   - Einmachen/Einkochen,
   - Aufbewahren und Wiederverwenden,
   - selbst Herstellen,
   - Haushaltstechnik (Kühlschrank, Geschirrspüler, Mikrowelle, Mixer, Gefriertruhe usw.),
   - neue Medien (Fernseher, Video, Computer),
   - neue Technologien (DVD, Internet, Handy, MP3-Player).

   Die Tn werden gebeten zu *erzählen,* was ihnen zu diesen Themen einfällt, wie es früher in ihrer Familie war (zum Beispiel mit dem Einkochen oder selbst Herstellen), wenn die Tn. älter sind: wie es zur Einführung neuer Hilfsmittel kam (zum Beispiel Küchenmaschinen, Gefriertruhe) und zur Anschaffung zum Beispiel eines Fernsehgerätes oder später eines Videorekorders etc. Dazu können auch Werbesprüche gesammelt werden (eventuell auf einer Wandzeitung notieren).

2. *Runde:* Gruppengespräch zu folgenden Fragen. Der Moderator gibt die Fragen ein und leitet damit das Gespräch:
   - Welche Vorteile hatten/ haben die Neuerungen?
   - Wann kamen bestimmte Sachen auf ?
   - Wie wäre, es, wenn wir auf bestimmte Dinge wieder verzichten müssten?
   - Wie unterscheidet sich unser Leben heute von dem unserer Großeltern?
   - Wodurch werden wir in unseren Kaufentscheidungen und »Bedürfnissen« beeinflusst?

(Zeit: 45 Min.)

Auswertung
Siehe oben.

Material
Eventuell Wandzeitung für das Notieren von Werbesprüchen.

☯☯☯

Unter dieser Kategorie sind auch folgende Übungen verwendbar:
- Die Übungen aus Kapitel 3.2.5 Familien-Kultur und Familiengeschichte.
- Geld ausgeben, S. 101

3.6.2 Religion und politische Orientierungen

Weltanschauungen in der Familie

Ziel
Über Weltanschauungen und Vorurteile, die wir aus unserer Geschichte mitgenommen haben, nachdenken und ihre heutige Wirkung überprüfen.

Durchführung
Die Tn erhalten eine vervielfältigte Liste (DIN-A-4 im Querformat), die neben einer Spalte mit den Satzanfängen (s.u.) noch zwei Spalten enthält, die überschrieben sind mit:
- Welche Person fällt mir dazu ein?
- Was fühle ich, wenn ich diesen Satz höre?

Der Moderator gibt zunächst eine kurze Einleitung in das Thema:

»Im Laufe unserer Lebensgeschichte sind wir durch unsere Eltern, Lehrer und andere Personen mit Weltanschauungen, Orientierungen oder auch Vorurteilen in Berührung gekommen, die uns sagen, wie Dinge »richtig« sind oder was man von etwas zu halten hat. Auch wenn wir vieles davon abgelegt haben, so ist einiges davon noch in uns wirksam – oft ohne dass wir es merken. Diese Übung hat zum Ziel, solchen Glaubenssätzen auf die Spur zu kommen, herauszufinden, wer sie uns vermittelt hat und wo sie heute noch unser Verhalten bestimmen. Du bekommst jetzt eine Liste mit Satzanfängen. Vervollständige diese Sätze spontan und ohne langes Nachdenken. Schreib einfach auf, was dir als erstes einfällt. Es gibt kein falsch oder richtig. Du hast jetzt 5 Minuten Zeit.«

In der zweiten Runde werden die Tn gebeten, sich die Sätze noch einmal in Ruhe durchzulesen und sich zu erinnern, woher sie diesen Ausspruch kennen, welche Person ihnen dazu einfällt, und zu spüren, welche – vielleicht widersprüchlichen – Gefühle sie mit dem Ausspruch verbinden. Die Tn notieren dies in Stichworten in den beiden anderen Spalten.

Satzanfänge:
- Politik ist ...
- Kommunisten sind ...
- Gebildet ist jemand, der...
- Man muss Achtung haben vor Menschen, die ...
- Wer etwas leistet, der ...
- Geld und Besitz sind ...
- Geschiedene Frauen sind ...
- Als guter Christ ...
- Die da oben ...

- Von unseren Steuern wird ...
- Mit Terroristen...
- Das Leben ist ...
- Das Wichtigste im Leben ist ...
- Seinen Eltern gegenüber sollte man ...
- Es hat mir auch nicht geschadet, dass ...
- Jungen sollten ...
- Mädchen sollten ...
- Fremden gegenüber sollte man ...
- Vorgesetzten gegenüber muss man ...
- Frauen sollten darauf achten, dass ...
- Muslime sind vor allem...
- Falls dir noch weitere Aussprüche einfallen, notiere sie.

(Zeit: insgesamt 30 Min.)

Auswertung

In Vierergruppen.
Die Tn wählen jeweils drei Sätze aus und erzählen etwas dazu, wobei sie sich an folgenden Fragen orientieren:

- Erinnere ich mich zu diesen Aussprüchen an bestimmte Situationen?
- Was sagen diese Aussprüche über die Schicht, aus der ich komme?
- Sind bestimmte Aussprüche einer bestimmten Altersgruppe zuzuordnen?
- Von welchen Aussprüchen habe ich mich bewusst abgegrenzt?
- Wo in meinem Leben, wenn ich genau hinsehe, richte ich mich nach diesen Ansichten, vielleicht ohne es zu merken?

(Zeit: pro Person 10 Min.)

Material

Stift und vervielfältigter Katalog mit Satzanfängen.

Hinweis

Glaubenssätze sind sehr tief in unserem System verankert. Es ist wichtig, nicht auf der Oberfläche zu bleiben, sondern genau hinzusehen und zu fühlen. Vorsicht auch vor zu schnellem scheinbar aufgeklärtem Denken, das geheime Ängste, Ablehnungen und negative Gefühle überdecken kann.

☯☯☯

»Migranten sind ...«

Ziel

Fest eingeprägte Vorurteile unserer Herkunftsfamilie und -schicht aufspüren, die wir trotz aller »Aufgeklärtheit« noch im Kopf haben, überlegen, woher sie kommen und wie wirksam sie noch sind.

Durchführung

Der Moderator formuliert eine kurze Einleitung in das Thema:

»Wir alle sind in unserem Leben mit vielen Vorurteilen und Einschätzungen konfrontiert worden, die andere Rassen, Nationalitäten, Minderheiten oder Menschengruppen betreffen. Obwohl wir heute viele als unsinnig erkannt und abgelegt haben, tragen wir sie in einer tieferen Schicht noch in uns. Es geht in dieser Übung darum, diese Urteile aufzustöbern und darüber nachzudenken, wie wirksam sie heute noch sind.
Du bekommst eine Liste mit Satzanfängen. Notiere schnell und ohne langes Nachdenken das, was dir als erstes einfällt: vielleicht sind es auch mehrere Fortführungen. Sei so offen wie du kannst und verurteile dich nicht. Du hast 10 Minuten Zeit.«

Die Zettel (s. Materialien) werden ausgegeben und ausgefüllt.

»Jetzt sieh dir in Ruhe an, was du geschrieben hast. Denke darüber nach, woher du dieses Vorurteil kennst. Hat es jemand gesagt? Dein Vater, deine Mutter, Freunde, andere Personen? Hast du es gelesen oder gehört? Hast du Erfahrungen gemacht, zum Beispiel mit Zigeunern? Notiere dir Stichworte dazu.
(20 Min.)
Geh jetzt deine Liste ein drittes Mal durch. Such dir einige Sätze aus und stell dir vor, du würdest zum Beispiel einen Inder kennen lernen; versuch es dir genau vorzustellen und zu spüren, was in dir vorgeht. Bist du wirklich offen? Oder denkst du: Na ja, wer weiß, vielleicht stimmt es doch? Denk auch an reale Erfahrungen, die du gemacht hast.«
(10 Min.)
(Zeit: insgesamt 40 Min.)

Auswertung

Kleingruppengespräch.

- Wo habe ich bewusst und entschieden Vorurteile abgelegt (im Kopf), mit welchen Resten kämpfe ich?
- Welche Meinungen beruhen auf Ereignissen oder Traditionen in der Herkunftsfamilie ?
- Welche Gefühle habe ich gegenüber Menschen, die bestimmte Vorurteile (noch) haben?
- Gibt es Vorurteile anderer Schichten, Bevölkerungsgruppen, Bekannter etc. gegen *mich?*

(Zeit: pro Person 10 Min.)

Variante

Auf einer Wandzeitung werden zu einigen angegebenen Gruppen (»die Türken«) alle notierten Stichworte gesammelt. Was für ein Bild entsteht? Wie fühle es sich an? Welche Funktion haben solche Bilder?

Material

Vervielfältigte Zettel, auf denen untereinander am linken Rand folgendes steht (die gewählten Begriffe sind nicht bindend, es können einige ausgewählt oder andere – je nach Eigenart der Gruppe – hinzugefügt werden):

Russen sind ...
Neger sind ...
Arbeitslose sind ...
Türken sind ...
Homosexuelle sind ...
Putzfrauen sind ...
Zigeuner sind ...
Juden sind ...
Studenten sind ...
Christen sind ...
Autofahrer sind ...
Beamte sind ...
Frauen sind ...
Obdachlose sind ...
Arbeiter sind ...
Intellektuelle sind ...
Muslime sind ...
Amerikaner sind ...
Arbeitgeber sind ...
Behinderte sind ...
Terroristen sind...
Vegetarier sind...
Umweltschützer sind...
Reiche sind...

Hinweis

Es ist wichtig, die Satzanfänge *sehr schnell* und spontan, ohne Filter zu vervollständigen, um an die Schicht verborgener, aber insgeheim durchaus wirksamer, Einstellungen zu kommen.

Religion und Kirche

Ziel

Darstellen und vergegenwärtigen der eigenen Religiosität und der Entwicklung des Verhältnisses zur Kirche (oder zu Glaubensgemeinschaften) bis heute.

Durchführung

Die Tn setzen oder legen sich bequem hin und schließen die Augen. Kurze Entspannung (s. S. 57).
Der Moderator kann folgenden Text verwenden:

»Das Thema dieser Übung heißt: Meine Geschichte mit meinem Glauben und der Kirche/Glaubensgemeinschaft. Wähle dir als erstes in der Fantasie einen Gegenstand, der für dich ein umfassendes Symbol für Religion und/oder Kirche ist. (20 Sek.)
Nimm jetzt deinen Gegenstand und setze ihn mitten in eine Landschaft. Sieh dich um.
Bewege dich jetzt durch diese Landschaft. Sie ist ein Bild für deine religiöse Erfahrung. Beginne damit, wo du geboren wurdest. War es in der Nähe des Symbols oder ganz weit weg davon? Wie ging es weiter? Denk an Menschen, die für dich wichtig waren, an Situationen, die du erlebt hast. Wie verlief dein Weg? Bist du darauf zugegangen, bist du durch Gestrüpp in eine andere Richtung gegangen, hat dich jemand festgehalten usf., bis heute. Bleib bei deinen Gefühlen. Wo fühltest du dich angezogen, angerührt, wo vereinnahmt oder abgestoßen?
Überprüfe zwischendurch, ob das Symbol noch stimmt. Vielleicht hat es sich in späteren Jahren verändert. Fang an. Wenn du bei heute angelangt bist, komme zurück in den Raum.«
(Gesamtzeit: 15 Min.)

Auswertung

Austausch in Kleingruppen.
Folgende weiterführende Fragen können hilfreich sein:
- Was war wichtig für mich an Religion und Kirche/Glaubensgemeinschaft?
- Welches waren die Wendepunkte in meinem Verhältnis zur Religion?
- Welche Personen waren in diesem Zusammenhang wichtig, gaben mir eine (positive oder negative) Orientierung?
- Wie wurde in meiner Familie mit Religion umgegangen?
- Inwieweit bin ich durch meinen Glauben geprägt?
- Welche Gefühle verbinde ich mit der Vorstellung, in die Kirche zu gehen? Wie ist es mir früher ergangen?
- Warum bin ich (noch) Mitglied einer Kirche? Vertrete ich offen meine Religiosität bzw. meinen Atheismus? In welchen Zusammenhängen mag ich darüber sprechen, in welchen nicht?
- Wie geht es mir mit Esoterik und der neuen Spiritualität?
- Wo stehe ich heute? Wie sieht mein Glauben und meine religiöse Praxis aus?

(Zeit: pro Person 10 Min.)

Material

Gottes-Bild

Ziel
Den eigenen Vorstellungen von Gott/vom Göttlichen von der Kindheit bis heute nachgehen.

Durchführung
Die Tn nehmen sich Stift und Papier, setzen sich bequem hin und schließen die Augen. Der Moderator verwendet folgenden Text als Anleitung:

> *»Ich bitte dich, jetzt folgendes zu tun. Denk an Gott oder das Göttliche. Erinnere dich, wie du dir als Kind Gott vorgestellt hast; denk an Erlebnisse, Fantasien, Probleme, die du im Laufe deines Lebens mit Gott hattest. Notiere in Stichworten, was dir einfällt, egal in welcher zeitlichen Reihenfolge oder Ordnung. Denk einfach nach über das Thema: Wer ist Gott für mich – heute und früher – wie stell(t)e ich ihn mir vor, was bedeute(te) er für mich? Du hast 15 Minuten Zeit.«*

Auswertung
1. Austausch über das Notierte in Paaren. (Zeit: pro Person 10 Min.)
2. Gruppengespräch zu folgenden Themen:
   - Wie kam es, dass mein Gottesbild sich verändert hat?
   - Wie geht es mir heute: Welches Gottesbild habe ich? Ist es dabei wichtig, dass Gott ein Gegenüber ist oder gerade nicht?
   - Welche Vorstellung habe ich von dem, was vor der Geburt und nach dem Tod ist? Wie bin ich zu dieser Vorstellung gekommen?
   - Was denke ich zum Thema › Schuld und Sühne', zum Thema ›Himmel und Hölle'?
   - Was bedeutet mir Jesus? Was Maria? Gibt es Heilige oder andere Wesen, die mir wichtig sind?
   - Habe ich eine Praxis, um mit Gott oder einer höheren Kraft in Kontakt oder Kommunion zu treten und was bedeutet mir das?
   - Was ist für mich Spiritualität, praktiziere ich sie?

(Zeit: insgesamt 75 Min.)

Material
Papier und Stift; möglichst eine Wandzeitung mit den Fragen

☯☯☯

Stell dir vor, du wärest »Gott«…

Ziel
Auseinandersetzung mit ethischen Werten und gesellschaftlichen Utopien.

Durchführung

Der Moderator kann folgenden Text verwenden:

»Diese Übung beschäftigt sich mit Visionen, Utopien und ihrer Realisierbarkeit. Stell dir also vor, du wärest »Gott«, du könntest auf dieser Erde alles nach deinen Vorstellungen verändern und erschaffen (so wie sich viele Menschen Gott vorstellen). Die einzige Konstante ist die Erde selbst, ihre Geografie, ihre klimatischen Bedingungen etc.. Was würdest du ändern:

- *politisch*
- *wirtschaftlich (s.a. Ressourcen)*
- *im Zusammenleben (Menschen, Tiere, Natur)*
- *am Menschen selbst (z.B. Körper)?*

Schreibe deine Ideen auf. (Zeit: 20 Min.)

Jetzt stell dir vor, wie diese von dir geschaffene Welt existiert. Was ist das für eine Welt? Welche Erfahrungen kann man in ihr machen? Lass 100 Jahre vergehen. Wie sieht deine neue Welt jetzt aus? Was ist geschehen, was geschieht, welches sind die beeinflussenden Faktoren? Mach dir Notizen dazu.«(10 Min.)
(Zeit: insgesamt 30 Min.)

Auswertung

Gruppengespräch.

- Welche Werte waren mir bei der Umgestaltung am wichtigsten (Gerechtigkeit, Gleichheit, Hierarchien…)
- Woran scheitern solche Utopien hier und jetzt?
- Wo in meinem Leben verwirkliche ich Teile von diesen Ideen, wo könnte ich mehr tun?
- Wie lebe ich mit der Ungerechtigkeit in der Welt?
- Wenn ich Gott wäre, warum hätte ich die Welt so eingerichtet, wie sie jetzt ist?

(Zeit: 45 Min.)

Material

Stift und Papier.

3.6.3 Politisch-historische Ereignisse

Politische Sozialisation

Ziel

Klärung der Frage, wodurch sich politischer Einstellungen im Laufe des Lebens verändert haben.

Durchführung

Die Tn machen sich Notizen zu der Frage: »Was hat meine politischen Auffassungen beeinflusst und verändert?«
Der Moderator kann einige Hinweise geben, woran gedacht werden sollte:

- Einstellungen der Eltern, Verwandten
- Erfahrungen mit politischen Ereignissen, die ich noch erinnere
- Einfluss von Filmen, Fernsehen, Schule, politischen Gruppen
- Einfluss von Gleichaltrigen, Freunden, Tageszeitungen usf.

Jede Tn hat die Freiheit, seinen Text nach eigenen Gesichtspunkten zu gestalten.
(Zeit: 30 Min.)

Auswertung

In Kleingruppen zu vier Tn wird zunächst ein Bericht vorgelesen. Die anderen äußern spontan ihre Eindrücke, ihre Wahrnehmungen und Vermutungen oder Fragen. Erst dann äußert sich der Autor des Textes.

- Welche Einflüsse waren für mich grundlegend?
- Welche politischen Ereignisse oder Erfahrungen hatten »Langzeitwirkung« ?
- Haben sich politischer Veränderungen auf unser persönliches Leben ausgewirkt?
- Welche Bedeutung hat meine soziale Herkunft für meine politischen Einstellungen, mein Verhalten?
- Wie wichtig ist es für mich, politisch aktiv zu sein? Oder: Warum bin ich es nicht?
- Habe ich das Gefühl, politisch etwas bewegen zu können?

(Zeit: pro Person 10 Min.)

Material

Papier und Stift.

☯☯☯

Zeitgeschehen

Ziel

Herausfinden, welche Wirkung zeitgeschichtliche Ereignisse auf das eigene Bewusstsein hatten.

Durchführung

Jeder Tn zeichnet auf einem querliegenden Blatt (DIN A4) eine Zeitleiste mit Jahreszahlen, vom Beginn der Schulzeit bis heute. In der oberen Hälfte des Blattes werden alle wichtigen zeitgeschichtlichen Ereignisse notiert, an die sich der Tn noch erinnert (z.B. Mauerbau, Mauerfall, erste Mondlandung, Erdbeben oder Flut-Katastrophen usw.) In der unteren Hälfte wird festgehalten, welche Auswirkungen dieses Ereignis hatte, welchen Einfluss es auf das eigene Bewusstsein hatte.
(Zeit: 25 Min.)

Auswertung

a) In einer Gruppe mit *annähernd gleichem Lebensalter:* Auf einer quer gelegten Tapetenrolle werden die wichtigsten Ereignisse (ebenfalls auf einer Zeitleiste) eingetragen. Danach wird über die Auswirkungen der einzelnen Begebenheiten auf die Einstellungen der Tn diskutiert.
b) In einer sehr *stark altersunterschiedlichen Gruppe* werden die Tn gebeten, Kleingruppen nach ähnlichem Lebensalter zu bilden, um Erfahrung vergleichen zu können. Nach der Diskussion in den Kleingruppen berichten dann – dies ist wichtig für den Aspekt *unterschiedlicher* Lebenserfahrungen – die einzelnen Gruppen in Plenum.

(Zeit: 45 Min.)

Material

Papier, Schreibzeug, Tapetenrolle, Filzstifte, eventuell Klebeband.

☯☯☯

»Jungwähler«

Ziel

Klärung der Bedeutung von Familie, Ereignissen, Gruppen, wichtigen Personen und Zeitströmungen für die politische Einstellung am Beispiel der ersten Wahlentscheidung.

Durchführung

Die Tn legen Stift und Papier bereit, werden gebeten, eine bequeme Haltung im Sitzen einzunehmen und die Augen zu schließen. Der Moderator kann folgende Anleitung verwenden:

»Nimm dir Zeit, geh in Gedanken zurück und versuche dich an die erste politische Wahl zu erinnern, an der du teilgenommen hast. Lass noch einmal die Zeit, die Ereignisse damals vor dir entstehen, denke noch mal an deine damaligen Lebensumstände ... Stell dir vor, du stehst wie damals in der Kabine und hast den Stimmzettel vor dir liegen. Nimm dir Zeit und sieh noch einmal genau hin. Zwischen welchen Parteien kannst du wählen? Was hast du für ein Gefühl?
Schwankst du noch, welcher Partei du deine Stimmen geben sollst oder weißt du genau, was du willst? Nun mache dein Kreuz. Welcher Partei gibst du deine Stimme?
Nun geh noch einmal weiter zurück in die Zeit vor der Wahl und versuche, dich zu erinnern, welche Personen, welche Ereignisse deine Entscheidung beeinflusst haben. (3 Min.)
Öffne die Augen und halte deine Erinnerungen in Stichworten fest.«

Der Moderator stellt nun in kurzem Abstand weitere Hilfsfragen, zu denen die Tn sich stichwortartige Notizen machen.

- Welche politische Einstellung herrschte in deiner Familie vor? Welche Partei wählten deine Eltern? Waren sie politisch aktiv?
- Gab es besondere Sprüche über Politik oder Parteien?
- Wann oder wodurch bist du das erste Mal auf Politik aufmerksam geworden?
- Welche Rolle hat die Schule in diesem Zusammenhang gespielt?
- Waren Freunde oder Leute aus deiner Clique politisch interessiert oder engagiert – wie hat dich das beeinflusst?
- Gab es andere Leute, die für dich ein Vorbild waren, die deine politische Meinung beeinflusst haben?
- Welche Zeitströmungen waren für dich in diesem Zusammenhang wichtig?
- Wenn du die Zeitspanne zwischen der ersten Wahl und heute betrachtest, welche Veränderungen hast du in deiner politischen Einstellung durchgemacht? Wodurch hat sich deine Einstellung jeweils geändert? Gab es Personen, Ereignisse, die in diesem Zusammenhang wichtig für dich waren?

(Zeit: 20 Min.)

Auswertung

Austausch in Kleingruppen. Die Tn stellen ihre Antworten vor.

- Gibt es bei Leuten der gleichen Altersgruppe ähnliche Entwicklungen?
- Welche Personen oder Faktoren hatten den größten Einfluss auf die erste Wahlentscheidung?
- Woran liegt es, dass jemand aktiv oder nicht aktiv wurde und heute ist bzw. nicht ist?
- Gibt es geschlechtsspezifisch unterschiedliche Wege der Politisierung?
- Was bedeuten Wahlen heute für die Tn?

(Zeit: pro Person 10 Min.)

Material

Papier und Stift.

☯☯☯

Krieg

Ziel

Sich die Entstehung eigener Einstellungen zum Thema »Krieg« bewusst machen.

Durchführung

Die Tn legen Papier und Stift bereit. Der Moderator kann folgende Anleitung verwenden:

»Wir wollen uns über unsere Einstellung zum Thema ›Krieg‹ klarer werden und der Frage nachgehen, welche Erfahrungen im Laufe unserer Lebensgeschichte die Entwicklung unserer Einstellung beeinflusst haben.
Ich habe hier drei Kriegsspielzeuge mitgebracht (einen Panzer, ein Flugzeug, ein Atom-U-Boot o. ä.) und möchte euch bitten, dass ihr euch Zeit nehmt, sie genau betrachtet und euch offen macht für Gefühle, Bilder, Erinnerungen, Gedanken, die euch zum Thema ›Krieg‹ einfallen. Nehmt Papier und Stift und versucht, diese Bilder, Einfälle, Aussprüche, Wortfetzen, also alles, was euch zu dem Thema durch den Kopf geht, aufzuschreiben. Versucht, es nicht zu werten, sondern einfach das zu schreiben, was euch spontan in den Sinn kommt. Ihr habt dafür 5 Minuten Zeit.

Ich bitte dich nun, in Stichworten die Fragen zu beantworten, die ich vorlese (eventuell Fragen auch abziehen oder Wandzeitung):
- *Hast du mit Kriegsspielzeug gespielt bzw. habt ihr als Kinder Kriegsspiele (oder kriegähnliche Spiele) gespielt?*
- *Wie bist du das erste Mal mit dem Thema ›Krieg‹ in Berührung gekommen?*
- *Wann und in welcher Weise wurde in deiner Familie über Krieg gesprochen? (Gibt es zum Beispiel bestimmte Feindbilder usw.?)*
- *Welche Auswirkungen hat der Krieg auf deine Familie gehabt?*
- *Gibt es bei euch bestimmte Familientraditionen, die aus den Kriegserfahrungen deiner Eltern/Großeltern usw. stammen? (Zum Beispiel die Einstellung, dass Besitz etwas Vergängliches sei, oder sich eine neue Heimat schaffen zu müssen.) Lassen sich daraus bestimmte ›Familienaufträge‹ ableiten?*
- *Wie wurde das Thema ›Krieg‹ in der Schule behandelt?*
- *Hast du Kriegsfilme gesehen? Was hat dich dabei in deiner Einstellung beeinflusst?*
- *Welche Erfahrungen hast du mit/in der Bundeswehr gemacht? Was denkst du über Bundeswehreinsätzen in Kriegsgebieten?*
- *Wie geht es dir, wenn du an die Kriege in der Welt heute denkst?*
- *Was meinst du zu Computer- Kriegs-Spielen?*
- *Wie denkst du über den Satz: »Wenn du den Frieden willst, bereite den Krieg vor!«?*

(Zeit: 20 Min.)

Auswertung

1. Austausch in Kleingruppen zu dem Geschriebenen.
2. Gruppengespräch zu folgenden Fragen:
   - Gibt es in den verschiedenen Generationen unterschiedliche Einstellungen zum Krieg? Gibt es geschlechtsspezifische Unterschiede?
   - Wenn ich an meine Zukunft denke, spielt das Thema Krieg dabei eine Rolle?

(Zeit: insgesamt 60 Min.)

Variante

Aus der Übung zwei Übungen machen. In der ersten werden nur die Assoziationen zu den Kriegsspielzeugen und zum Thema Krieg in der Gruppe besprochen. Ein Tn beginnt und liest seine Assoziationen vor, die anderen hören ruhig zu und teilen anschließend mit, was sie fühlen und wahrnehmen. Der Schreiber schildert die Bilder und Erfahrungen, die er mit dem Text verbindet. In einer zweiten Übung wird dann der Fragenkatalog bearbeitet.

Material

Stift und Papier. Drei Kriegsspielzeuge; möglich wären auch Fotos aus aktuellen Krisengebieten.

☯☯☯

Nationalsozialismus in Deutschland

Ziel

Sich über die Entstehung des eigenen Bildes vom Nationalsozialismus in Deutschland klar werden. Nach dessen direkten und indirekten Auswirkungen auf die eigene Lebensgeschichte fragen.

Durchführung

Die Teilnehmer nehmen sich Stifte und Papier (mindestens DIN A4, besser noch ein größeres Format) und zeichnen einen Kreis. In diesen Kreis schreiben sie spontan und ohne lange zu überlegen die ersten zehn Begriffe, die ihnen zum Thema »Nationalsozialismus in Deutschland« einfallen. Wer mag, kann zusätzlich mit gestalterischen Elementen experimentieren, um sein Bild vom Nationalsozialismus darzustellen. (Zeit: 5 Min.)

In einem zweiten Schritt gehen die Tn der Frage nach:

- Wie ist mein Bild vom Nationalsozialismus zustande gekommen; welche Einflüsse und Personen haben meine Einstellung geprägt (Denke an Stichwörter wie: Filme, Schulunterricht, Schallplatten/CDs, Bücher, Personen, eigene Erfahrungen mit Nationalsozialismus, Übergriffe rechtsradikaler Gruppen heute)

Sie notieren die Stichwörter um den Kreis herum und markieren mit unterschiedlich dicken Pfeilen in den Kreis hinein deren Bedeutung. (Zeit: 10 Min.)
(Zeit: insgesamt 15 Min.)

Auswertung

Gruppengespräch zu folgenden Fragen:

- Welche Erfahrungen haben meine Familienmitglieder (zum Beispiel Eltern, Großeltern) mit dem Nationalsozialismus gemacht? Wie wurde darüber gesprochen, wie ging es mir damit?

- Lassen sich aus den Erfahrungen meiner Eltern oder Großeltern mit dem Nationalsozialismus Konsequenzen für meine eigene Erziehung ableiten (zum Beispiel bestimmter Erziehungsstil, bestimmte Verhaltensformen, »Familienaufträge«)?
- Welche Konsequenzen hat das für meine Vorstellungen von Erziehung?
- Wenn ich an das Thema »Widerstand« denke – was würde ich riskieren?

Anschließend liest jeder reihum langsam seine Begriffe vor.
Die anderen folgen ihren eigenen Gefühlen. Dann folgt eine kurze Gesprächsrunde zu der Frage »Wie geht es mir jetzt?«
(Zeit: 45 Min.)

Material

Farbstifte und Papier (mindestens DIN A4, besser größeres Format).

Globalisierung

Ziel

Sich klar werden über eigene Erfahrungen mit Globalisierung und ihren Einfluss auf unser heutiges Leben.

Durchführung

Der Moderator verteilt an die Tn Arbeitsblätter mit einer Weltkarte und farbige Stifte.
Die Tn werden gebeten, jeweils mit einer Farbe alle Länder und Regionen der Weltkarte anzumalen,

- zu denen sie positive Gefühle haben, mit denen sie sich innerlich im Kontakt fühlen
- zu denen sie keinen Kontakt oder unbehagliche Gefühle empfinden
- zu denen sie sich neutral fühlen.

(Zeit 10 Min.)

Der Moderator verteilt den Fragenkatalog und jeder macht sich Notizen zu folgenden Fragen:

- Was fällt mir auf an meiner Karte?
- Sind die Gegenden, die ich als positiv empfinde auch die, die ich persönlich schon einmal besucht habe?
- Worauf beruht mein Unbehagen mit anderen Regionen? Politische Verhältnisse? Krieg? Vorurteile? Unkenntnis?
- Wenn ich mir die Produkte vergegenwärtige, die ich kaufe, woher kommen sie? Wo werden sie hergestellt?
- Welches sind für mich persönlich die positiven Aspekte von Globalisierung? Wo in meinem Alltag merke ich eine Veränderung und seit wann?

- Welches sind für mich persönlich spürbar negative Auswirkungen der Globalisierung?
- Was sind politisch und weltweit die Herausforderungen der nächsten Jahre und Jahrzehnte?

(Zeit: 10 Min.)
(Zeit: insgesamt 20 Min.)

Auswertung
Austausch in Dreiergruppen (oder bei einer kleinen Gruppe im Plenum). Ein Tn legt seine Karte in die Mitte und fasst seine Ergebnisse kurz zusammen.
(Zeit: pro Person 10 Min.)

Weiterführung
Die Karten werden für alle sichtbar aufgehängt, betrachte, verglichen und diskutiert.

Material
Vervielfältigte Weltkarten für jeden Tn (am besten DIN A3), farbige Stifte. Stift und Papier, Klebeband.

Hinweis
Diese Übung soll vor allem die persönlichen Erfahrungen thematisieren und nicht in erster Linie zu einer allgemeinen politischen Diskussion führen.

☯☯☯

Der Mauerfall am 9. November 1989

Ziel
Erkunden, wie und wo wir dieses wichtige deutsche Ereignis erlebt haben und wie es unser Leben verändert hat.

Durchführung
Der Moderator gibt eine kurze Einführung in das Thema und einen Überblick über die Übung.

1. *Schritt*: Die Tn nehmen sich Stift und Papier und gehen still folgenden Fragen nach (Flipchart):
   - Welche Bilder, Zeitungsschlagzeilen, Nachrichtenformulierungen habe ich in Erinnerung?
   - Wie habe ich von der Öffnung der Grenze und dem Fall der Mauer erfahren?
   - Wie habe ich es erlebt und was hat es für mich damals bedeutet?
   - Gab es Angst oder Befürchtungen? Erwartungen?
   - Wo war ich am 9. November 1989?

   (Zeit: 10 Min.)

Paaraustausch (Zeit pro Person 5 Min.)

2. Schritt: Die Tn gehen schriftlich den folgenden Fragen weiter nach (Flipchart):

- Was bedeutet der Mauerfall für mich heute?
- Hat sich mein Leben seitdem verändert? Wie?
- Ist für mich ›zusammengewachsen‹ was ›zusammengehört‹?

(Zeit 10 Min.)

(Zeit: insgesamt 30 Min.)

Auswertung

Gruppengespräch. (Zeit: 45 Min.)

Material

Fragen auf Wandzeitung oder Flipchart

Variante

Es kann sinnvoll sein, vorher oder hinterher einen weiteren Schritt einzufügen zum Thema: Wie habe ich die DDR vor dem Mauerfall kennen gelernt.

- Was habe ich über die DDR gewusst, welches Bild wurde mir vermittelt?
- Wie war meine Familie mit der DDR verbunden?
- Welche Ansichten und Gefühle verband ich mit ›da drüben'?
- Welche Erfahrungen habe ich ganz konkret mit der DDR und ihren Menschen gemacht?

Vertiefung

Am Beispiel Deutschland können wir im Großen sehen, was wir selbst in uns tun: wir spalten Teile von uns ab und wollen nichts mit ihnen zu tun haben. Indem wir es riskieren, die selbst errichtete Mauer in uns einzureißen, können wir diese Teile wieder integrieren und ganz werden.

- Wo in meinem Leben oder in mir gibt es Teile, die ich zum ›inneren Ausland‹ (Freud) erklärt habe?
- Gibt es Teile meines Körpers, in denen ich nicht zu Hause bin?
- Gibt es Teile meiner Vergangenheit, die ich lieber vergessen möchte, Menschen, Erlebnisse, Orte oder auch Gefühle (Wut, Schmerz Trauer, Scham)?

Die Tn schließen die Augen und fühlen, so gut wie im Moment möglich, in diese fremden Gebiete in sich hinein, versuchen Kontakt zu finden und zu spüren, wie es wäre, wenn dieser Teil zu ihnen gehören dürfte. Was würde das bedeuten, was würde passieren? (Zeit: 15 Min.)

»Das kam eben in den Nachrichten« – zeitgeschichtliche Wendepunkte

Ziel
An einem Beispiel klären, welchen Einfluss politisches Geschehen auf das persönliche (Er-) Leben hat

Durchführung
Der Moderator wählt im Vorfeld ein politische bedeutsames Ereignis aus (Beispiele s.u.). Die Tn nehmen sich Stift und Papier und schreiben eine Nachrichtenmeldung über dieses Ereignis, so wie sie z.B. in der Tagesschau zu dem Ereignis verlesen werden könnte. Jeder schreibt seine Meldung mit den Fakten, die er erinnert, es sollte sich nicht darüber ausgetauscht werden, › wie es denn wirklich war'. Wer es sich zutraut, kann auch noch einen politischen Kommentar verfassen. (Zeit: 15 Min.)

Auswertung
In der Großgruppe liest jeder seine Meldung vor und auf einem Flipchart werden die Fakten zu dem Ereignis gesammelt. Anschließend Gespräch zu folgenden Fragen
- Was hat diese Ereignis für mich damals bedeutet? Wie habe ich es erlebt?
- Wo war ich, als es geschah, in welcher Lebenssituation?
- Gab es Ängste oder Befürchtungen, was jetzt geschehen würde?
- Wie habe ich damals die Lage eingeschätzt und wie sehe ich das heute?
- Was hat dieses Ereignis in meinem Leben verändert?

(Zeit: 30 Min.)

Beispiele für Ereignisse, die als Thema infrage kommen:
- Twin Towers 9/11
- Einmarsch in Prag 1968
- Irak Krieg
- Mondlandung
- Tschernobyl
- Discovery-Unglück
- Attentat auf den Papst
- BSE-Skandal
- Mauerfall (s. hierzu Übung auf Seite 182)

Material
Fragen auf Wandzeitung oder Flipchart, Papier und Stift

3.7 Selbstbild

3.7.1 Als Kind

Ich hatte soviel Angst,
ihren Anforderungen nicht zu genügen,
dass ich nichts anderes tun konnte, als den Maßnahmen zuzustimmen,
die sie über mich verhängten, und sie hielten das für Freundlichkeit.
Ich stimmte aber nicht wirklich zu, sondern nur unter dem Vorbehalt meiner Schwäche.
Der ihre Anweisungen befolgte, der war nicht ich,
der war ein von mir vorübergehend Beauftragter.
H. Kipphardt: März, Reinbek 1976, S. 18

Als Kind – ein Tier

Ziel
Klären des Bildes, das ich als Kind von mir selbst hatte, mit Hilfe einer Tierfantasie

Durchführung
Die Tn setzen oder legen sich bequem hin, entspannen sich und schließen die Augen (s. S. 57). Der Moderator kann folgenden Text verwenden:

»Stell dir vor, du bist in einem dunklen Raum und denkst an dich als Kind . An der Wand vor dir ist eine Leinwand. Langsam wird die Leinwand heller, und es erscheint zunächst schemenhaft ein Tier darauf, das dich als Kind darstellt. Lass das Bild langsam deutlicher werden, egal, welches Tier dort erscheint. Es wird jetzt immer klarer. Betrachte es, fühle es an. Welche Haltung nimmt es ein, was tut es? Was hat es für ein Lebensgefühl? (2 Min.)
Versuche nun, selbst dieses Tier zu werden, in es hineinzuschlüpfen. Fühle, wie es dir als dieses Tier geht. Sprich still ein paar Sätze in der Ich-Form: ›Ich bin..., ich habe..., um mich sehe ich...‹
Welche Körperhaltung hast du? Wie reagierst du, wenn Menschen kommen? Tu nun eine Weile etwas als Tier. (2 Min.)
Tritt jetzt wieder heraus aus dem Tier, steh ihm gegenüber und sage ihm Auf Wiedersehen.
Komm nun langsam in diesen Raum zurück und öffne die Augen.
Bleib noch einige Augenblicke bei dem, was du erlebst hast.«
(Zeit: max. 10 Min.)

Auswertung
Möglichst in Kleingruppen.
- Wie habe ich mich als Tier-Kind gefühlt?
- Wie war meine Grundeinstellung zum Leben?

- Wie waren meine Beziehungen zu anderen?
- Was habe ich mir gewünscht?
- War geht es mir mit diesem Tier? Ist es vertraut, angenehm oder furchterregend, fremd?
- Kann ich in dem Tier einen Teil von mir als Kind (wieder)entdecken?

Die Gruppe achtet darauf, welche Charakteristika eines Tieres betont werden, welche weggelassen werden.
- Was bedeuten die weggelassenen Eigenschaften für den Tn?
- Eventuell auch: Passt das Tier heute noch zu mir? Wie sehe ich mich heute als Tier?

(Zeit: pro Person 10 Min.)

Material

☯☯☯

Mein liebstes Märchen

Ziel

Anhand einer »Geschichte« aus der Kindheit etwas über sich selbst erfahren.

Durchführung

Die Tn haben Stift und Papier vor sich. Der Moderator bittet die Tn, sich an ein Märchen oder eine Geschichte zu erinnern, die für sie als Kind eine herausragende Bedeutung hatten. Wenn einige Tn sich daran nicht erinnern können, nehmen sie das Märchen, das ihnen heute als erstes einfällt.
Als nächstes wählt jeder Tn die Figur aus dem Märchen/der Geschichte aus, zu der er sich besonders hingezogen fühlt.

Die erste Aufgabe ist jetzt, das Märchen aus der Sicht der gewählten Person in der Ich-Form zu schreiben. Es kommt nicht auf Richtigkeit an, sondern auf die Version der Geschichte, die das Gedächtnis wiedergibt. (max. 30 Min.)
Als zweite Aufgabe werden – wieder schriftlich – folgende Fragen beantwortet:
- Was ist oder war mir an dieser Person und an dem, was sie erlebt wichtig?
- Welche Eigenschaften hat die Person?
- Gibt es einen Gegenspieler zu meiner Person?
- Welche Eigenschaften hat er oder sie? (Ca. 15 Min.)

(Gesamtzeit: max. 45 Minuten)

Auswertung

In Kleingruppen. Ein Tn beginnt und liest sein Ich-Märchen vor.
- Welche Rolle spielt die gewählte Person in dem Märchen?
- Wie empfinde ich mich selbst, wenn ich mich in meiner Kindheit betrachte? Gibt es einen Zusammenhang mit der Person im Märchen?

- Um welche Konflikte geht es in dem Märchen, das ich gewählt habe?
- Welche von den notierten Eigenschaften (positiven und negativen) habe ich, hätte ich gerne, durfte ich haben, sollte ich nicht haben, hätte ich nicht gerne?

(Zeit: pro Person 15 Min.)

Weiterführung:

1. Rollenspiel. Eine wichtige Szene aus dem Märchen wird gespielt und anschließend besprochen.
2. Alle, die dieselbe Figur (zum Beispiel Dornröschen) gewählt haben, setzen sich nochmals zusammen und vergleichen ihre Darstellungen.

Material

Papier und Stift, möglichst vervielfältigter Fragenkatalog, eventuell Märchenbücher.

Idole und Vorbilder

Ziel

Sich klarer werden über Idole, Leitfiguren, Vorbilder in der Kindheit und Jugend und deren Wandlungen.

Durchführung

Jede Tn denkt einige Minuten über seinen Lebensverlauf nach und beantwortet dann folgende Fragen für sich selbst (eventuell auf einer Wandzeitung notieren):
Welches waren meine *Idole (Vorbilder)*

- als ich 7 bis 12 Jahre alt war,
- als ich 13 bis 15 Jahre alt war,
- als ich 15 bis 18 Jahre alt war,
- als ich 20 bis 25 Jahre alt war,
- heute?

Welche *Eigenschaften* hatten diese Idole, was zog mich an?
(Zeit: 15 Min.)

Auswertung

In Gruppen zu vier Tn wird jede Frage der Reihe nach besprochen, wobei jeder seine Antworten mitteilt und erläutert. Das Gespräch soll auch den Wandel von Vorbildern und Identifikationsfiguren einschließen, ebenso wie eine Diskussion gegenwärtig wichtiger Personen, an denen sich jeder – auch insgeheim – orientiert.

- Was drückt das »Schwärmen für ...« aus, was sagt es über die eigene Person? (Zum Beispiel Sehnsüchte, Defizite, Orientierungswünsche)

- Welchen Einfluss haben oder hatten diese Vorbilder auf meine Lebensgeschichte? (Zum Beispiel Berufswahl, »Lebensstil«, Idealvorstellungen davon, wie ich sein wollte etc.)

(Zeit: 30 Minuten)

Material

Papier und Stift

Das widerspenstige Kind

Ziel

Erkunden, wie wir nicht sein durften und auf welche Weise wir doch rebellisch waren.

Durchführung

Die Tn legen Papier und Stift vor sich hin und schließen die Augen.
Sie werden gebeten, sich zurückzuversetzen in ihr Kindsein und sich intensiv einzufühlen. Dann vervollständigt jeder spontan in Form einer Liste den Satz »Du darfst nicht. . .« (3 Min.)
Anschließend denkt jeder für sich über die Frage nach: »Was für ein Kind sollte ich sein?« (3 Min.)
Entweder schriftlich oder nur in der Fantasie erinnert sich jeder jetzt an Situationen, in denen er offen oder heimlich das »Verbotene« getan hat, an Situationen, in denen er rebellisch war.

- Wie war das?
- Was geschah?
- Was taten meine Eltern, Erzieher, Lehrer o. ä.?

(3 Min.)
(Zeit: ca. 10 Min.)

Auswertung

Ein Gruppengespräch zu folgenden Fragen:

- Wie sehe ich meine Rebellion von heute aus?
- Welche der alten Werte gelten noch für mich?
- Wie geht es mir heute damit, »Verbotenes« zu tun (zum Beispiel: andere kritisieren, frech sein, die Unwahrheit sagen, gegen Normen verstoßen)?
- Wie ist es heute? Wann, wo und wie bin ich rebellisch, aufsässig, widerständig?
- Wie weit würde ich gehen im Kampf für meine Wahrheit oder im Kampf gegen Ungerechtigkeit?

(Zeit: 60 Minuten und mehr)

Material
Papier und Stift.

Ein kleines Mädchen, ein kleiner Junge

Ziel
Der eigenen Rolle als Junge oder Mädchen nachgehen, vor allem den Anforderungen, die hierzu von den Eltern vermittelt wurden.

Durchführung
Die Tn setzen sich bequem hin und legen Stift und Papier bereit. Nach einer kurzen Entspannung (s. S. 57) gibt der Moderator folgende Anleitung:

»Ich bitte dich jetzt, einige Szenen zu fantasieren. Es kommt nicht darauf an, ob sie wirklich so stattgefunden haben. Versuche einfach sie dir vorzustellen. Wenn dir wirkliche Begebenheiten einfallen, kannst du ihnen folgen.
Stell dir dich als Kind vor. Du gehst mit einem Elternteil auf der Straße. Wie alt bist du? Ihr geht gemeinsam in ein Geschäft und kauft dir Kleidung. Lass Situationen vor dir ablaufen, wie ihr sucht, wie du anprobierst, wie es dir dabei geht, was du haben möchtest usf.
(1 Min.)
So, ihr geht jetzt weiter zum Friseur (wenn du nicht beim Friseur warst, denk daran, dass dir die Haare geschnitten werden sollen). Fühl genau in dich hinein. Wie geht es dir? Was möchtest du? Was geschieht mit dir? Wie findest du dich hinterher? (1 Min.)
Ihr geht weiter und kauft Spielzeug für dich ein. Achte wieder darauf, wer entscheidet, was du möchtest, was du bekommst. (1 Min.)
Ihr geht jetzt in ein Lokal zum Essen. Lass die Situation vor dir ablaufen. Was darfst du, was nicht? Wie geht es dir? (1 Min.)
Ihr geht weiter und trefft auf der Straße ein entfernt bekanntes Ehepaar, mit dem dein Elternteil einige Worte wechselt. Bleib bei dir. (1 Min.)
Ihr geht nach Hause. Dort wartet dein Vater oder deine Mutter. Lass diese Situation vor dir ablaufen. Wie geht er oder sie auf dich zu? Wie fühlst du dich? Was sagen oder tun sie? (1 Min.)
Nimm dir jetzt Zeit und notiere alles, was dir wichtig ist. Denke über die Frage nach, was dir von deinen Eltern über deine Rolle als Mädchen, als Junge vermittelt wurde. Frage dich nicht, ob diese Situationen wirklich so abgelaufen sind, nimm sie als Hinweis für das, was vielleicht nicht offen, sondern unausgesprochen vermittelt wurde.
Wie hast du dich selbst gefühlt: Als Mädchen? Als Junge? Als »Mischform«? Ungeschlechtlich?
Wie wurde mit deinen Wünschen und Bedürfnissen umgegangen?«
(Zeit: 15 Min.)

Auswertung

In Kleingruppen. Folgende Fragen können hilfreich sein:

- Wie bin ich als Kind gewesen: War ich gerne oder ungern ein Kind bzw. ein Junge, ein Mädchen?
- Wo habe ich mich angepasst, wo habe ich rebelliert?
- Welche Vor- und Nachteile hatte es, ein Mädchen/ein Junge zu sein?
- Habe ich mir manchmal gewünscht, zum anderen Geschlecht zu gehören?
- Wurden in unserer Familie (sofern Jungen und Mädchen vorhanden waren) Unterschiede in der Erziehung gemacht?

- Wie wollte ich als Frau werden? Wie meine Mutter? Als Mann wie mein Vater? Wie sonst?
- Möchte ich lieber eine Tochter oder einen Sohn? Warum?

(Zeit: pro Person 10 Min.)

Material

Papier und Stift.

Dem Teddy das Herz ausschütten

Ziel

Kindlichen Wünschen nach Liebe und Zuwendung nachgehen und Fantasien nachspüren, unter welchen Bedingungen Liebe und Zuwendung gegeben wurden.

Durchführung

Jeder Tn nimmt sich seinen mitgebrachten Teddy/Schmusetier oder ein Kissen als Symbol (s. Material), setzt es sich gegenüber oder nimmt es in den Arm. Der Moderator kann folgenden Text verwenden:

»Setz dich bequem hin, atme gleichmäßig und spüre deinen Teddy. Stell dir vor, du bist klein und sitzt abends in deinem Bett zusammen mit deinem liebsten Teddy. Lass dir einen Moment Zeit, dich in die Situation hineinzuversetzen. (30 Sek.)
Ich werde dir einige Satzanfänge vorlesen, vervollständige sie in Gedanken. Achte auf deinen Körper, deine Gefühle und Fantasien. Ich sage jetzt die Sätze:

- *Ich habe mir heute von Mama gewünscht ... (je 10 Sek.)*
- *Sie hat wieder nicht...*
- *Wenn sie gemerkt hätte, was mit mir los ist...*
- *Wenn Papa mich richtig verstanden hätte, dann...*
- *Warum haben sie nicht...*
- *Wenn sie mich richtig lieb hätten ...*
- *Aber meine Mama ist die beste, weil sie ...*
- *Ich habe Papa immer dann besonders lieb, wenn er...*

Beginne jetzt ein Gespräch mit deinem Teddy. Was antwortet dir der Teddy? (3 Min.)
Beende das Gespräch; verabschiede dich von deinem Teddy und lass dir einen Moment Zeit, das Erlebte nachklingen zu lassen.« (1 Min.)
(Zeit: 10 Min.)

Auswertung

Nach Möglichkeit in Kleingruppen zu dritt.

- Was habe ich mir gewünscht?
- Warum habe ich es nicht bekommen?

- Woran lag das – wie habe ich es mir als Kind erklärt?
- Was wünsche ich mir heute am meisten von anderen?
- Bekomme ich es? Oder woran liegt es, dass es nicht so ist?
- Kann ich dasselbe anderen geben?

(Zeit: pro Person 15 Min.)

Material

Für jeden Tn ein Kissen oder mitgebrachte Teddys oder Schmusetiere, Zettel und Stift.

Unter dieser Kategorie sind auch folgende Übungen verwendbar:

Die Übungen der Kategorien 3.2.4 und 3.3

3.7.2 Als Erwachsener – ich und mein Leben

Doch aus der Sicht unseres eigenen Inneren (…)
sind wir nicht auf unsere Gegenwart beschränkt,
sondern weit in die Vergangenheit ausgebreitet.
Das kommt durch unsere Gefühle, namentlich die tiefen,
also diejenigen, die darüber bestimmen, wer wir sind und wie es ist, wir zu sein.
Denn diese Gefühle kennen keine Zeit…
Pascal Mercier, Nachtzug nach Lissabon,
München/Wien 2004, 284.

Wer bin ich?

Ziel

Sich selbst und die Gruppe kennen lernen; nachdenken über persönliche Eigenarten und ihre Bedeutung in der Herkunftsfamilie.

Durchführung

Jeder Tn fertigt sich neun Zettel an, fragt sich ebenso viele Male »Wer bin ich«? und schreibt auf jeden Zettel eine der ihm spontan einfallenden Antworten. Anschließend bringt jeder die Zettel in eine Rangfolge unter der Fragestellung: Welches sind die zentralen Bestandteile meiner Person, welches sind die nächstfolgenden usw. und legt die Zettel in dieser Reihenfolge vor sich hin.
(Zeit: 20 Min.)

Die Tn nehmen jetzt jeden Zettel einzeln, lesen ihn in Ruhe und denken über folgende Fragen nach, die vervielfältigt verteilt werden:

- Wie oder was wäre ich, wenn das Geschriebene in meinem Leben nicht vorkäme?

- Wenn ich an meine Familie denke, wie ist mit dieser Eigenart umgegangen worden, woher habe ich sie eventuell?
- War es etwas Gutes, so zu sein? Oder wurde ich abgelehnt, fallen mir Sprüche dazu ein? (»An dir ist ein Junge verloren gegangen!«)
- Welche Eigenarten sind »Fassade«, welche gehören zu meinem »Kern« ?
- Was bekomme ich, hole ich mir, wenn ich so bin, was bekomme ich nicht?
- Wie abhängig von der Meinung anderer, was meine Eigenarten betrifft, bin ich?
- Was mag ich an mir? Warum?
- Was mag ich an mir überhaupt nicht? Warum nicht?

(Zeit: 30 Min.)
(Gesamtzeit: 50 Min.)

Auswertung
Austausch in Kleingruppen. Jeder wählt drei Zettel aus, zu denen er etwas sagen möchte. (Zeit: pro Person 15 Min.)

Material
Neun Zettel pro Tn und Stift, vervielfältigter Fragenkatalog.

Hinweis
Vgl. eine ähnliche Übung, findet sich in: H. Gudjons: Spielbuch Interaktionserziehung, Bad Heilbrunn[7] 2003, S. 94.

☯☯☯

Beziehungsfeld in Münzen

Ziel
Klärung des gegenwärtigen Beziehungsgefüges vor dem Hintergrund der lebensgeschichtlichen Entwicklung von Nähe/Distanz in Beziehungen. – Auch geeignet zum Kennen lernen in der Gruppe.

Durchführung
Jeder Tn hat vor sich einen Bogen Papier (möglichst DIN A3), Stifte und eine Anzahl von Münzen: zum Beispiel 1 x 2 Euro, 2 x 1 Euro, 5 x 2 Cent, 5 x 5 Cent, 3x 10 Cent, 2 x 50 Cent o.ä.
In die Mitte des Blattes legt jeder das höchste Geldstück, das ihn selbst darstellt. Um dieses Geldstück herum werden jetzt die anderen Münzen angeordnet. Jedes Geldstück steht je nach Wert für die gegenwärtige Wichtigkeit einer Person für mich im heutigen Beziehungsfeld. Der Abstand der Geldstücke zum höchsten Geldstück drückt die von mir empfundene Nähe oder Distanz gegenüber der Person aus. Wenn die Personen und die »richtigen« Positionen gefunden sind, notiert der Tn der Münze den Namen der gemeinten Person unter der Münze auf dem

Papier. (Also zum Beispiel: Lehrer Schneider – ein Euro-Stück – ist gegenwärtig für mich ganz entscheidend wichtig, aber ich empfinde keine Nähe: großer Abstand zur höchsten Münze. Oder: Zu meiner Freundin habe ich zwar große Nähe, aber sie ist für mich gegenwärtig wenig wichtig: Ich wähle für sie ein 5 Cent-Stück und lege es in der Nähe der höchsten Münze usw.)
(Zeit: 10 Min.)

Auswertung

In Kleingruppen stellen die Tn nacheinander ihre Bilder vor.
Für die Betrachter:

- Was fällt mir auf an deinem Bild?
- Was für einen Eindruck bekomme ich von dir und deinen Beziehungen?

Für die Hersteller:

- War es bei mir immer schon so oder so ähnlich?
- Wie und wodurch hat es sich im Laufe meines Lebens verändert?
- Zu welchen Menschen hatte ich im Laufe meiner Lebensgeschichte besonders enge Beziehungen? Gibt es Ähnlichkeiten (ähnliche Wesenszüge/Charaktermerkmale) zwischen ihnen?

(Zeit: pro Person 20 Min.)

Material

Papier (DIN A3) Stift und Münzen s. o.

Weiterführung

Der Frage nachgehen: In welcher Richtung wünsche ich mir eine Veränderung dieses Beziehungsfeldes?

Ich in meiner Kraft – ein Tier

Ziel

Die eigene Kraft sinnlich erleben, »ein Tier werden« und anderen damit begegnen.

Durchführung

Die Tn sitzen oder liegen auf dem Boden. Nach einer kurzen Entspannung kann der Moderator folgenden Text verwenden:

> *»Atme tief in deinen Bauch hinein, lege vielleicht deine Hände darauf, spüre deine Verbindung zur Erde und stell dir vor, dass sich hier das Zentrum deiner Kraft befindet. Spür in deinen Bauch und finde dort die Quelle von Energie und deiner ganz eigenen Kraft..... Atme und lass sich diese Kraft immer mehr in dir ausbreiten, spür deine Energie, deine Stärken, deine ganz eigene Qualität, das, was nur du bist.... Lass sie durch deinen ganzen Körper gehen, dich ganz ausfüllen und über die Grenzen deines Körpers hinaus...*

Jetzt beginne ganz langsam, deinen Körper zu bewegen, sich bewegen zu lassen, folge den Bewegungen deiner Kraft, wie sie sich durch deinen Körper ausdrückt. Tu dies so lange, bis dir ein Tier einfällt, mit dem diese Art der Bewegung übereinstimmt.... Verstärke diese Tier in dir, werde dieses Tier... Und jetzt erhebe dich langsam, fange an dich im Raum zu bewegen und Kontakt mit den anderen Tieren hier aufzunehmen. Bleib in deiner Kraft, spür dich immer wieder in deiner eigenen Qualität und zeig dich den anderen damit. Achte darauf wie es ist, mit den anderen in Kontakt zu sein, wie du darauf reagierst usf...
(Zeit: insgesamt 20–30 Min.)

Auswertung
Nicht unbedingt nötig, Erfahrungsaustausch in der Großgruppe.

Material
Ein genügend großer Raum

☯☯☯

Kreativität

Ziel
Der Frage nachgehen, auf welche Weise die eigene Kreativität gefördert oder gehemmt wurde.

Durchführung
Die Tn legen Stift und Papier bereit. Der Moderator bittet sie, die Augen zu schließen und sich zu entspannen (s. S. 57). Dann gibt er folgende Anleitung:

»Ich werde gleich verschiedene Aufforderungen an dich richten. Hör bitte genau hin und achte auf das, was dir durch den Kopf geht. Geh den Sätzen nach. Wenn du magst, notiere dir etwas dazu. Frage dich, woher du sie kennst, wer sie gesagt hat. Frage dich, wie du zu dieser Einschätzung von dir selbst kommst, ob nur Vermutungen oder auch reale Erfahrungen dahinterstehen. Wenn dir Situationen einfallen, notiere sie mit einem Stichwort. Du hast nach jedem Satz, den ich sage, 1 Minute Zeit. Die Aufforderungen (nicht durchführen!) lauten:
- *Ich bitte dich als erstes, ein Bild zu malen, das anschließend von der ganzen Gruppe besprochen wird. (Jeweils 1 Minute Zeit geben).*
- *Als nächstes sollst du ein Gedicht schreiben, das du anschließend der Gruppe vorliest.*
- *Nun sollst du nach einem beliebigen Musikstück einen Tanz vor der Gruppe improvisieren.*
- *Jetzt sollst du etwas basteln oder bauen und es der Gruppe zeigen.*
- *Und als letztes sollst du vor der Gruppe singen oder Musik machen.«*

(Zeit: 10 Min.)

Auswertung

1. Austausch des Geschriebenen in der Kleingruppe
2. Gespräch über folgende Fragen (möglichst Fragen vervielfältigen):
   - Welche meiner Fähigkeiten wurden in meiner Familie gefördert, welche wurden abgelehnt oder nicht beachtet?
   - War in meiner Familie jemand kreativ? Wie wurde das bewertet?
   - Musste ich Dinge tun, die ich nicht wollte (zum Beispiel Klavierstunden) und durfte ich Dinge nicht tun, die ich gerne wollte?
   - Gab es außerhalb der Familie Personen, die mich gefördert oder ermutigt haben? Wie war es in der Schule?
   - Wie ist es heute? In welchen Bereichen lebe ich meine kreativen Seiten? .
   - Kann ich meine Produkte vorzeigen oder behalte ich sie für mich? Was befürchte ich, wenn ich sie zeigen würde?

(Zeit: pro Person 15 Min.)

Variante

Im Anschluss tut jeder tatsächlich eins der vorgeschlagenen Dinge.

Material

Papier und Stift, eventuell für die Variante entsprechendes Material, vervielfältigter Fragenkatalog.

☯☯☯

Glück

Ziel

Erkunden, wann wir in unserem Leben glücklich waren und was uns heute glücklich macht.

Durchführung

Der Moderator kann folgenden Text verwenden:

> *»Wir wollen uns in dieser Übung mit dem Glück beschäftigen. Schließe dazu die Augen und atme dreimal tief ein und aus… Erinnere dich jetzt an den glücklichsten Moment in deinem Leben… erinnere dich genau wie alles war damals, hör es, fühl es, schmeck es, lass alle deine Sinne teilhaben am Glück diese Augenblicks… (1 Min.) Denke jetzt an ein Erlebnis als Kind, das dich beglückt hat, als Jugendlicher, als junger Erwachsener, als Erwachsener…. wann warst du noch so richtig glücklich? (2 Min.) Lass das Gefühl des Glücks durch einen ganzen Körper gehen, während du dich erinnerst. (1 Min.) Komme jetzt in den Raum zurück, öffne die Augen und blicke dich um – ein ganzer Raum voller strahlender Menschen.«*
> *(Zeit: 5 Min.)*

Auswertung
Die Tn nehmen sich stift und Papier und gehen erst mal für sich folgenden Fragen nach:
- Was war es, was damals so beglückend war?
- Gibt es Bedingungen, die mein Glücklich-Sein fördern/behindern?
- Was macht mich heute glücklich?
- Was fällt mir ein zu: »Glück gehabt«?

Austausch zu dritt oder in der großen Gruppe (Zeit: pro Person 5 Min.)

Material
Stift und Papier

☯☯☯

Quellen meiner Kraft

Ziel
Erkunden, woher ich meine Kraft beziehe, welches meine Ressourcen sind.

Durchführung
Die Tn bekommen Malpapier und Stifte. An den rechten Bildrand malen sie einen Kreis und schreiben ICH hinein. Von links auf dieses ICH zuströmend wird jetzt mit Farben und Symbolen alles eingezeichnet, woher derjenige Kraft bezieht (z.B. spazieren gehen, Kinder, Sport, Musik hören, beten, meditieren etc.). Die Intensität kann durch die Dicke der Ströme dargestellt werden usf.. Die Leitfrage hierzu ist: Woher beziehe ich meine Kraft, was nährt mich, tankt mich auf? (Zeit: 10 Min.)

Auswertung
Je nach Gruppengröße zu dritt oder in der ganzen Gruppe. Jeder stellt sein Bild vor und erklärt es. Gespräch zu folgenden Fragen:
- Habe ich genug Kraftquellen?
- Stimmt meine Bilanz: Bekomme ich genauso viel herein wie ich herausgebe? Wenn nicht, was möchte ich ändern?
- Wie haben sich meine Kraftquellen im Laufe meines Lebens verändert? Was hat mir als Kind am besten getan? Als Jugendlicher?

(Zeit: pro Person 5 Min.)

Material
Zeichenpapier und Malstifte

Variante
Die Übung kann auch gut als »Verteilungskuchen« durchgeführt werden (s. S. 267)

Meine Qualitäten, meine Stärken

Ziel

Den Kontakt zu seinen einmaligen Fähigkeiten und Eigenschaften vertiefen und sie würdigen.

Durchführung

Der Gruppenleiter gibt eine kurze Einführung etwa folgenden Inhalts:

> *»Jeder von uns hat eine einmalige Mischung an Kenntnissen und Fähigkeiten, an guten Eigenschaften und menschlichen Qualitäten. Die Erfahrung zeigt, dass es uns viel leichter fällt, kritisch mit uns selbst zu sein, als unsere positiven Seiten wertzuschätzen. Mit dieser Übung wollen wir unsere Qualitäten besser kennen lernen und einen Schritt tun, um herauszufinden, was uns daran hindert, uns selbst mehr zu schätzen.«*

Die Tn nehmen sich Papier und Stift und vervollständigen zehnmal den Satz: ›Ich bin…‹ (z.B. klug, verantwortungsbewusst, vertrauenswürdig, humorvoll, mutig, fröhlich, weise, ein guter Freund) oder ›Ich kann gut…‹ (z.B. organisieren, handwerken, Geschichten erzählen, leiten, zuhören, aus Fehlern lernen,). Die Tn werden gebeten, während sie dies tun, aufkommende Gefühle von Scham, Peinlichkeit oder Tendenzen, sich zu verbergen, zu beobachten etc. nur zur Kenntnis zu nehmen und sie beiseite zu legen.
(Zeit: 10 Min.)

Auswertung

Je nach Gruppengröße in der Großgruppe oder in Untergruppen. Reihum liest jeder seine Liste vor, wählt dann die ihm wichtigste Eigenschaft aus (oder auch die, mit der es für ihn am schwersten ist, sich zu zeigen) und erzählt ein Erlebnis oder eine Begebenheit, bei der sie zum Tragen kam. (pro Person 5 Min.). Anschließend Gruppengespräch.

Auswertungsfragen:
- Wie war es, mir selbst zu begegnen und dann mich den anderen zu zeigen?
- Gab es Kommentare, Stimmen in meinem Innern dazu?
- Gibt es Glaubenssätze, die hier wirksam sind? (Hochmut kommt vor dem Fall; Den Vogel, der am Morgen singt, holt am Abend die Katz, Eigenlob stinkt… etc)
- Gibt es Familienbotschaften zum Thema ›Selbstlob‹? Von wem wurden sie vertreten?
- Wie wurden in meiner Familie Lob und Anerkennung ausgedrückt?
- Wie kommt es, dass es so schwer ist, seine guten Seiten zu zeigen?
- Wer wäre ich ohne jede von ihnen?
- Wer in meiner Familie hatte diese Qualitäten?
- Jede Stärke hat auch einen Schatten – wie geht es mir mit der andern Seite

dieser Stärke? (z.B. gut organisieren können vs. alles unter Kontrolle haben müssen)

Variante

Die Gruppe bildet einen Kreis (ab 20 Personen Kreise zu zehn). Reihum tritt jeder in die Mitte, sagt seinen Namen, nennt eine seiner Qualitäten und versucht sich selbst in diesem Moment auch in sie hineinzuversetzen, sie den anderen zu ›zeigen‹. Die anderen ›spiegeln‹ denjenigen wortlos.

Weiterführung

Wenn die Gruppe sich etwas besser kennt, kann diese Übung zu einer positiven Feedback-Übung erweitert werden. Die Gruppe teilt sich in Untergruppen zu drei oder vier Personen. Einer wird ausgewählt, die anderen sagen demjenigen drei Qualitäten oder Fähigkeiten, die sie charakteristisch für ihn finden. Einer aus der Gruppe notiert alle Äußerungen der anderen und überreicht dem Protagonisten am Ende der Runde den Zettel.

☯☯☯

Ich-Zustände und Selbsteinschätzung

Ziel

Sich über die Stärke verschiedener Ich-Zustände klar werden; eventuell Gruppen-Feedback.

Durchführung

Jeder zeichnet auf einem im Querformat liegenden DIN-A4-Blatt nebeneinander fünf Säulen (niedrigster Punkt 1, höchster 10) zu den folgenden Fragen (Ich-Zustände). Die Säulenhöhe soll spontan, nach Gefühl bestimmt werden.

1. Kritisierendes Eltern-Ich:
   »Wie häufig verurteile ich mich selbst?«
2. Nährendes Eltern-Ich:
   »Wie haufig lobe ich mich selbst?«
3. Erwachsenen-Ich:
   »Wie frei und rational bin ich in Entscheidungen?«
4. Angepasstes Kind-Ich:
   »Wie stark fühle ich mich mies, schuldig, schlecht?«
5. Freies Kind-Ich:
   »Wie stark fühle ich mich gelöst, frei, fröhlich, kreativ, aber auch rebellisch und widerständig?«

Anschließend denkt jeder eine Weile über die vorgenommenen Markierungen nach und korrigiert sie gegebenenfalls, indem er zum Beispiel mit einer anderen Farbe eine neue Säule daneben zeichnet.

(Zeit: mindestens 10 Min.)

Auswertung
In Kleingruppen. Wenn diese Übung als Einstieg ins Gruppen-Feedback verwendet wird, in der Großgruppe.
1. Schritt: Einer hängt seinen Zettel für alle sichtbar an die Wand. Er erklärt das Diagramm. Die anderen äußern sich dazu, was ihnen auffällt. Stimmt das Diagramm mit meinem Eindruck von dir überein? Wo nicht? Worüber wundere ich mich? Wie sehe ich dich?
2. Im zweiten Schritt wird darüber gesprochen: Was will ich ändern? Welches sind die nächsten konkreten Schritte?

(Zeit: pro Person 10 Min.)

Material
Papier und Stift.

☯☯☯

Autorität und Rebell

Ziel
Sinnlich in unterschiedlichen Situationen beide Rollen erfahren. Sich mit verborgenen Gefühlen in beiden Rollen auseinandersetzen.

Durchführung
Die Gruppe teilt sich in Paare, verteilt sich im Raum und bestimmt, wer von beiden A und wer B ist.
1. Runde: Der Moderator weist in der Einleitung darauf hin, dass diese Übung zwar Spaß machen soll, aber dass es auch darum geht, die Lust und die Angst, die in den Rollen stecken, wirklich zu erleben. Inder ersten Runde ist A die Autorität und versucht B zu irgendetwas zu bewegen, B verweigert sich auf jede denkbare Weise. Es ist alles erlaubt, bis auf körperliche Gewalt. (Zeit 2 Min.) Anschließend wird getauscht. Kurzer Austausch mit dem Partner (3 Min.)
2. Runde: Die Gruppe sucht sich neue Partner. Wieder ist A die Autorität, B ist allerdings von A abhängig (z.B. Angestellte, Tochter etc.). anschließend wechseln. Kurzer Austausch.
3. Runde: Wieder neue Partner suchen. A ist die Autorität und B muss alles tun, was A sagt oder will. Anschließend wechseln. (Zeit immer 2 Min.) Kurzer Austausch. (Zeit: 15 Min.)

Auswertung
Jeder bleibt eine Weile für sich und geht seinen Erfahrungen nach. Dann:
Austausch in der großen Gruppe.
- Was war die wichtigste Erfahrung in dieser Übung für mich?
- Welche der Rollen war schwerer für mich?
- Welche hat am meisten Spaß gemacht, war am lustvollsten?

- Wie ging es mir im letzten Teil (ich musste alles tun...)?
- Habe ich die Lust und die Angst in beiden Positionen spüren können? Oder bin ich ausgestiegen?
- Wie war mein Verhältnis zu Autoritäten früher und wie ist es heute?

(Zeit: 10 Min.)

Material

Ein genügend großer Raum.

Konkurrenz

Ziel

Erfahrungen mit Konkurrenz-Situationen reflektieren. Sich über die Bedeutung von Konkurrenzhaltungen im eigenen Leben klar werden.

Durchführung

1. *Phase:* Die Tn nehmen einen Stift und ein DIN-A4-Blatt zur Hand und unterteilen das Blatt waagerecht in zwei Hälften. In die erste Spalte werden Antworten auf folgende Fragen geschrieben:
   - In welchen Bereichen fühle ich mich unterlegen?
   - Was können andere besser als ich? Was fällt mir schwer?
   - Was mag ich nicht an mir?

   In der zweiten Spalte werden Antworten auf folgende Fragen notiert:
   - In welchen Bereichen fühle ich mich anderen überlegen?
   - Was kann ich besser als andere?
   - Was mag ich an mir?

   (Zeit: 10 Min.)
2. *Phase:* Die Gruppe geht gemeinsam auf eine Fantasiereise. Nach einer kurzen körperlichen Entspannung (s. S. 57) kann der Moderator folgende Anleitung verwenden:

»Mit welchen Menschen stehst du gegenwärtig in Konkurrenz? Worum geht es dabei? Worum konkurriert ihr? Lass ihr Bild von dir entstehen und nimm wahr, wie du dich dabei fühlst. (2 Min.)
Geh jetzt schrittweise etwa fünf Jahre zurück. Wie alt bist du? Wem bist du in der Zwischenzeit begegnet, mit dem du in Konkurrenz standest? Sieh dir die Menschen genau an, lass Situationen und Bilder in Ruhe entstehen. Wie fühlst du dich? Was hatten sie, was konnten sie, was du nicht hattest oder konntest? (3 Min.)
Geh jetzt weiter zurück bis in die Zeit deiner Pubertät. Erinnere dich an Konkurrenzsituationen. Lass die Situationen und Bilder deiner Konkurrenten vor dir entstehen. Sieh sie dir in Ruhe an. Nimm wahr, wie du dich fühlst. (3-5 Min.)
Geh nun noch weiter zurück in deine Kindheit. Welche Personen begegnen dir? Wo findest du das Gefühl der Konkurrenz wieder?

Geh soweit zurück wie du magst und kannst. Lass Bilder und Situationen entstehen. Achte auf deine Gefühle und schiebe nichts und niemanden beiseite. Alles kann wichtig sein. (3 Min.)
Nimm die Person, die in diesem Zusammenhang am wichtigsten war. Sprich mit ihr. Gib deinen Gefühlen Worte. Was würdest du jetzt am liebsten sagen? Sag es!... Was würdest du jetzt am liebsten tun? Tu es!... Was geschieht? Achte genau auf deine Gefühle. (1 Min.)
Verabschiede dich jetzt von der Person. Achte darauf, wie du es tust, was geschieht. (1 Min.)
Komm nun allmählich wieder zurück. Blinzele, öffne die Augen, räkele dich und sei wieder da.«
(Gesamtzeit: mindestens 20 Min.)

Auswertung
In Kleingruppen.
Fragen:
- In welchen Beziehungen/Situationen trat/tritt Konkurrenz typischerweise auf?
- Gibt es Ähnlichkeiten zwischen Konkurrenzsituationen meiner Kindheit und Konkurrenzsituationen heute?
- Um welche Seiten von mir geht es in dieser Konkurrenz (meine Leistungen, Eigenschaften, Körper, Geschlecht, Alter, Ausbildung, Wissen etc.)?
- In welchen Bereichen habe ich schon Konkurrenzen gewonnen?
- In welchen verliere ich immer?
- Konkurriere ich stärker mit Männern oder mit Frauen?
- Wie wäre es, wenn ich aufhören würde mich mit anderen zu vergleichen?

(Zeit: pro Person 10 Min.)

Material
Stift und Papier.

☯☯☯

Arbeitsstörungen

Ziel
Anhaltspunkte für lebensgeschichtliche Ursachen von Arbeitsstörungen suchen, konkrete Schritte zur Veränderung überlegen.

Durchführung
Die Tn nehmen Stift und Papier, setzen sich in einer bequemen Haltung hin und schließen die Augen. Nach einer kurzen Entspannung (vgl. S. 57) kann der Moderator folgende Anleitung verwenden:

»Stelle dir nun vor, dass du eine große, schwierige Arbeit oder Aufgabe vor dir hast (ein Referat vorzubereiten, eine schriftliche Arbeit anzufertigen wie zum Beispiel eine Hausarbeit, eine Examensarbeit, ein Berichtsheft zu führen, einen schwierigen Fall zu bearbeiten, ein Werkstück anzufertigen). Lass dazu eine Situation entstehen.
Welche Gefühle löst das in dir aus? Achte dabei auch auf deinen Körper. Welche unterschiedlichen Impulse spürst du? Gib ihnen Worte. Lass alle Stimmen in dir zu. (3 Min.)
Komme nun zurück und schreibe das, was die Stimmen sagen, ohne lange zu überlegen auf. Nimm auch wahr, was du jetzt bei dieser Anforderung spürst. Es gibt kein »Falsch« oder »Richtig«, lasse alles zu und versuche nicht zu werten. Du hast jetzt 10 Minuten Zeit.
Lies dir das Geschriebene noch mal durch. Was fällt dir auf? Gab oder gibt es Personen aus deiner Familie oder Umgebung, die du diesen Stimmen zuordnen kannst? Wenn du magst, mach dir dazu Notizen. Du hast jetzt 5 Minuten Zeit.«
(Gesamtzeit: max. 25 Min.)

Auswertung

In Kleingruppen.
Fragen: (vervielfältigter Fragenkatalog)

- Was befürchtest du, wenn so eine Anforderung vor dir steht?
- Wenn du an deinen Vater oder deine Mutter denkst, welche Ansprüche hatten sie an dich? Wie solltest du sein? Fällt dir in diesem Zusammenhang ein Ausspruch deiner Eltern ein?
- Wie gingen deine Eltern, Lehrer, Meister, Ausbilder u.a. mit Dingen, die du produziert hast, um?
- Fühlst du dich manchmal überfordert und wenn ja, wodurch?
- Welche Ansprüche hast du an dich selber und an deine Arbeit?
- Wie gehst du mit Arbeitsstörungen um? Was tust du normalerweise?
- Was möchtest du ändern und was kannst du dafür tun? Welche konkreten Schritte kannst du unternehmen? Wer oder was kann dir helfen?

(Zeit: pro Person 15 Min.)

Weiterführung:

Die Übungen: »Wie verbringe ich meine Zeit?«, S. 157 und »Wohin will ich?«, S. 208

Material

Vervielfältigter Fragenkatalog.

Liebesfähigkeit

Ziel

Herausfinden und abklären, welche Personen in meinem Leben meine Liebesfähigkeit gefördert, positiv beeinflusst, welche sie blockiert, negativ beeinflusst haben.

Durchführung

1. *Schritt:* Jeder Tn teilt ein Blatt Papier in zwei Spalten. In die linke Spalte werden Antworten zu folgender Frage geschrieben: »Welche Hemmungen, Blockierungen, Schwächen, Verhaltensweisen behindern meine Liebesfähigkeit zu (m)einem Partner? Was fällt mir schwer?«
   Rechts wird notiert: »Welche Potenziale, Fähigkeiten, Kräfte, positiven Seiten fördern meine Liebesfähigkeit zu (m)einem Partner? Was kann ich gut?«
   (20 Min. Zeit geben zur Einzelarbeit.)
2. *Schritt:* Die Gruppe geht gemeinsam auf eine Fantasiereise bis in die Kindheit. Nach einer kurzen körperlichen Entspannung (vgl. S. 57) kann die Moderatorin folgenden Text verwenden:

»Mit welchen Menschen stehst du gegenwärtig in einer liebenden Beziehung? Lass ihr Bild vor dir entstehen und achte auf dich, wie du dich dabei fühlst. (1 Min.)
Welche Menschen hemmen deine Liebesfähigkeit, blockieren sie, schränken sie ein? Lass auch ihr Bild vor dir entstehen. (2 Min.)
Geh jetzt etwa fünf Jahreschrittweise zurück. Wem bist du in der Zwischenzeit begegnet, der mit deiner Fähigkeit zu lieben zu tun hat? Schau sie dir genau an, lass Situationen und Bilder in Ruhe aufkommen. (3 Min.)
Jetzt bist du am Ende der Pubertät, wirst langsam erwachsen. Wie war das für dich? Wie sahst du aus, dein Körper, Gesicht, Haare? Wer hat deine Liebesfähigkeit angeregt, wer hat sie negativ beeinflusst? (3 Min.)
Jetzt bist du etwa 13-14, jedenfalls auf dem Höhepunkt deiner Pubertät. Wem begegnest du? Wer hat deine Liebesfähigkeit angeregt, wer hat sie gehemmt? (3 Min.)
Geh noch weiter zurück in deine Kindheit. Welche Personen begegnen dir? Was haben sie mit dir gemacht? Was hast du an ihnen geliebt, was gehasst oder abgelehnt? Lass die Bilder auftauchen, schau dir die Personen ruhig an und achte auf das, was du ihnen gegenüber empfindest. (5 Min.)
Geh jetzt so früh wie du kannst und willst in deine Kindheit zurück. Welche Menschen hast du geliebt? Wer war für deine Liebesfähigkeit wichtig? Vor wem hattest du Angst? Gibt es Unterschiede, die du spürst, wenn du auf dein Gefühl zu den verschiedenen Personen achtest? Fallen dir Bilder, Situationen ein? – Jede Person, die dir einfällt, kann für dich wichtig gewesen sein, schiebe keine beiseite.
(4 Min.)
Such dir jetzt eine Person aus, die für dich besonders wichtig war, negativ oder positiv. Setze sie auf einen Stuhl dir gegenüber. Sieh sie an! Führe jetzt einen Dialog mit ihr.

Frage sie Dinge, die dir wichtig sind, und höre ihre Antwort, antworte darauf usf. Bleib bei deinen Gefühlen. (5 Min.)
Nimm jetzt Abschied von dieser Person. Achte genau darauf, wie du dich fühlst und wie dieser Abschied verläuft. Komm dann langsam hierher zurück.«
(Zeit: etwa 45 Min.)

Auswertung
Anschließend bleibt jeder noch eine Weile bei sich und seinen Erlebnissen. Ein Austausch (in Untergruppen oder Paaren) schließt sich an. Falls beide Partner einer Beziehung anwesend sind, sollte der Austausch unter ihnen erfolgen.
(Zeit: pro Person 15 Min.)

Material
Papier und Stift.

Hinweise
Bei jüngeren Tn müssen die Altersangaben entsprechend gekürzt und verändert werden.

Kontakt

Ziel
Kontakt, Nähe und Distanz sinnlich erleben und seinen eigenen Bedingungen für Kontakt nachgehen.

Durchführung
Die Gruppe stellt sich in zwei Reihen einander gegenüber in einigem Abstand voneinander auf. Eine Reihe ist A, eine B.

1. *Schritt*: Die Tn der Reihe A gehen langsam und bewusst auf ihr Gegenüber in Reihe B zu. Sie spüren dabei genau hin, was sich in ihrem Gefühl verändert und bleiben an der Stelle stehen, wo der Abstand zu dieser Person sich stimmig anfühlt. Es kann helfen, noch mal einwenig weiter zu gehen, wieder zurückzuweichen, bis das innere Gefühl stimmt. Wenn A seine Platz gefunden hat, ist B dran, den Abstand zwischen sich und A so lange zu korrigieren, bis er sich für B stimmig anfühlt. A achtet dabei auf seine Gefühle und Reaktionen (»Warum rückt B von mir weg, mag sie mich nicht?« »Huch, das ist mir aber zu nah jetzt« usf).
2. *Schritt*: Die Tn kehren an ihre Ausgangsposition zurück und Reihe A rückt nach rechts, so dass jeder vor einem andern Tn zu stehen kommt. Der letzte in Reihe A rückt nach vorne an die erste Position. Die Übung wird wiederholt, wobei jetzt B beginnt.
   Es ist gut, dies zumindest mit drei verschiedenen Personen zu machen, weil die Erfahrung wirklich sehr unterschiedlich ist.

3. *Schritt*: A geht auf B zu, bis er unmittelbar vor B steht und berührt B am Arm. B achtet auf seine Gefühle. A kehrt zu seiner Position zurück, jetzt ist B dran.
4. *Schritt*: A geht schnell und bestimmt auf B zu und bleibt direkt vor ihm stehen. Nach einem Moment dreht A sich und geht schnell weg.

(Zeit: insgesamt 20 Min.)

Auswertung

Zunächst in Paaren, dann in der Gruppe.

- Was war wichtig für mich, was habe ich erlebt?
- An welchen Stellen kamen Ängste oder bestimmte Fantasien in mir hoch?
- Gab es Momente, in denen ich bestimmte Impulse gespürt habe (z.B. weglaufen oder Stopp! rufen)
- Wie war meine Erfahrung mit den unterschiedlichen Personen?
- Habe ich bestimmte Muster von mir im Kontakt mit anderen wiedererkannt?
- Wie verhalte ich mich normalerweise, wenn es um Nähe und Distanz geht?
- Wie war das in meiner Familie? Wie wurde mit persönlichen Grenzen umgegangen? Mit dem Bedürfnis nach Nähe oder nach Abgrenzung, Abstand?

(Zeit: pro Person 10 Min.)

Material

Hinweis

Es wäre gut, wenn genug Zeit wäre auch Schritte 3 und 4 mit mindestens zwei Personen zu erleben.

Einem Kind das Leben erklären

Ziel

Ideen über Leben und Sterben auf ein einfaches Niveau herunterbrechen

Durchführung

Die Tn haben Papier und Stift vor sich. Der Moderator bittet sie, zu dem von ihm gewählten Thema (s.u.) eine Erklärung oder eine Geschichte zu schreiben, das sich an ein siebenjähriges Kind oder Enkelkind richtet.
(Zeit: 20 Min.)

Mögliche Themen:

- Warum leben die Menschen?
- Warum verhungern Kinder in der Welt?
- Was ist das Wichtigste im Leben?
- Was geschieht nach dem Tod?
- Was ist Liebe?

- Was ist Glück?
- Wer regiert die Welt?
- Was sind Träume?
- Was ist Gott?

Auswertung

Die Tn lesen ihre Geschichten möglichst in der Gesamtgruppe reihum vor. Gespräch zu folgenden Fragen
- Wie ist es mir ergangen?
- Kamen in den Geschichten der anderen wichtige Aspekte vor, die ich nicht erwähnt habe?
- Wo habe ich bei diesem Zwang zur Vereinfachung in meinen Ideen Unklarheiten entdeckt?

(Zeit: bis 30 Min.)

Material

Papier und Stift

☯☯☯

Zeit-Wohlstand

Ziel

Sich dem Thema Zeit unter dem Aspekt von Fülle und geschenkter Zeit nähern. Mit einer Fantasie über Zeit experimentieren

Durchführung

Der Moderator kann folgende Anleitung verwenden:

»Stell dir vor, du bekommst eine bestimmte Zeitspanne geschenkt und kannst damit machen, was du willst. Du hast die nötigen Ressourcen zur Verfügung und musst nicht fürchten, dass
- *dir diese Zeit an anderer Stelle fehlt*
- *andere Menschen darunter leiden müssen, weil du ihnen Zeit wegnimmst*
- *andere Arbeit, die du erledigen musst oder willst, liegen bleibt*
- *du in dieser Zeit kein Geld verdienst*
- *du irgendwelche anderen Nachteile davon hast.*

Es handelt sich also um zusätzliche Zeit zu deiner freien Verfügung. Was würdest du damit anfangen, wenn diese geschenkte Zeitspanne eine Stunde, eine Woche, ein Jahr, zehn Jahre wäre?«

Die Tn notieren die Zeitspannen untereinander auf einem Blatt Papier (oder vervielfältigt verteilt) und füllen es aus.
(Zeit: 10 Min.)

Auswertung

Austausch in Dreiergruppen.

- Was hindert mich daran, mir diese Zeit zu schenken?
- Wenn ich zurückdenke (5, 10, 20 Jahre) – hätte ich andere Verwendungen für die Zeit gewählt?
- Wie leicht oder schwer sind mir die unterschiedlichen Zeitspannen gefallen?
- Wie viel Zeit habe ich für soziales Engagement oder Zukunftsprojekte vorgesehen?
- Welches Vorhaben von meiner Liste nehme ich mir vor, um es jetzt umzusetzen?

(Zeit: pro Person 10 Min.)

Material

Papier und Stift, evt. vervielfältigte Arbeitsblätter

Hinweis

Wir danken Marion Gerhardts für die Idee zu dieser Übung.
Siehe auch: Wie verbringe ich meine Zeit? S. 157

☯☯☯

Wohin will ich?

Ziel

Konkrete Lebensplanung durch Entwicklung von Zielen leisten. Bestärkung und Korrektur durch einen Partner oder eine Partnerin

Durchführung

Jedes Gruppenmitglied nimmt in Ruhe Stellung zu folgendem Thema (kurze Notizen reichen):
»Die gegenwärtig wichtigsten problematischen Angelegenheiten in meinem Leben …«
Zunächst schreibt jeder etwa drei bis vier Dinge dazu auf. Diese werden dann in eine Rangreihenfolge nach ihrer Wichtigkeit gebracht. Jetzt wird das erste Problem der Prioritätenliste betrachtet. Einige Stichwörter werden notiert zu folgendem Satz: »Ich wünsche mir zu können …«
Anschließend wird aus den Wünschen – ansetzend bei dem realitätsnächsten – ein definitiver Plan mit konkreten Schritten gemacht, der Daten, Arbeitsschritte, Maßnahmen usw. erfasst.

Ein Beispiel:
Jemand notiert als wichtigste Angelegenheit die Klärung der Scheidungsfrage mit dem Ehepartner. Es wird u.a. der Wunsch notiert, ruhig und sachlich mit dem Partner reden zu können. Dann wird festgelegt, dass ein guter Bekannter diesem

Gespräch beiwohnen soll, dass der Ehepartner um sein Einverständnis gebeten wird und dass bei dem Freund oder der Freundin in der nächsten Woche schriftlich angefragt wird, ob und zu welchem Termin er oder sie bereit ist.
Wieweit die nächsten Punkte der Prioritätenliste auch noch in der gleichen Weise bearbeitet werden können, hängt stark von der Zeit ab.
(Zeit: 30 Min.)

Auswertung

Mit einem frei gewählten Partner wird der Plan besprochen, und weitere Ideen werden gesammelt.
(Zeit: pro Person 15 Min.)

Material

Papier und Schreibzeug.

☯☯☯

Lebensplanung

Ziel

Auseinandersetzung mit persönlichen Zukunftsperspektiven, Abklärung realisierbarer und nicht realisierbarer Ziele. Entwicklung konkreter Handlungsschritte.

Durchführung

Diese Übung wird am Anfang vom Moderator gründlich erklärt und dann schrittweise moderiert. Jeder Tn arbeitet eine längere Phase für sich allein und diskutiert in einer zweiten Phase in einer Dreiergruppe die Ergebnisse.

1. Jeder Tn benötigt mehrere DIN-A4-Blätter. Das erste Blatt erhält die Überschrift: *»Meine Lebensziele«*. Jeder schreibt nun spontan Ziele auf, die ihm einfallen: persönliche, berufliche, finanzielle, familiäre usw. Nach drei Minuten wird die Zielliste erneut, jetzt aber gründlich reflektierend durchgegangen unter der Frage: »Welche Ziele sind mit hoher Wahrscheinlichkeit für mich erreichbar, welche sind zweifelhaft, welche sind völlig irreal?« Die drei oder vier realitätsnächsten Ziele werden auf einen zweiten Bogen geschrieben.
   (Zeit: 5 Min.)
2. Auf den zweiten Zettel wird als Überschrift geschrieben: *»Meine nächsten drei Jahre«*. Für jedes auf diesem Zettel notierte Ziel wird jetzt die Frage gestellt: »Was muss und kann ich in den nächsten drei Jahren zur Erreichung dieser Ziele tun?« Diese Frage wird für jedes Ziel gestellt und beantwortet.
   (Zeit: 10 Min.)
3. Auf den dritten Zettel wird jetzt geschrieben: *»Die nächsten sechs Monate«*. Jeder Tn geht den zweiten Zettel nochmals durch und entscheidet zu welchem Ziel (eins auswählen!) er in den nächsten sechs Monaten konkret am meisten tun kann und muss. Manchen Teilnehmern fällt es schwer, auf die anderen Ziele zu verzichten. Wenn aber praktische Realisierung angestrebt wird, ist *zunächst*

diese Beschränkung nötig. Gleichwohl können die Teilnehmer die Übung später allein zu den anderen Zielbereichen fortsetzen.
Jeder Punkt, der auf dem zweiten Zettel zum gewählten Ziel notiert wurde, wird jetzt einzeln auf den dritten Zettel geschrieben und jeweils unter der Frage konkretisiert: »Was kann und muss ich in den nächsten sechs Monaten zu diesem Punkt konkret tun?«
(Zeit: 5 Min.)
4. Auf den vierten Zettel wird jetzt als Überschrift geschrieben: *»Aktivitätenliste«*. Bogen drei wird nochmals durchgegangen und gegebenenfalls noch konkretisiert und ergänzt. Dann werden die dort genannten Handlungsmöglichkeiten und -notwendigkeiten in eine Prioritätenliste umgeformt, die auf dem vierten Blatt notiert wird. Leitfrage ist dabei: »Welche Aktivität ist die nächstliegende, muss zuerst angepackt werden, welche folgt dann, usw.?« Auf diese Weise entsteht eine konkrete Aufgabenliste nach zeitlicher Priorität.
(Zeit: ca. 4 Min.)
5. Auf den letzten Zettel wird schließlich geschrieben: *»Handlungsplan«*. Hier werden jetzt nach der Reihenfolge des vierten Blattes ganz praktische Handlungsschritte notiert, Termine, Gespräche, Entscheidungen, Zeiteinteilungen, ganz konkrete zu erledigende Aufgaben notiert (bei Erwachsenen eventuell in Verbindung mit dem Terminkalender).
(Zeit: 5 Min.)

(Gesamtzeit: ca. 35 Min.)

Auswertung

In Dreiergruppen.

- Gibt es Widersprüche zwischen Zielbereichen?
- Aus welchen Motiven wurden Auswahlentscheidungen getroffen?
- Welche Gefühle entstehen gegenüber diesem Versuch der Lebensplanung?
- Welchen Verbindlichkeitsgrad haben die Entscheidungen?
- Wird der »Abstand« zwischen Lebenszielen und praktischen Handlungsschritten eher enttäuschend oder ermutigend empfunden?

(Zeit: pro Person 10 Min.)

Material

Mindestens fünf DIN-A4-Bögen für jeden Tn, Stift.

Lebensentwürfe und Utopien

Ziel

Den eigenen Lebensentwurf, die persönliche Zukunft fantasieren und Utopien zulassen. Wunschbilder und Realität unterscheiden lernen. Konsequenzen für das gegenwärtige Leben ziehen.

Durchführung

Die Tn nehmen sich Papier und Stift und werden aufgefordert sich vorzustellen, es seien 15 Jahre vergangen, es sei das Jahr ... und ich bin ... Jahre alt. (Variante: jeweils Zehn-Jahres-Intervalle von der Gegenwart bis zum Tod.)
Das Papier wird senkrecht in zwei Spalten geteilt. In die linke Spalte schreibt jeder seine »Träume«, wie es sein könnte, und in die rechte Spalte, wie es sein wird, wenn man die Entwicklung realistisch betrachtet.
(Zeit: bis zu 20 Min.)

Auswertung

Je nach Gruppengröße in Kleingruppen zu drei bis vier Tn. Jeder erzählt das Geschriebene so, als wenn sich die Gruppe tatsächlich nach 15 Jahren wiedergetroffen hätte, in der Ich-Form. Also: »Ich arbeite als Lehrerin, habe zwei Kinder usw.« Die anderen hören zu, fragen nach und achten darauf, was *nicht* erzählt wird.

- Inwieweit bezieht die Erzählerin die gesellschaftliche und politische Entwicklung in die Planung der Zukunft mit ein?
- Was brauche ich unbedingt zum Leben, was ist meine Basis? (Zum Beispiel beruflich erfolgreich sein, gute Freunde haben, eine gute Beziehung haben etc.)
- Wie ist das Verhältnis von »Traum« und »Realität«?
- Woran liegt es, dass der »Traum« nicht in Erfüllung gehen kann?
- Was kann ich trotzdem dafür tun?
- Welche Gefühle habe ich, wenn ich an meine Zukunft denke?
- Bis wohin kann ich sie mir vorstellen, was bleibt verschwommen?

(Zeit: pro Person 15 Min.)

Material

Papier und Stift.

☯☯☯

Versöhnung und Frieden – The Work

Ziel

Mit Hilfe einer schrittweisen Anleitung Vergebung und Frieden mit sich und anderen finden.

Durchführung

Die im folgenden beschriebene Methode wurde von Byron Katie entwickelt und heißt »The Work«. Sie ist eine schrittweise Anleitung von erstaunlicher Wirkung. Der Moderator erklärt kurz die Übung.

1. Schritt: Die Tn erhalten ein Arbeitsblatt mit den folgenden Fragen und füllen es aus. Es geht darum, kurze, einfache Sätze und Aussagen zu finden, ehrlich zu sein, ruhig kritisch und kleinlich anstatt freundlich oder verständnisvoll zu sein. Am besten versetzt man sich innerlich in die Situation, um die es geht.

1. Wer macht dich wütend, traurig, ärgerlich oder enttäuscht dich? Und weshalb?
   (z.B. »Ich bin wütend auf…, weil…«)
2. Wie sollte der andere sich ändern? Was willst du von ihm?
   »Ich will, dass…«
3. Was genau sollte der andere tun oder lassen, denken oder fühlen? Wie sollte er sein? Welchen Rat hast du für ihn?
   »...sollte (nicht)…«
4. Was sollte der andere tun, damit du glücklich bist?
   »Ich brauche von..., dass…«
5. Was denkst du über ihn? Mache eine Liste. Lasse nichts aus.
   »...ist...«
6. Was willst du mit dieser Person nie wieder erleben?
   »Ich will nie wieder erleben, dass...«

(Zeit: 20 Min.)

2. Schritt: Im zweiten Schritt geht es jetzt darum, die Aussagen zu überprüfen. Der Moderator erklärt, dass dieser Schritt tiefer geht, einen meditativen Charakter hat. Es geht nicht darum, seine Meinung zu ändern, sondern Klarheit zu gewinnen. Dazu lässt man den Verstand die Frage stellen und geht dann in sich. Nach einiger Zeit tauchen tiefergehende Antworten auf oder Antworten, die sich wahr anfühlen.

Die Tn wählen aus ihren Antworten zu jeder Frage die wichtigste Antwort aus und überprüfen sie mit den folgenden Fragen (Arbeitsblatt): Nicht alle Unterfragen passen zu jedem Satz.

1. Ist das wahr? (Werde still und lass die Antwort aus deinem Herzen kommen)
   - Wie sieht die Wirklichkeit aus?
   - Wessen Angelegenheit ist das?
   - Kannst du wirklich wissen, wie der andere sein oder handeln sollte?
   - Kannst du wirklich wissen dass es – auf lange Sicht – besser für dich oder andere wäre, wenn die Realität so wäre, wie du sie dir vorstellst?
2. Kannst du mit absoluter Sicherheit wissen, dass das wahr ist?
3. Wie reagierst du, wenn du diesen Gedanken denkst?
   - Empfindest du Wut, Stress oder Frustration?
   - Versuchst du in irgendeiner Form, den anderen zu ändern?
   - Bringt dieser Gedanke Stress oder Frieden in dein Leben?

- Wie behandelst du dich? Wie behandelst du den anderen? Wie fühlt sich das an?
- Wo spürst du es im Körper, wenn du diesen Gedanken glaubst?
- Kannst du einen friedvollen Grund finden, an diesem Gedanken festzuhalten?
  (Falls ja, frage dich: ist dieser Grund wirklich friedvoll?)

4. Wer wärest du ohne diesen Gedanken? Schließe die Augen, gehe in die Situation hinein und stelle dir vor, du könntest diesen Gedanken nicht denken. Wer bist du jetzt?
   - Wie fühlt es sich an ohne diesen Gedanken?
   - Wer bist du jetzt, *in diesem Moment*, ohne diesen Gedanken?
   - Wie anders wäre dein Leben ohne diesen Gedanken?

Kehre nun die Aussage um. Dies ist die Gelegenheit, das Gegenteil von dem, was du für wahr hältst, in Betracht zu ziehen. Oft gibt es mehrere Umkehrungen.
Beispiel:

»Paul sollte mich verstehen«	wird umgekehrt zu:
• »Paul sollte mich *nicht* verstehen«	Entspricht das nicht manchmal der Realität?
• »*Ich* sollte mich verstehen«	Das ist meine Aufgabe, nicht seine.
• »Ich sollte *Paul* verstehen«	Kann ich verstehen, dass er mich nicht versteht?

Erlaube dir die Umkehrungen zu spüren. Frage dich jedes Mal: »Ist das genauso wahr oder wahrer?«. Es geht hier nicht darum, sich selbst zu bezichtigen oder sich schuldig zu fühlen. Es geht darum, Alternativen zu finden, die dir Frieden bringen können.
Wenn du diese Umkehrung leben würdest, was würdest du anders machen?

Die Umkehrung für Aussagen unter Punkt 6 ist ein wenig anders:

Beispiel:	»Ich will nie wieder erleben, dass Paul und ich uns streiten.«
Wird umgekehrt zu:	»Ich bin bereit wieder zu erleben, das Paul und ich uns streiten.«
Und dann zu:	»Ich freue mich darauf, wieder zu erleben, dass Paul und ich uns streiten.«

(Manchmal passt besser: »Ich bin bereit/freue mich *in Gedanken* wieder zu erleben…)

»Falls es an dieser Stelle Widerstand gegen irgendeinen Gedanken gibt, ist die Work noch nicht getan. Wenn man sich ehrlich auf unangenehme Erfahrungen freuen kann, gibt es im Leben nichts mehr zu fürchten – du siehst dann alles als ein Geschenk an, das dir Selbsterkenntnis bringen kann.« (Byron Katie)....
(Zeit: 45 Min.)

Auswertung
Paaraustausch
(Zeit: pro Person 10 Min.)

Material
Arbeitsblätter, Stift.

Hinweis
Das Copyright für die Fragen liegt bei Byron Katie (Byron Katie/Gisela Kretschmar: Lieben was ist. München 2002)

☯☯☯

Lebensqualität und Schicksalsschläge

Ziel
Sinnlich erfahren, was das Leben für uns lebenswert macht und wie wir dem Verlust dieser Qualität umgehen.

Durchführung
Der Moderator verteilt an jeden Tn vier mal vier kleine Karteikarten (DIN A7) in verschiedenen Farben und eine Büroklammer. Unter der Fragestellung: »Was macht das Leben für mich lebenswert?« notieren sie auf jeweils einer Farbe (vorher festlegen!)

- vier materielle Besitztümer
- vier Aktivitäten
- vier Rollen oder Selbstbilder (Ich bin eine, die…)
- vier Menschen

1. *Schritt*: Unter dem Thema: «Wie das Leben so spielt…« legt jeder Tn vier beliebige Karten beiseite (und heftet sie mit der Büroklammer zusammen). Die Tn achten auf ihre Gefühle und Gedanken, die diesen »Verlust« begleiten.
2. *Schritt*: Jetzt legt jeder wieder vier Karten beiseite, aber diesmal aus jeder Kategorie eine.
   Jeder bleibt einen Moment für sich und spürt der Erfahrung dieses weiteren Verlustes nach. Dann kurze Runde zum Thema: Wie geht es mir? Was geschieht?

(Zeit: 20 Min.)

Auswertung
Gruppengespräch.

- Wie gehe ich mit Verlusten um? Wenn ich etwas weggeben muss?
- Wie gehe ich mit »Schicksalsschlägen«, mit unausweichlichen Geschehnissen um?

- E. Kübler-Ross unterscheidet hier fünf emotionale Reaktionsmöglichkeiten: Nicht wahrhaben wollen/verleugnen, Zorn/Auflehnung, Verhandeln, Depression, Zustimmung – wozu neige ich?

Wichtig: Am Ende der Übung nimmt jeder die Karten, sie er beiseite gelegt hat wieder zu sich und kehrt so zurück in den vollen Genuss des Lebens.
(Zeit: 15 Min.)

Vertiefung

Die folgende sehr lohnende Weiterführung geht in die Tiefe und sollte nur von Gruppenleitern gewählt werden, die sich fähig fühlen, die Gruppe anschließend zu halten und den Prozess zu lenken.

3. Schritt: Der Gruppenleiter verwandelt sich in das »Schicksal«, das nimmt ohne zu fragen, geht durch die Gruppe und nimmt nach Belieben Karten weg (es sollten auch mindestens einmal alle genommen werden und von mindestens einem Tn gar keine). Anschließend ausführliches Gruppengespräch.

Material

Karteikarten in vier verschiedenen Farben. Büroklammern. Stift.

Hinweis

Wir danken Anja Dose für diese Übung.

Abschieds-Mandala malen

Ziel

Einen konkreten Abschied durch malen darstellen und durchleben.

Durchführung

Die Tn erhalten einen großen Bogen (mindestens DIN A3) Papier und Stifte. Auf das Blatt zeichnen sie folgende Figur:

Die Arbeit beginnt im Feld rechts oben (1) und folgt dann dem Uhrzeigersinn. Als letztes wird der innere Kreis ausgefüllt. Die Tn malen jeweils ein Bild in das Feld. Die Themen sind:

1. Die Person oder das Thema, um das es geht (z.B.: Abschied vom Berufsleben)
2. Meine Beziehung zu der Person oder dem Thema
3. Die Situation vor dem Abschied
4. Der Abschied selbst (Abschiedsfeier, letztes Treffen)
5. Die Situation nach dem Abschied
6. Was in mir bleibt (vom Berufsleben, der Gruppe)
7. Gute Wünsche, die ich »versende«
8. Ich nach dem Abschied

(Zeit: 30 Min.)

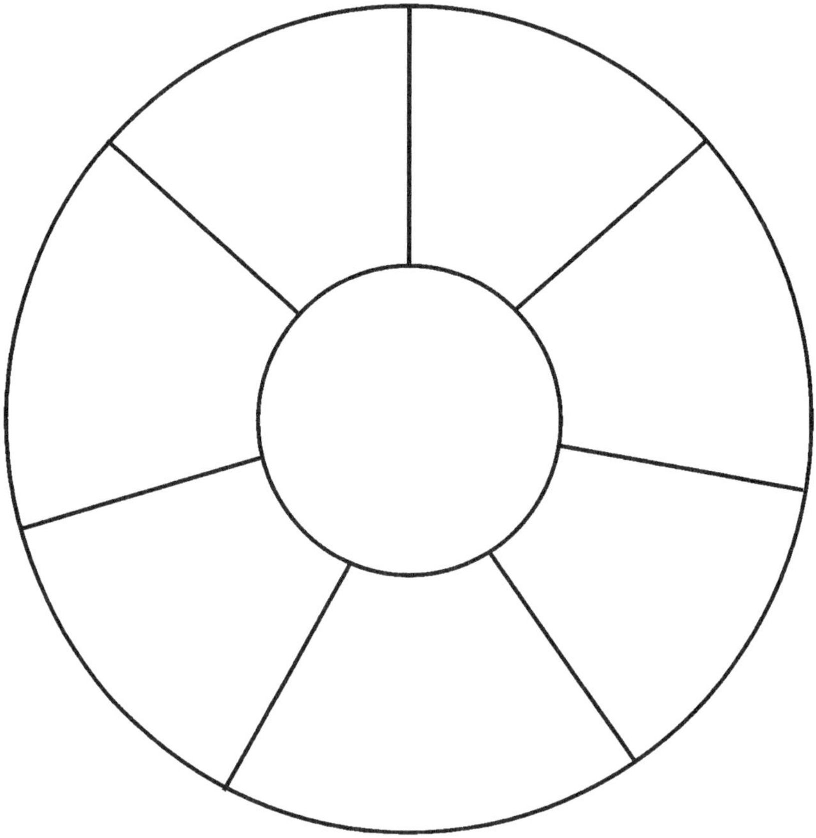

Auswertung

Kleingruppenaustausch. Ein Tn legt sein Bild in die Mitte und erläutert es. Die anderen hören zu und stellen Fragen.

- Welche Erfahrungen mit Abschied habe ich in meinem Leben gemacht?
- Fällt mir Abschied/Trennung leicht oder schwer?
- Gibt es eine bestimmte Weise, in der ich damit umgehe?

(Zeit: pro Person 10 Min.)

Variante

Wenn die Übung zum Verlust einer Person durchgeführt wird, lauten die Themen in den einzelnen Feldern: 1. Die Person, um die es geht, 2. Die Beziehung zu dieser Person, 3. Der Tod dieser Person, 4. Die Beerdigung, 5. Wo der Verstorbene jetzt ist, 6. Was die Person in mir hinterlassen hat, 7. die Wünsche, die ich ihr nachsende, 8. Ich-jetzt.

Material

Große Bögen Papier (mindesten DIN A3), Stifte zum Malen.

Älter werden und Lebensqualität

Ziel

Das Älterwerden unter dem Gesichtspunkt ›Veränderung der Lebensqualität‹ sinnlich erfahren.

Durchführung

Der Moderator verteilt kleine Karteikarten (DIN A7), und zwar erhält jeder TN vier mal vier Karten unterschiedlicher Farbe. Die Tn notieren auf jeweils einer Farbe zu der Frage:« Was macht mir das Leben lebenswert?«:

- vier materielle Besitztümer
- vier Aktivitäten
- vier Rollen oder Selbstbilder (ich bin eine, die…)
- vier Menschen.

(Zeit: 5 Min.)

Der Moderator leitet die Tn jetzt an, sich vorzustellen, sie wären 55 Jahre alt. Sie sollen ihre Karten betrachten und sich überlegen, ob alle diese Dinge noch in ihrem Leben sein werden. Karten, die nicht mehr zutreffen, werden beiseite gelegt. Wie ist meine Leben ohne das, was auf der Karte steht? (Jeweils 5 Min.)
Der Moderator geht jetzt in 10er Schritten weiter: 65, 75, 85 und als letzten Punkt nennt er: Ich gehe ins Altersheim. Die Tn gehen genauso vor wie oben mit 55 beschrieben.
(Zeit: 30 Min.)

Auswertung

Austausch in Kleingruppen.

- Wie ist es mir ergangen?
- Auf was konnte ich leicht verzichten, was war schwer?
- Was gehört für mich unabdingbar zur Lebensqualität dazu?
- Auf was kann und will ich auf keinen Fall verzichten? Und wie wäre es, wenn ich es müsste?
- Welche Bedeutung hat für mich Altersvorsorge, Rente, Pension, eine Lebensversicherung u.ä.?
- Was wäre für mich die schönste, welches die schlimmste Vorstellung vom Altwerden?

(Zeit: pro Person 10 Min.)

Material
Karteikarten in vier verschiedenen Farben, Stifte.

Älterwerden

Ziel
Sich über Altersperspektiven, -hoffnungen, -wünsche, -befürchtungen klar werden. Über ihre Bedeutung für das heutige Leben nachdenken. Realisierbare Perspektiven prüfen.

Durchführung
Die Tn versorgen sich jeweils mit einem Stift und einem DIN-A4-Blatt und beantworten in Stichworten folgende Fragen (vorher vervielfältigen) :

- Wie alt möchte ich werden?
- Wann und wie möchte ich mein Leben abschließen?
- Welche Gefühle verbinde ich mit der Vorstellung von meinem Tod? Ist alles zu Ende oder was kommt danach?
- Wie stelle ich mir mein Leben vor, wenn ich alt bin (realistisch)? Wie werde ich leben? Welche Interessen werde ich haben?
- Wie stelle ich mir Liebe, Sexualität, Partnerschaft, Beziehungen, Freundschaften vor, welche Gefühle verbinde ich damit? Wie stelle ich mir mein Äußeres, meinen Körper vor, welche Gefühle verbinde ich damit?
- Vor welchen Ereignissen/Erfahrungen in der Zukunft – im Zusammenhang mit dem Älterwerden – fürchte ich mich?
- Worauf freue ich mich?
- Welche Träume, Fantasien (Utopien), Wünsche habe ich für mein Alter? Wie möchte ich leben, was möchte ich tun, wie wünsche ich mir zu sein?
- Welche konkreten Schritte kann ich heute schon tun, um meine Wünsche zu realisieren?

(Mindestens 20 Min. Zeit geben)

Auswertung
Gespräch in Kleingruppen.

- Werden bestimmte Klischees in bezug auf Älterwerden und alte Leute in unseren Gedanken deutlich?
- Welche gesellschaftlichen Normen unter dem Motto: »Das kann man doch als alter Mensch nicht mehr machen!« engen unsere Vorstellungen und Wünsche ein?
- Welche Erfahrungen mit dem Altwerden habe ich in meiner Familie gemacht (Großeltern)?
- Wie haben wir politische, ökonomische und ökologische Einflüsse in unsere Überlegungen einbezogen?

(Zeit: pro Person 10 Min.)

Material

Stift und Papier, vervielfältigter Fragenkatalog.

Schnell-Schreiben zum Thema Tod

Ziel

Durch ununterbrochenes Schreiben tiefere Schichten zum Thema Leben und Tod erreichen.

Durchführung

Die Tn haben mehrere Bögen Papier und Stift vor sich. Der Moderator erläutert die Übung. Er kann dazu folgenden Text verwenden:

»Wir sind es normalerweise gewohnt, durchdacht und strukturiert, logisch und in vollständigen Sätzen zu schreiben. In dieser Übung geht es darum, all dies einmal nicht zu tun. Ich werde euch gleich unterschiedliche Satzanfänge vorlesen. Eure Aufgabe wird es sein, den Satz zu vervollständigen, und zwar ununterbrochen, immer wieder, einfach nicht aufzuhören zu schreiben. Und zwar so lange, bis ich den nächsten vorlese. Das Geschriebene muss weder geordnet, noch logisch sein, versucht eure kontrollierende Seite zu lockern, die Schere im Kopf soweit wie möglich auszuschalten. Wenn euch nichts mehr einfällt, schreibt: ›mir fällt nix ein‹, bis es wieder weitergeht. Ich beginne jetzt. Der erste Satz ist:

- *Wenn der Tod kommt wie.....*
- *...dann möchte ich...*
- *und deshalb möchte ich mein Leben heute führen...*
- *wenn es vorüber ist, möchte ich sagen...*
- *wenn es vorbei ist, möchte ich* wirklich *sagen...«*

(Zeit: jeweils 1 Min.)

Die Tn lesen sich ihre Texte in Ruhe durch und markieren sich Dinge, die ihnen wichtig sind.
(Zeit: 15 Min.)

Auswertung

Paaraustausch
(Zeit: pro Person 10 Min.)

Material

Papier und Stift.

Hinweis
Die Sätze lehnen sich an ein Gedicht Rilkes an.

☯☯☯

Nachruf

Ziel
Die Frage nach Sinn, Bedeutung und Wert des eigenen Lebens klären. Lebensentwürfe, mögliche Veränderungen des eigenen Lebens als Konsequenz prüfen.

Durchführung
Die Tn nehmen Stift und Papier. Sie stellen sich vor, sie seien gestorben und formulieren ihren eigenen Nachruf als einen Rückblick auf ihr Leben. Der Umfang sollte eine halbe bis eine Seite nicht überschreiten. Absichtlich werden keine Hilfen gegeben, damit jeder frei bleibt für seine persönlichen Wertungen. Dies sollte der Moderator betonen.
(Zeit: max. 20 Min.)

Auswertung
Jeweils ein Tn liest seinen Nachruf vor (besser ist es, wenn man die Nachrufe vervielfältigt, so dass alle sie lesen können). Die anderen Tn sagen, was ihnen aufgefallen ist, welches Bild vor ihnen steht.

- Welche Sprache wurde gewählt?
- Welche Rolle spielen andere Personen?
- Wie sieht der weitere Lebensentwurf des Betreffenden aus, schließt er sich kontinuierlich an das bisherige Leben an, gibt es Brüche, wodurch kamen sie zustande?
- Welche Charaktereigenschaften stellt die Person in den Vordergrund, welche nicht?
- Wie stellt sich der Tn sein Alter vor?
- Welche Folgerungen will ich aus dem Nachdenken über einen fantasierten »Nachruf« für mein Leben ziehen?

(Zeit: pro Person 10 Min.)

Material
Papier und Stift.

☯☯☯

Wie werde ich sterben?

Ziel
Rückschau auf das Leben halten, wobei wichtige Ziele entdeckt werden sollen, die noch erreichbar sind.

Durchführung

Die Teilnehmer setzen oder legen sich bequem hin und schließen die Augen. Nach einer intensiven Körperentspannung (s. S. 57) kann der Moderator folgende Anleitung verwenden.

»In der folgenden Übung kannst du etwas vertrauter mit deiner Vorstellung von deinem Sterben und deinem Tod werden. Sie kann dir helfen, die Angst davor zu vermindern. Und sie kann dir vor allem helfen, eine geänderte Einstellung zu deinem jetzigen Leben zu bekommen.
Jetzt, wo du ganz entspannt bist, stell dir vor, der Zeitpunkt deines Sterbens ist gekommen. Du spürst, dass dein Lebensende unmittelbar bevorsteht. Oder stell dir vor, der Arzt informiert dich, dass du sterben wirst. Er sagt es dir. Gehe deinen Gefühlen und Gedanken bei dieser Information nach. Was wirst du machen? Mit wem willst du sprechen? Was willst du sagen? Nimm dir jetzt Zeit, dir das in allen Einzelheiten vorzustellen. (5 Min.)
Und jetzt sieh dich selbst, wie du dem Tod näher kommst. Du siehst, wie die Veränderung deines Körpers zunimmt. Du siehst die Einzelheiten deines Sterbens. Du fühlst, dass dein Körper sich seinem Ende nähert. Du bist dir dessen bewusst, dass du sterben wirst. Erlaube dir, diese Gefühle zu erfahren und setz dich mit ihnen auseinander. (2 Min.)
Sieh jetzt die Menschen um dich herum an deinem Sterbebett. Stell dir vor, was sie dir sagen werden. Was sagen sie und was fühlen sie? (2 Min.)
Und jetzt stell dir vor, dass dein Körper die Kraft verliert und stell dir den Moment deines Sterbens vor. (2 Min.)
Und jetzt siehst du dich selbst gestorben. Und mit deiner Seele geschieht jetzt das, was du dir vorstellst, wie es deinen religiösen Einstellungen entspricht.
Und jetzt blickst du über die Einzelheiten deines Lebens zurück: Was war dein Leben? Was hast du getan? Was hat dir Freude gemacht? Was würdest du heute gerne anders tun? Welche seelischen Schmerzen, Kümmernisse und Sorgen hast du in deinem Leben gehabt? Blicke noch einmal auf dein bisheriges Leben zurück. (5 Min.)
Jetzt komm langsam wieder hierher zurück. Halte noch die Augen geschlossen. Sei dir bewusst, dass du wieder neu in dies Leben eintrittst. Und sei dir bewusst, dass du die Chance hast, weiter und neu zu leben. Du fühlst die Ruhe in dir. Du fühlst, wie entspannt du bist. Und du fühlst dich jetzt wieder hier in dem Raum. Nun mache langsam die Augen auf.«
(Gesamtzeit: 25 Min.)

Auswertung

In Kleingruppen, wobei folgende Fragen hilfreich sind:
- Wie habe ich mich während der Fantasie gefühlt? Welche Bilder habe ich gesehen, was habe ich über mich erfahren?
- Was war mir unangenehm, schwierig, was war leicht?

- Hat sich meine Angst vor Sterben und Tod vermindert oder verstärkt?
- Hat sich mein Gefühl, im Sterben hilflos zu sein, vermindert oder verstärkt?
- Habe ich Angst, im Sterben einsam zu sein? Oder möchte ich im Gegenteil allein sein?
- Wie ist es mit meiner Bereitschaft, in meinem Leben etwas ändern zu wollen?
- Wie ist es mit meinem Wunsch, intensiver und bewusster zu leben?

(Zeit: pro Person 15 Min.)

Material

Die letzten 20 Minuten meines Lebens

Ziel

In einer praktischen Übung die Grenze zum Tod erleben, erfahren und erkunden.

Durchführung

Die Tn sitzen bequem auf ihren Stühlen oder legen sich hin. Kurze Körperentspannung (s.S. 57). Der Moderator kann folgenden Text verwenden:

> *»In dieser Übung ist jeder mit sich allein. Am Ende dieser Moderation öffnet jeder die Augen und folgt seinen Impulsen – du kannst hier bleiben, nach draußen gehen, was immer sich stimmig für dich anfühlt, aber bleibe dabei ganz für dich.*
> *Stell dir jetzt vor, dies sind die letzten zwanzig Minuten deines Lebens. Mache es dir ganz klar und bewusst. Du hast nur noch zwanzig Minuten zu leben. Was möchtest du tun? Was ist wichtig? Folge deinen Impulsen, die zwanzig Minuten beginnen jetzt…«*

Nach zwanzig Minuten ruft der Moderator die Tn mit Hilfe einer Glocke, einer Klangschale oder Gongs o.ä., wieder zusammen.
(Zeit: inges. 30 Min.)

Auswertung

Diese Übung kann sehr intensiv sein – je nach Person und Lebenssituation. Möglicherweise besteht kein Bedürfnis zum Austausch, dann sollte der Moderator nur sicherstellen, dass jeder mit seinen Erfahrungen umgehen kann. Ansonsten Paaraustausch:

- Wie ist es mir ergangen, was war wichtig?
- Welche Themen haben mich beschäftigt?
- Wie habe ich meine Zeit genutzt? Wie war das?
- War ich einverstanden damit zu sterben? Oder nicht? Was fehlte?
- Bin ich mit meinem Leben versöhnt? Was ist offen?

- Wie geht es mir jetzt? Bin ich zufrieden?
- Welche Konsequenzen für mein jetziges Leben ziehe ich aus dieser Erfahrung?

(Zeit: pro Person 10 Min.)

Material

Glocke, Klangschale, Gong o.ä. für den Moderator

Variante

Es kann auch hilfreich sein, zur Auswertung ein Bild zu malen.

3.8 Körper

Der Mensch wundert sich ... über sich selbst,
das Vergessen nicht lernen zu können und immerfort am Vergangnen zu hängen:
mag er noch so weit, so schnell laufen, die Kette läuft mit.
F. Nietzsche: Unzeitgemäße Betrachtungen,
in: Gesammelte Werke, Klassikerausgabe,
Bd. 2, Leipzig o. J., S. 131f.

Allgemeine Einleitung zu den Körperübungen

Für viele Menschen ist das Herangehen an die eigene Geschichte über den Körper ungewohnt und neu. Der Moderator kann den folgenden Text als erklärenden Vorspann zu den jeweiligen Übungen verwenden.

»Wir wissen heute, dass unsere früheren Gefühle und Erlebnisse auch in unseren Körpern als Erinnerungen gespeichert sind, zum Beispiel in unserer körperlichen Struktur, unseren Proportionen, den Muskel- oder Fettablagerungen, in unserer Haltung, ja sogar in den einzelnen Zellen unseres Organismus. Seelische Verletzungen, Konflikte und Bedrohungen sind in Form von Verspannungen und Blockierungen in den Körper eingraviert, spiegeln sich in unseren Hormonen und den Reaktionen unseres Nervensystems wider. Um bestimmte Konflikte oder überlastende Gefühle nicht erleben zu müssen, weil sie uns zu einem früheren Zeitpunkt bedrohten, halten wir die Spannungen in bestimmten Körperbereichen fest, das gilt besonders für Wut, Stress und Trauer.
Wir können, wenn wir genau unserem Körper folgen und ihn spüren, solche Erinnerungen und Gefühle wieder aufleben lassen. Das wollen wir ein Stück weit jetzt tun. Achtet auf die Bilder und Erinnerungen, die in euch aufsteigen, achtet darauf, was euer Körper euch mitteilt und nehmt es wahr.«

Körperwahrnehmung

Ziel
Sensibilisierung des Körperbewusstsein und der Körperwahrnehmung. Erinnerungen über das Körpergedächtnis aufspüren.

Durchführung
Die Moderatorin kann folgende Anleitung verwenden:

»Die Übung wird sich in zwei Teile gliedern: einen Wahrnehmungsteil im Liegen und einen Bewegungsteil.

Mach es dir im Liegen bequem und schließe deine Augen. Atme ein und tiiief wieder aus (mehrfach wiederholen). Wenn du magst, mache einen Ton zum Ausatmen.
Spüre, wie dein Atem durch deinen Körper strömt … und stelle dir vor, dass du durch den Beckenboden ausatmest. (30 Sek.)
Nimm wahr, wie du daliegst … Spüre den Kontakt deines Körpers zum Boden. Spüre, wie der Boden dich trägt. (1 Min.)
Nimm dein Gesicht wahr … Spüre deine Stirn … Nimm deine Augenpartie wahr … Spüre deine Wangen … deine Kieferpartie …deine Nase … deinen Mund … deine Lippen … deine Zunge … Nimm wahr, wie du dein Kinn hältst…
Nimm nun deinen Nacken wahr … Spüre deinen Hals… Fühle deine Schultern … Spüre deine Arme … Nimm deine Hände, deine Finger wahr … Spüre deine Brust…
Nimm deine Leibmitte wahr … Spüre deinen Bauch … Geh nun in Gedanken langsam an deiner Wirbelsäule entlang deinen Rücken hinunter. (1 Min.)
Spüre dein Becken … Achte auf deinen Atem. Was hältst du fest? … Spüre dein Gesäß … dein Geschlecht … Nimm deine Oberschenkel wahr … spüre deine Knie … Fühle deine Waden … nimm deine Füße wahr …
Nun geh noch einmal in Gedanken durch deinen Körper. Welche Empfindungen nimmst du wahr? Wo spürst du Wärme, wo Kälte? Wo fühlst du Kraft und Energien? (1 Min.)
Wo spürst du Spannungen ?Verstärke sie. Gehe ihnen in Gedanken nach. Welche Gefühle nimmst du wahr? Woran erinnern sie dich? Welche Bilder tauchen auf? (2 Min.)
Wo empfindest du Schmerzen? Gehe ihnen in Gedanken nach. Was sagen sie dir? Woran erinnert dich das? Welche Bilder fallen dir dazu ein? (1 Min.)
Nun komm langsam wieder in den Raum zurück. Nimm die Geräusche um dich herum wahr. Öffne die Augen. Sieh dich um. Strecke und räkele dich, wenn du magst. Richte dich auf … Sprich nicht. Bleib bei deinen Gefühlen. (30 Sek.)

Steh jetzt auf. Stelle dich so in den Raum, dass du dich ungehindert bewegen und deine Arme ausstrecken kannst. Stelle deine Füße etwa in Beckenbreite parallel zueinander, die Knie leicht eingeknickt. Kippe dein Becken locker nach vorn. Atme tief in den

Bauch und lass den Beckenboden locker. Schließe jetzt wieder die Augen und fühle in deinen Körper hinein ... Nimm wahr, wie du dastehst. Spüre den Kontakt deiner Füße zum Boden. (30 Sek.)
Nimm deine Waden wahr ... Spüre deine Knie ... deine Oberschenkel, wenn du ein Zittern spürst, halte es nicht fest ... Nimm wahr, wie du dein Becken hältst ... Spüre dein Gesäß ... Spüre deinen Bauch ... Nimm deinen Rücken wahr ... Gehe in Gedanken an deiner Wirbelsäule entlang nach oben ... Spüre deine Schultern ... deine Arme ... deine Hände ... Fühle deinen Nacken ... deinen Kopf ... dein Gesicht ...
Geh jetzt nochmals in Gedanken durch deinen Körper. Wo hast du am deutlichsten Spannungen gespürt? Geh wieder hinein. Verstärke die Spannungen ... Bewege dich, probiere verschiedene Haltungen aus. Wo wird die Spannung stärker? Welche Gefühle kommen dazu in dir hoch? Woher kennst du diese Gefühle? Welche Bilder fallen dir dazu ein? (1 Min.)
Wenn du Bewegungsimpulse spürst, gib ihnen nach, führe sie aus, verstärke sie, bewege dich. Was spürst du? (30 Sek.)
Nimmst du in deiner Fantasie etwas wahr, das deinen Impulsen-/Bewegungen Widerstand entgegensetzt? Spüre genau hin. Wer oder was ist es? Was empfindest du? Beobachte deinen Körper, deine Atmung. (30 Sek.)
Nun komm langsam wieder in den Raum zurück.«
(Zeit: bis zu 25 Min.)

Auswertung
Es kann sich ein Austausch zu den Erfahrungen in der Gruppe anschließen. Interessant ist, dabei auf Redensarten, Wortspiele zu den Körperteilen, in denen ich Verspannungen oder Schmerzen spüre, zu achten.

Material
Günstig ist ein großer Raum, in dem alle Gruppenmitglieder liegen und sich bewegen können, Decken/Matten oder weicher Teppichboden als Unterlage.

Wie bewege ich mich durch mein Leben?

Ziel
Über unser Körpergedächtnis sollen Erinnerungen aus früheren Lebensphasen zu wichtigen existenziellen Themen aktiviert werden. Wir wollen die in unsere Körper eingelagerten Erfahrung durch Bewegung darstellen und ihnen so auf die Spur kommen.

Durchführung
Der Moderator kann folgenden Text als Anleitung verwenden:

»Verteilt euch so im Raum, dass jedem genügend Bewegungsspielraum bleibt. Wenn ich gleich die folgenden Hinweise gebe, fangt an, kreuz und quer durch den Raum zu laufen und nehmt wahr, welche Bilder, Empfindungen, Erinnerungen auftauchen. Also: Stellt euch vor

- *ihr seid das kleine Kind von damals und tobt durch den Garten;*
- *ihr habt euch besonders gefreut;*
- *ihr fühlt euch schwach und krank;*
- *ihr seid ängstlich;*
- *ihr seid im Stress/in Eile;*
- *ihr geht über eine »federnde« Wiese;*
- *man hat euch gesagt, dass ihr leise sein müsst;*
- *ihr seid wütend;*
- *ihr seid schuldbewusst;*
- *ihr geht nachts durchs Dunkle;*
- *ihr seid auf dem Weg zur Schule am Tag der Einschulung;*
- *ihr seid in der Schule und müsst stillsitzen;*
- *ihr fühlt euch stark.«*

Die Auflistung der Anweisungen kann beliebig ergänzt bzw. gekürzt werden.
(Zeit: mindestens 15 Min.)

Auswertung

Es folgt ein Gruppengespräch:

- Wenn wir an Situationen denken, in denen wir sehr intensive Gefühle haben, inwieweit drücken wir sie mit dem ganzen Körper aus?
- Wenn wir an die Vitalität denken, die wir als Kind hatten: inwieweit ist sie verlorengegangen und wodurch?
- Welche gesellschaftlichen Bedingungen entfremden uns heute von unserem Körper? Überlegt euch Beispiele aus eurem Alltag (zum Beispiel U-Bahn, Arbeitsplatz, Autofahren, Freizeitbereich usw.).

(Zeit: 30 Min.)

Material

Ein ausreichend großer Raum, in dem sich alle Tn bewegen können, ohne sich gegenseitig zu behindern.

Haltung spiegeln

Ziel

Erfahren, dass und wie innere Einstellungen sich in der Körperhaltung niederschlagen.

Durchführung

Die Gruppe teilt sich in Paare, die einander gegenüberstehen. Sie einigen sich, wer A und B ist. Jeder nimmt eine für sich typische Körperhaltung ein.

1. *Schritt:* Auf ein Zeichen hin »friert jeder sich ein«, das heißt, er verharrt in der momentanen Haltung und rührt sich nicht mehr. Jeder versucht jetzt genau wahrzunehmen, wie er sich hält. Wie fühlt sich der eigene Körper an? Sagt diese Haltung etwas über meinen momentanen Zustand oder allgemeine auch innere »Haltungen« aus? Dann betrachtet jeder das Gegenüber genau. Wie hält er oder sie den Kopf, die Arme, die Schultern usf.? Was für einen Eindruck ruft diese Haltung in mir hervor? (2 Min.)
2. *Schritt:* Die Paare bleiben weiter in ihrer Haltung stehen und tauschen das Erlebte aus. Jeder beginnt mit sich selbst, und zwar in der Ich-Form: »Ich halte meine Arme ...«
3. *Schritt:* A versucht sich seine Haltung genau zu merken und nimmt jetzt möglichst genau die seines Gegenübers B ein. Wie fühle ich mich in dieser Haltung? Nach einer kurzen Pause des Austauschs werden die Rollen gewechselt, B nimmt die Haltung von A ein.

(Zeit: 10 Min.)

Auswertung

Gespräch in der Gesamtgruppe

- Was sagt meine Haltung über meine Lebenseinstellung aus?
- Woher kenne ich diese Haltung?
- Wenn ich versuche, sie zu übertreiben, was sagt sie aus?
- Was wäre das Gegenteil zu meiner Haltung? Wie fühle ich mich, wenn ich diese Haltung einnehme?

(Zeit: 10 Min.)

☯☯☯

Ich lasse meinen Rücken sprechen

Ziel

Die im Laufe unseres Lebens in unseren Körpern abgelagerte Erfahrungen sollen durch eines fantasierten »Dialog mit dem Rücken« ins Bewusstsein gerufen werden.

Durchführung

Die Moderatorin kann folgenden Text verwenden:

> *»Nimm eine für dich bequeme Haltung ein. Schließe deine Augen. Lasse deine Gedanken vorbeiziehen und halte sie nicht fest. (30 Sek.)*
> *Nimm deine Haltung wahr... Richte deine Aufmerksamkeit jetzt auf deinen Rücken... Spüre langsam von oben nach unten an deiner Wirbelsäule hinab. (1 Min.)*

Nun nimm noch näher Kontakt zu deinem Rücken auf. Lasse deinen Rücken zu dir sprechen. Frage, wo er sich stark und kräftig fühlt, wo entspannt. (30 Sek.)
Frage ihn auch, wo er sich verspannt, schmerzhaft, verhärtet fühlt.
(30 Sek.)
Frage ihn, warum er sich so fühlt. Was antwortet er? (30 Sek.)
Wie ging es deinem Rücken, als du noch klein warst? (30 Sek.)
Setze den Dialog noch eine Weile fort. Nimm die Bilder wahr, die dir dazu einfallen.
(1 Min.)
Nun komm langsam wieder in den Raum zurück, öffne die Augen, räkele dich und sei wieder da ... «
(Zeit: 5 Min.)

Auswertung
In einem anschließenden Gruppengespräch tauschen die Tn ihre Erfahrungen aus und gehen folgenden Fragen nach:
- Was bedeutet mein Rücken für mich, und welche Erfahrungen habe ich mit ihm gemacht?
- Welche Aussprüche fallen mir zum Thema »Rücken« ein?

(Zeit: 15 Min.)

Weiterführung
Eine schöne Weiterführung ist eine Massage im Anschluss an diese Übung.

Variante
Die Tn malen nach dem imaginierten Dialog ein Bild zu ihrem Rücken (schematisch) und tragen dazu in den einzelnen Bereichen die unterschiedlichen Empfindungen (wie »verspannt«, »kräftig«, »unbeweglich«, »schmerzhaft« usw.) und die »Botschaften« ihres Rückens ein.

Material
Eventuell Stifte und Papier (s. Variante).

Erinnerungsspuren in unseren Gesichtern

Ziel
Lebenserfahrungen stehen uns im Gesicht geschrieben, hinterlassen Spuren in unseren Gesichtern. Anhand von Fotos aus verschiedenen Altersstufen soll diesen Erfahrungen nachgespürt werden.

Durchführung
Die Tn bringen Fotos mit, auf denen sie in verschiedenen Lebensaltern zu sehen sind. (Am besten eignen sich Porträt-Fotos. Man kann aber auch andere Fotos nehmen, wichtig ist nur, dass das Gesicht zu erkennen ist. Es sollten nicht mehr als zehn Fotos sein.)

Die Tn werden gebeten, ihre Fotos vor sich auszubreiten. Eventuell können die Fotos auch mit Fotoecken auf einen großen Bogen Papier (Tapete) geklebt werden. Auffallendes kann dann mit Pfeilen markiert daneben geschrieben werden. Die Tn nehmen sich Zeit, ihr Gesicht in den verschiedenen Altersstufen genau zu betrachten und dabei folgenden Fragen nachzugehen, die (vorher!) auf einer Wandzeitung notiert sind:

- Wenn ich von Bild zu Bild gehe, wie verändert sich im Laufe meines Lebens mein Gesicht?
- Welche Erfahrungen und Ereignisse lagen jeweils gerade hinter mir?
- In welcher Lebenssituation wurde das Foto aufgenommen?
- Wenn ich meinen damaligen Gesichtsausdruck nochmals übernehme, welche Gefühle und Erinnerungen löst das in mir aus?
- Welche Stimmungen kommen mir aus den Bildern entgegen?
- Entdecke ich Ähnlichkeiten mit Personen aus meiner Familie? Mag ich diese Seiten an mir?

(Zeit: 20 Min.)

Auswertung

In Kleingruppen. Nacheinander breiten die Tn ihre Fotos aus bzw. legen den Bogen mit den aufgeklebten Fotos in die Mitte. Die anderen betrachten alles in Ruhe, versuchen wahrzunehmen, was sich im Laufe der Zeit im Gesicht der Person verändert, welche Empfindungen ein bestimmter Zug oder Gesichtsausdruck bei ihnen auslöst, wenn sie versuchen, ihn nachzuahmen bzw. zu übernehmen. Sie teilen ihre Gefühle und Eindrücke mit. Anschließend erzählt der Betreffende, was er an seinen Fotos wahrgenommen hat und welche Erfahrungen er mit bestimmten Gesichtszügen/einem bestimmten Gesichtsausdruck verbindet.
(Zeit: pro Person 20 Min.)

Material

Bis zu zehn Fotos aus verschiedenen Altersstufen, Stift und große Bogen Papier (bzw. Tapetenrolle), Wandzeitung mit Fragen, Klebeband.

☯☯☯

Das »zweite« Gesicht

Ziel

Sich mit dem eigenen Gesicht beschäftigen. Einen neuen, ungewöhnlichen Blick auf das Gesicht entwickeln. Herausfinden, welche lebensgeschichtlichen Erfahrungen sich in den Gesichtszügen spiegeln.

Durchführung

Die Gruppe teilt sich in Paare. Jeweils eine Teilnehmerin schaut in einen Spiegel, der senkrecht mit Hilfe eines Blattes Papier zur Hälfte abgedeckt ist. Sie platziert sich so, dass sie nur eine Gesichtshälfte sehen kann. Durch Verschieben des Blattes können abwechselnd die rechte oder die linke Hälfte betrachtet werden. Gemeinsam sprechen die Partner über folgende Fragen (Wandzeitung oder vervielfältigter Fragenkatalog):

- Was fällt mir auf, welche Züge entdecke ich an mir?
- Wenn ich den Ausdruck verstärke, was fällt mir dazu ein, welche Gefühle verbinde ich damit, woran erinnert mich das?
- Sehe ich Ähnlichkeiten mit Familienmitgliedern?
- Wie stehe ich zu solchen Ähnlichkeiten? Wem möchte ich auf keinen Fall ähnlich sehen? Wem würde ich gerne ähnlich sehen?
- Wenn wir davon ausgehen, dass die rechte Seite das Ich (die Aktivität, das Außengerichtetsein), die Beziehung zum Vater repräsentiert, was spiegelt mein Gesichtsausdruck? Was sagt er über die Beziehungen/Erfahrungen aus?
- Wenn wir davon ausgehen, dass die linke Seite das Selbstwertgefühl, das »innerste Wesen«, die Beziehung zur Mutter darstellt, was sagt mein Gesichtsausdruck über die Beziehung/Erfahrungen aus?
- Welche Gefühle lösen meine beiden Gesichter (Gesichtshälften) jeweils in mir aus? Wie unterscheiden sie sich?
- Welche Erfahrungen stehen in meinen Gesichtern (Gesichtshälften) geschrieben? Achte besonders auf die *Augen,* den Mund, die Kieferpartie.
- Was mag ich, was mag ich nicht an mir?

(Zeit: pro Person mindestens 10 Min.)

Auswertung

Gruppengespräch zu der Frage: Was habe ich entdeckt, was war wichtig für mich?

Variante

Sie ist zwar aufwendig, aber die Mühe lohnt sich. Ein besonderer Effekt ergibt sich, wenn die Tn digital Fotos (frontal) von ihren Gesichtern machen und sie in einen Computer laden. Dann wird dieses Bild so bearbeitet, dass eine Kopie spiegelverkehrt ist. Die beiden Bilder werden nun jeweils in der Mitte des Gesichts senkrecht halbiert (entweder auf dem Bildschirm oder auf dem Papierausdruck). Die Tn fügen die beiden rechten und die beiden linken Hälften ihres Gesichtes aneinander, so dass jeder zwei verschiedene Gesichter von sich hat. Die Tn werden gebeten, nacheinander in Ruhe ihre beiden Gesichter zu betrachten und dabei den Fragen (s.o.) nachzugehen. Die Erfahrungen und Ergebnisse sind höchst überraschend. Es lohnt den technischen Aufwand! Bedacht werden muss allerdings der erhebliche Zeitaufwand.

Material

Spiegel (mindestens einen für je zwei Tn), weiße Bogen Papier zum Abdecken der Spiegel, Stift, Papier, vervielfältigter Fragenkatalog.

Für die Variante: Digitalkamera, Laptop mit Fotobearbeitungsprogramm, Drucker, oder vorbereitete Abzüge der Porträtfotos (Mindestgröße 13 x 18 cm); Klebstoff, Schere, Papier zum Aufkleben.

☯☯☯

Hals und Nacken

Ziel

Das Bewusstsein für den Körper soll am Beispiel Hals und Nacken intensiviert werden. Im Mittelpunkt stehen dabei die Themen Überbelastung und Verantwortung.

Durchführung

Die Moderatorin kann folgende Anleitung verwenden:

»Stell dich in einer dir vertrauten Haltung hin.
Nimm dir Zeit, um deinen Hals und Nacken zu betasten und zu spüren. Versuche, ein Gefühl dafür zu bekommen, wie dein Hals/Nacken sich anfühlt, aussieht und welche Funktion er erfüllt. (3 Min.)
Nimm wahr, wie die Haltung deines Nackens und Halses normalerweise ist, ob du zum Beispiel den Hals nach vorn beugst oder zu einer Seite. Was fällt dir zu dieser Haltung ein? (30 Sek.)
Nimm wahr, welche Gesichtsmuskeln, Rücken- und Schultermuskeln du gleichzeitig anspannst. Spüre diese Haltung, verstärke sie, versuche, sie über zu betonen. Was fällt dir dazu ein? (30 Sek.)
Nun stelle dich frei in den Raum, die Außenkanten der Füße parallel zueinander, die Knie nicht durchgedrückt, sondern leicht »eingeknickt«, das Becken locker nach vorn geschoben. Atme ein und tief wieder aus. (Mehrfach wiederholen) Stell dir vor, dass du durch den Beckenboden ausatmest. (30 Sek.)
Drehe nun deinen Hals, lasse deinen Kopf kreisen, soweit du kannst, gerade an der Schmerzgrenze entlang und mache einen Ton dazu. Achte darauf, was dir einfällt. Welche Erinnerungen und Gefühle kommen in dir hoch? (1 Min.)
Welche Erlebnisse fallen dir zu deinem Hals und deinem Nacken ein?...
Was fällt dir zum Stichwort »Schlucken« ein?...
Was fällt dir zum Stichwort »Nackenschläge« ein? ...
Was fällt dir zum Thema »Verantwortung« ein?..
Was »sitzt dir oft im Nacken«?
Welche Bilder und Gefühle stellen sich dazu ein? Halte sie fest. (30 Sek.)
Nun komme langsam wieder zurück.«
(Zeit: 10 Min.)

Auswertung

In der Gesamtgruppe, besser in Kleingruppen.
Fragen:

- In welchen Situationen werde ich heute auf meinen Hals/Nacken aufmerksam; wann und in welchen Situationen spüre ich Verspannungen oder Schmerzen? Was lagert sich in meinem Nacken ab?
- Kann ich Verbindungen zu meinen früheren Erfahrungen herstellen?
- Wie geht es mir mit Verantwortlichkeit, Belastung, »Verbissenheit« und Stress?

(Zeit in Kleingruppen: pro Person10 Min.)

Weiterführung

Eventuell können die einzelnen Tn der Gruppe ihre typische Haltung von Hals und Nacken »vormachen«. Die übrigen Gruppenmitglieder versuchen, diese Haltung einzunehmen und zu spüren, welche Gefühle, Bewegungsimpulse darin liegen und teilen dies mit.

Körperbotschaften

Ziel

An unseren Körpern lässt sich unsere Erfahrung mit dem Leben und unsere Haltung zum Leben »ablesen«. Mit Hilfe unserer Körperbilder als gezeichnete Schattenrisse kommen wir den in unseren Körpern aufgeschichteten Erfahrungen auf die Spur.

Durchführung

Die Gruppe bildet Paare. Auf einen an die Wand gehefteten Tapetenstreifen (drei Bahnen zu 2 m Länge senkrecht aneinander kleben) malt der eine Partner die Schattenrisse des anderen auf, einmal im seitlichen Profil, einmal frontal. Als Lichtquelle genügt eine Decken- oder Stehlampe. Am günstigsten ist es, wenn die Person nur Badekleidung trägt, mehr Kleidung verzerrt die Umrisse. Anschließend Wechsel.
Nun wird jeweils der Umriss eines Teilnehmers von der Gruppe betrachtet. Wertende Bemerkungen vermeiden!

- Was fällt den Gruppenmitgliedern auf?
- Welche Haltung nimmt die Person ein?
- Welcher Impuls liegt in der Haltung?
- Wie sieht der Körperbau aus?
- Welche Bereiche sind betont, welche wirken weniger ausgeprägt (Schultern, Brustkorb, Becken, Oberschenkel, Beine usw.)?
- Welchen Kontakt hat die Person zum Boden?
- Wie sind die Energie-Richtungen?

Nachdem die Gruppenmitglieder ihre Wahrnehmungen geschildert haben, sollte die betreffende Person sagen, wie sie sich selbst sieht, welche Körperteile sie mag/nicht mag, welche Bedeutung das im Laufe ihrer Lebensgeschichte hatte uns was ihr zu ihrer Haltung einfällt (welche Erinnerungen verbinden sich damit?). Fällt der Person ein Ausspruch zu bestimmten Teilen/Partien ein? Wie geht es den anderen, wenn sie diese Haltung einnehmen? Wie fühlt sich die Person in den einzelnen auffälligen Partien?
(Zeit: Paararbeit: 10 Min. und Gruppenarbeit pro Person 15 Min.)

Material
Tapetenrolle, Filzstifte, Lampe, Klebeband.

Hinweis
Diese Übung setzt ein sehr gut entwickeltes Vertrauen in der Gruppe voraus!

☯☯☯

Berührungen

Ziel
Klären, wie früher Körperkontakt erfahren wurde und wie sich diese Erfahrungen heute auswirken.

Durchführung
Jeder Teilnehmer zeichnet auf einen großen Bogen Papier einen Umriss des eigenen Körpers, einmal von vorne und einmal von hinten. Dieser Umriss wird jetzt mit drei verschiedenen Farben ausgemalt. Mit einer Farbe alle Bereiche, wo wir früher *oft* berührt wurden, mit einer, wo wir *selten* und mit der letzten, wo wir *nie* berührt wurden. Außerdem können positive oder negative Markierungen hinzugefügt werden.
Es kommt nicht auf künstlerische Schönheit an, sondern nur auf Erkennbarkeit.
(Zeit: 20 Min.)

Auswertung
Am besten in der ganzen Gruppe, bei zu großen Gruppen oder Zeitmangel auch in Kleingruppen.
Das Bild wird in die Mitte gelegt, und die anderen Tn sagen zunächst, was ihnen auffällt, welche Gedanken ihnen kommen.

Weiterführende Fragen:
- Wie geht es mir heute?
- Wo werde ich gerne, weniger gerne berührt?
- Wo und wie berühre ich andere gerne usf.

In einem *zweiten* Schritt kann in das Bild mit einer stark kontrastierenden Farbe noch folgendes eingezeichnet werden: Defekte, Krankheiten, Schmerzen, Verspannungen oder positive Energien.
(Zeit: pro Person 15 Min.)

Material
Papier (am besten Tapetenrolle o. ä.), ausreichend Farbstifte (am besten Wachsmalkreiden).

Hinweis
Diese Übung setzt ein gut entwickeltes Vertrauen und auch Offenheit in der Gruppe voraus.

Ich mag mich – ich mag mich nicht

Ziel
Mit dieser Übung versuchen wir, der Geschichte unseres Körperbildes auf die Spur zu kommen. Wir klären die Frage, was wir an unserem Körper und unserer äußeren Erscheinung akzeptieren und was nicht.

Durchführung
Der Moderator kann folgende Anleitung verwenden:

»Die Einstellung zu unserem äußeren Aussehen wirkt sich stark auf unser Selbstgefühl aus. Diese Einstellungen sind nicht naturwüchsig vorhanden, sondern das Ergebnis von Erfahrungen, Normen und Schönheitsidealen, die u.a. gesellschaftlich vermittelt sind.
Nimm ein Blatt Papier und einen Stift. Stelle dir deinen Körper vor und male die Umrisse deines Körpers – einmal von vorne und einmal von hinten – nicht besonders schön, sondern einfach nur schematisch.
Wenn du willst, kannst du auch die Proportionen überbetonen. (2 Min.)
Nun stelle dir folgende Fragen (vervielfältigter Fragenkatalog wird verteilt). Du kannst bei der Beantwortung der Fragen auch einiges in Stichworten auf deiner Zeichnung festhalten...

Fragen:
- Welche Partien meines Körpers mag ich, auf welche bin ich besonders stolz? (Markiere sie mit einem farbigen Stift oder schreibe in die Zeichnung z.B.: »Meine Haare mag ich gern.« usw.)
- Welche Partien meines Körpers verberge ich? Wie verberge ich sie? (Trage auch das in deine Zeichnung ein.)
- Woher stammen meine Schönheitsideale? Aus Zeitschriften, Filmen, Fernsehen, von meiner Mutter, meinem Vater, von Männern, Frauen, von *einem* Mann/*einer* Frau?

- An welche früheren Sprüche kann ich mich in diesem Zusammenhang erinnern?
- Welche Teile meines Körpers mag ich nicht? Warum mag ich sie nicht? Wie gehe ich mit ihnen um?
- Welche Teile meines Körpers verbinde ich mit Lust/Freude, welche mit Schmerz? Wie behandele ich sie?
- Wie wurde in meiner Familie mit meinem Aussehen umgegangen?
- Habe ich das Gefühl, dass mich Leute wegen meines Körpers mögen oder nicht mögen?
- Welche Rolle spielt Kleidung in diesem Zusammenhang?

(Zeit: 45 Min.)

Auswertung

Je nach Gruppengröße im Plenum oder in der Kleingruppe. Die Zeichnungen werden nacheinander in die Mitte gelegt. Die Tn betrachten sie in Ruhe und schildern dann ihre Eindrücke. Anschließend erläutert der Zeichner sein Körperbild. Folgende Fragen können hilfreich sein:

- Durch wen (Personen/Medien) wurden meine Idealvorstellungen beeinflusst?
- Wie war meine Idealvorstellung während der Pubertät?
- Hat sie sich geändert (wie sieht meine Idealvorstellung heute aus, wodurch wird sie beeinflusst)?
- Wie bin ich mit Schönheitsidealen umgegangen?
- Welche Rolle spielte eine bestimmte Kleidung?
- Welches Verhältnis habe ich heute zu meinem Körper?

(Zeit: pro Person 20 Min.)

Material

Papier, Stift und Farbstifte.

Weiterführung

Eine Fantasie. Der Moderator kann folgende Anleitung verwenden:

> *»Atme ein und tief wieder aus (mehrfach wiederholen)... Spüre, wie dein Atem durch deinen Körper fließt. Lass dir Zeit; fühle in deinen Körper hinein; wo du Spannungen spürst, versuch sie loszulassen. Lass die Gedanken durch deinen Kopf ziehen und halte sie nichtfest. Atme tief und gleichmäßig und versuch dich zu entspannen. (5 Min.)*
> *Geh jetzt mit deiner Aufmerksamkeit zu dem Teil deines Körpers, den du am wenigsten an dir magst. Entscheide dich für einen. (1 Min.)*
> *Versuch, ihn genau zu fühlen. Vielleicht möchtest du ihn berühren und betasten. Wenn du magst, tu es. Wie fühlst du dich dort? (1 Min.)*
> *Was magst du nicht? Versuch, ganz in das Gefühl hineinzugehen. (30 Sek.)*
> *Lass Erinnerungen und Bilder dazu entstehen. Sieh sie dir genau an und achte auf dein Gefühl. (3 Min.)*

Stell dir jetzt vor, dieser Körperteil wäre so, wie du ihn dir wünschst. Fühle genau hin, wie wäre das? Was würde sich dadurch verändern? (2 Min.)
Denk an die Menschen, die dir nahe stehen. Stell dir Situationen mit ihnen vor. Wie wäre es? (2 Min.)
Komm nun langsam wieder in den Raum zurück. Öffne die Augen, räkele dich und sei wieder hier.«
(Zeit: 15 Min.)

Auswertung
Gruppengespräch über die Erfahrungen.

»Ich bin in deinen Händen«

Ziel
Herausfinden, wieweit ich mich vertrauensvoll »in die Hände« eines anderen begeben kann. Eine Verbindung zu früheren Erfahrungen herstellen.

Durchführung
Die Gruppe teilt sich in Paare. Die Paare entscheiden, wer A und wer B sein will. A setzt sich im Schneidersitz bequem so hin, dass er einige Zeit in dieser Haltung sitzen kann, und legt die Hände wie eine Schale mit den Innenflächen nach oben in seinen Schoß. B streckt sich der Länge nach auf dem Boden aus, so dass er mit dem Hinterkopf in As Händen liegt. Beide suchen eine angenehme Stellung und schließen die Augen. A spürt in sich hinein, wie es ihm damit geht, jemanden auf diese Weise »in den Händen« zu halten. B versucht so tief wie möglich in sein Gefühl hineinzugehen (zum Beispiel gehalten werden, beschützt sein, sich aufgehoben fühlen, aber auch sich »in die Hände eines andern« zu begeben, sich vielleicht ausgeliefert fühlen). Er achtet auf Schwierigkeiten, Fantasien, Erinnerungen und Gefühle, die hochkommen. (5 Min.) Anschließend Wechsel.
(Zeit: 10 Min.)

Auswertung
1. Paargespräch.
   - Wie ist es mir ergangen?
   - Was ist mir eingefallen?
   - Was habe ich gefühlt?
   - Wie habe ich dich wahrgenommen?
2. Gruppengespräch zum Thema: »Vertrauen«.
   - Kann ich anderen vertrauen? Mich loslassen? Mich jemandem anvertrauen?
   - Wann kann ich es? Wann nicht? Welche Bedingungen brauche ich, um mich in die Hände eines anderen zu geben?

- Wo habe ich Grenzen, Schwierigkeiten?
- Gibt es Verbindungen zu meiner Geschichte?

(Zeit: 40 Min.)

Material

Ein genügend großer Raum, Wolldecken, Matten o. ä.

☯☯☯

Mein Körper, mein Tempel

Ziel

Erkunden, ob und wie wir gelernt haben, pfleglich und gesundheitsfördernd mit unserem Körper umzugehen.

Durchführung

Die Tn fertigen eine Liste an, was sie heute für Ihren Körper tun, um ihn gesund und gepflegt zu erhalten. (Zeit: 5 Min.).
Auf einem zweiten Blatt erstellen sie eine Liste all der Dinge, die sie tun oder unterlassen, die die Gesundheit ihres Körpers nicht fördern. (Zeit: 5 Min.).
Diese beiden Listen betrachtend gehen sie folgenden Fragen (evtl. vervielfältigen) nach:

- Wer waren meine Vorbilder bei diesem Thema?
- Wie wurde bei uns früher damit umgegangen? Was habe ich gelernt?
- Gibt es Glaubenssätze oder Familientraditionen zu diesem Thema?
- Welche Einflüsse waren später wichtig, hat sich meine Einstellung verändert?
- Was mag die Ursache sein, dass ich bestimmte Dinge nicht ändere, obwohl ich weiß, dass es besser für mich wäre? Gibt es eine Art Lustgewinn an dieser Stelle?

(Zeit: 10 Min.)
(Gesamtzeit: 20 Min.)

Auswertung

Austausch in Kleingruppen oder in der großen Gruppe.
(Zeit: pro Person 15 Min.)

Material

Stift und Papier

☯☯☯

Frühere Gefühle leben in meinem Körper

Ziel

Gefühle und Erinnerungen, die im Körper gespeichert sind, sollen wiederbelebt werden. Ihre Bedeutung für das heutige Leben wird geklärt.

Durchführung

Der Moderator erläutert die Übung etwa mit folgendem Text:

»Wir wissen heute, dass Erlebnisse und Gefühle auch in unserem Körper als Erinnerungen gespeichert sind. Wir können, wenn wir genau auf unseren Körper achten und ihm nachgeben, solche Erinnerungen wieder aufleben lassen. Das wollen wir jetzt tun. Wir werden gleich eine Körperentspannung durchführen. Danach nenne ich verschiedene Situationen. Lass dir Zeit – versuch dich zu erinnern, aber vor allem achte darauf, was dein Körper will. Nimm dann mit dem ganzen Körper eine Haltung ein, die dein Gefühl in der Situation wiedergibt. Probiere so lange, bis deine Haltung stimmt. Überlege dabei so wenig wie irgend möglich. Lass dich von deinem Körper führen und vielleicht auch überraschen.
Wenn du deine Haltung gefunden hast, spüre, wie du dich fühlst. Lass dich ganz auf das Gefühl ein, soweit wie du magst. Wenn dir Bilder und Situationen einfallen, lass sie kommen und geh in sie hinein.«

Die Tn legen sich so hin, dass sie genügend Platz haben, um sich zu bewegen. Lange Entspannung (s. S. 57).

»Behalte zunächst deine Augen geschlossen. Stelle dir vor:
›Ich bin klein und mir geht es schlecht.‹ Lass dir Zeit, in das Gefühl hineinzugehen. (3 Min.)
›Ich – heute; mir geht es schlecht.‹ (3 Min.)
›Ich liege als Kind im Bett und schlafe gleich ein.‹ Wenn du magst, kannst du nuckeln. (3 Min.)
›Ich stehe auf und muss zur Schule.‹ Lass dir Zeit aufzustehen und erlebe bewusst deinen Körper und deine Gefühle. (3 Min.)
›Ich liege heute im Bett...‹ (3 Min.)
›Ich muss zur Arbeit/Schule/Uni und stehe auf.‹ (3 Min.)
›Ich sitze am Tisch zu Hause.‹ Wenn du magst, kannst du dir auch einen Stuhl holen. (3 Min.)

Denk an eines deiner Elternteile. Stell dir ihn oder sie in einer typischen Körperhaltung vor. Sieh sie dir an und fühle dich hinein. Bring dich jetzt durch deine Körperhaltung in Beziehung zu dieser Person. Suche die Haltung, die deiner Beziehung und deinem Gefühl entspricht. Fühle genau hin, wie es dir dann geht. (3 Min.)
Die letzte Situation: ›Ich fühle mich gut, geborgen und wohl.‹ Drücke dies mit deinem Körper aus. (3 Min.)
So, bleib jetzt noch einige Zeit bei dir, nimm dir Zettel und Stift, wenn du magst, und notiere alles, was für dich wichtig war. Du hast 10 Minuten Zeit.«
(Zeit: ca. 45 Min.)

Auswertung
Austausch in der Gruppe mit der Möglichkeit, dass der Gruppenleiter (therapeutische Erfahrung wäre gut) auf Wunsch mit Einzelnen ihre Erfahrungen aufarbeitet.
- Was war für mich wichtig?
- Welche Gefühle/Erinnerungen kamen in mir hoch zu den einzelnen Situationen?
- Gibt es Konsequenzen, die ich daraus für mein heutiges Leben ziehen will?

(Zeit: 60 Min. und mehr)

Material
Ein genügend großer Raum, Matten, Decken, Kissen, bequeme Kleidung, eventuell einige Stühle.

Hinweis
Übung für Fortgeschrittene. Diese Übung kann (da sie die Regression fördert) sehr intensiv werden, es muss genügend Zeit zur Auswertung im Anschluss eingeplant werden.

Komm her – Geh weg

Ziel
Nähe, Distanz und Abgrenzung zu Menschen körperlich ausdrücken. Lebensgeschichtlichen Erfahrungen zu diesem Thema auf die Spur kommen.

Durchführung
Die Tn werden gebeten, sich im Raum so zu verteilen, dass jeder genügend Platz für sich hat und niemanden stört. Nach einer kurzen Phase der körperlichen Entspannung und Einstimmung (s. S. 57) werden sie gebeten, mit ihren Händen (bei geschlossenen Augen) die Bewegungen »Komm her« und »Geh weg« auszudrücken. Sie tun dies so, dass sie dem Impuls der Arme und der Hände folgen. Möglichst ohne rationale »Planung« sollen die Hände dies einfach »tun«.
Allmählich werden dann dazu die Worte »Komm her« und »Geh weg« gesprochen, zuerst leise, sehr bewusst, langsam und intensiv, dann immer lauter, auch schneller und temperamentvoller. Die Wörter können je nach auftretendem Gefühl auch variiert werden (vom »Komm doch her, ich brauche dich« bis zum »Geh weg, hau ab, verschwinde endlich«).
Wichtig ist, dass jeder Teilnehmer ganz bei sich bleibt, den Gefühlen nachspürt, Bilder wahrnimmt und viele Varianten mit viel Zeit »ausprobiert«, sich dabei selbst erfährt, auf sich selbst in jeder Nuance aufmerksam bleibt. Auch wenn es zeitweise im Raum sehr laut wird, sollte jeder sich nicht ablenken lassen.
Erst nach einer geraumen Weile werden die Bewegungen intuitiv, kommen vom

Kopf weg und berühren tiefere Gefühle. Die Zeit für die einzelnen Tn variiert beträchtlich; wer nach 15 Minuten Erschöpfung spürt, soll sich auf den Boden niederlassen und noch eine Weile das Erlebte nachklingen lassen.
(Zeit: 15 Minuten und mehr.)

Auswertung

In Kleingruppen zu maximal vier Tn.

- Tauchten Bilder von Personen auf?
- Wie ging es mir mit ihnen?
- Was fiel mir leichter/schwerer an den beiden Bewegungen?
- Wie ging es mir damit, Nähe und zugleich wieder Distanz zu suchen?
- Bei welchen Menschen in meiner Lebensgeschichte hätte ich mir mehr Nähe, bei welchen mehr Distanz gewünscht?
- Wie geht es mir heute dabei, Nähe zu suchen und mich doch abzugrenzen?

(Zeit: pro Person 15 Min.)

Material

Ein genügend großer Raum, in dem es auch laut werden darf.

Hinweis

Die Übung kann sehr intensiv werden; in den Kleingruppen muss deshalb genügend Zeit zum Bearbeiten der Erfahrungen sein.

3.9 Frausein – Mannsein

So lernt die Tochter,
was leidige Themen sind und wird es nie mehr vergessen,
nie über Geld, Politik, Verbrechen, Sexualität reden können,
ohne vor dieser Sperre zu zögern und dann allzu heftig hindurchzustoßen,
mit »scharfer Zunge«, »unweiblicher Härte«, »schonungsloser Offenheit«.
R. Rehmann: Der Mann auf der Kanzel,
München/Wien 1979, S.167.

3.9.1 Meine Geschlechtsrolle

Männer- und Frauenbild

Ziel

Geklärt werden Normen, Werte, Haltungen und Einstellungen, die uns im Laufe unserer Lebensgeschichte zur männlichen und zur weiblichen Geschlechtsrolle vermittelt wurden.

Durchführung

Jede Teilnehmerin hat Schreibzeug und Papier. Der Moderator leitet die Übung mit folgenden Worten ein:

»Ihr wisst aus eigener Erfahrung, dass euer Kopf manchmal weiter ist als euer Gefühl. Manchmal beherrschen uns alte Gefühle und auch von den Eltern vermittelte Vorstellungen und Werte, ja sie sind uns bisweilen im Weg: Wie sollen wir als Mann/als Frau sein, was ist ein »normales« Mädchen, ein »normaler« Junge? Es geht in dieser Übung um solche Werte, Einstellungen, Haltungen, die wir immer noch in uns haben. Es kommt deshalb zunächst darauf an, so weit wie möglich unsere heute vertretende Orientierungen beiseite zu schieben.
Versucht so offen wie möglich – das heißt ohne Wertungen – zu sein und einfach nur wahrzunehmen, was euch in den Kopf kommt, auch wenn es mit euren Ansprüchen und Vorstellungen scheinbar nicht übereinstimmt.
Ich lasse euch jetzt einige Minuten Zeit, um euch zu entspannen. Versucht, den Kopf ganz leer werden zu lassen. Ich werde euch dann bitten, jeweils einen Satz weiterzuführen, den ich beginne.....
Der Satz lautet: ›Frauen sind...‹ Schreibt untereinander alle Fortführungen, die euch einfallen. (3 Min.)
Wenn ihr fertig seid, legt den Stift beiseite und entspannt euch wieder. Versucht nicht, an das eben Geschriebene zu denken.
Der nächste Satz lautet: ›Männer sind...‹ Schreibt auf, was euch einfällt. (3 Min.)
Nehmt euch jetzt Zeit, das Geschriebene anzusehen. Kannst du dich erinnern, woher du diesen Satz kennst? Mache dir dazu und zu den folgenden Fragen Notizen. (2 Min.)
Gibt es Merkmale, die du haben möchtest, bzw. die du nicht haben möchtest? (2 Min.)
Sieh dir an, was du über das andere Geschlecht notiert hast. Welche Merkmale schätzt du an deinem Partner/deiner Partnerin, welche nicht? (2 Min.)
Welches Frauenbild bzw. welches Männerbild haben dir deine Eltern vermittelt?« (3 Min.)
(Zeit: 20 Min.)

Auswertung

In Kleingruppen, wobei folgende Fragen hilfreich sind:

- Wie sehe ich mich selbst als Frau/als Mann?
- Wie hätte ich nach Ansicht meiner Eltern zu sein?
- Wie möchte ich *nicht* sein?
- Wie bin ich heute und wozu stehe ich?

(Zeit: pro Person 15 Min.)

Material

Papier und Stift.

☯☯☯

Partner/innen in meinem Leben

Ziel

Die Einflüsse von Partnerbeziehungen für Entwicklungen in meinem Leben klären.

Durchführung

Die Tn nehmen ein DIN-A4-Blatt im Querformat und tragen in der Mitte des Blattes auf einer Waagerechten eine »Zeitleiste« vom Beginn ihrer ersten Partner-Beziehung bis heute mit je einem Lebensjahr Abstand ein.
Die Tn lassen sich einen Moment Zeit, um sich an ihre früheren Beziehungen zu erinnern und tragen nun auf der Zeitleiste ihre jeweiligen Beziehungen ein – möglichst mit je einer anderen Farbe für jeden Partner und für jede Partnerin. Außerdem können sie in Stichworten dazuschreiben, welche Veränderungen es gab, welche lebensgeschichtlichen wichtigen Ereignisse noch in diese Zeit fielen. (Zeit:10 Min.)

In einem zweiten Schritt werden folgende Fragen (vervielfältigter Fragenkatalog) verteilt und in einer Stillarbeitsphase beantwortet:

- Welche Partner waren besonders wichtig für mich und warum?
- Hat sich mit neuen Beziehungen etwas in meinem Leben verändert?
- Welche Impulse bekam ich von meinen Partnern?
- Wodurch fühlte ich mich in Beziehungen behindert oder eingeschränkt?
- Welche Konflikte gab es in meinen Beziehungen? Gleichen sich die Konflikte, die ich in den verschiedenen Beziehungen hatte und habe?
- Wie kam es zu den Trennungen?
- Gibt es Ähnlichkeiten zwischen meinen Partnern (Wesenszüge/äußerliche Merkmale)?
- Welche Eigenschaften mag/mochte ich, welche nicht?
- Hat sich das Bild von meinem Ideal-/Wunschpartner im Laufe der Zeit verändert?

- Wie war ich zum jeweiligen Zeitpunkt?
- Welche Rolle habe ich in den Beziehungen gespielt (aktiv, passiv, stark, schwach)?

(Zeit: mindestens 20 Min.)
(Gesamtzeit: 35 Min.)

Auswertung

In Kleingruppen. Die einzelnen Tn legen jeweils ihre Blätter in die Mitte und jeder erzählt die Geschichte seiner Partner-Beziehungen.
(Zeit: pro Person 20 Min.)

Material

Papier, möglichst verschiedenfarbige Stifte, vervielfältigter Fragenkatalog.

☯☯☯

Mein Traummann – meine Traumfrau

Ziel

Vorstellungen von dem »Traummann« oder der »Traumfrau« klären. Beantwortung der Frage, wie die persönlichen Ideale, Normen etc. entstanden sind und wie sie heute (noch) wirken.

Durchführung

1. Jeder nimmt sich Papier und Stift und zeichnet – das Papier im Querformat – in die Mitte den Umriss einer Person des anderen Geschlechts. Die Zeichnung braucht nicht besonders schön zu sein, für den Zweck der Übung reicht es aus, wenn sie relativ schematisch ist. Die Tn werden gebeten, sich in die Pubertät zurückzuversetzen und sich zu erinnern, wie ihre Vorstellung vom »Traumjungen« oder dem »Traummädchen« *damals* aussah. Diese »Normen« werden jetzt rechts und links neben die gezeichnete Figur eingetragen und zwar auf Höhe der jeweiligen Körperteile, zum Beispiel »kein Bauch« oder »lange Beine« o. ä. Persönliche Qualitäten und Eigenschaften können entweder neben dem Kopf oder getrennt notiert werden.
   Jeder markiert zusätzlich die Anforderungen, die *damals* für ihn *unabdingbar* gewesen sind. Auf welche Werte hätte ich auf keinen Fall verzichtet?
2. Jeder zeichnet das gleiche Bild nochmals, diesmal aber mit seinen *heutigen* Vorstellungen. Es kommt auf die Fantasien und Träume an, nicht auf das, was in der Realität zu finden ist.

(Zeit: 10 Min.)

Auswertung

Im Mittelpunkt der Auswertung steht der Vergleich der beiden Bilder (je nach Gruppengröße im Plenum oder in Kleingruppen).

Jeder stellt seine Bilder kurz vor, und zwar zunächst alle Frauen und dann alle Männer. In einer Statistik auf einer Wandzeitung wird dann aus den häufigsten Nennungen ein »Idealbild« gezeichnet.

- Woher kommt dieses Bild? Was bedeutet es für uns?
- Wie sah oder sehe ich mich selbst im Verhältnis zu dem Idealbild, das mein eigenes Geschlecht darstellt? Hat es mit meinem Vater, meiner Mutter zu tun?
- Wenn ich meine ehemaligen Partner an meinem inneren Auge vorbeiziehen lasse, inwieweit entsprachen sie meinem Ideal? War es schlimm, wenn es nicht so war? Wie ist es heute?
- Welche (gesellschaftliche) Funktion hat ein solches Ideal? Zum Vergleich kann über die Schönheits- und Tugendideale früherer Zeiten gesprochen werden (zum Beispiel »Rubens-Frauen«).

(Zeit: in Kleingruppen pro Person 10 Min., in der Gesamtgruppe 60 Min.)

Material

Papier (am besten DIN A3), Stift, eventuell Klebeband.

Meine Wunsch-Partnerschaft

Ziel

Wünsche an eine (ideale) Partnerschaft klären, ihrer Entstehung nachgehen und sich mit den Unterschieden von Wunsch und Wirklichkeit auseinandersetzen.

Durchführung

Die Tn werden gebeten, sich Papier und Stift bereitzulegen. Nach einer kurzen Entspannung (s. S. 57) schreiben sie auf, welches ihre Wünsche und Ideale einer Partnerschaft sind. Dabei ist es wichtig, nicht sofort an Einschränkungen durch die Realität zu denken, sondern den oft gar nicht zugelassenen Fantasien und Träumen Raum zu geben. Die Moderatorin gibt als Hilfe folgende Stichworte: Wohnen, Haushalt, Berufstätigkeit, Geld, materieller Lebensstil, Kinder, Sexualität, Konflikte, Dauer der Beziehung, Treue, Außenbeziehungen, Bildung, Kultur, soziales/politisches Engagement, Urlaub, wie leben wir (oder anderes).
(Zeit: 15 Min.)

Auswertung

In Paaren (möglichst gegengeschlechtlich), Austausch der Notizen.
Folgende Auswertungsfragen (vervielfältigt verteilen) sind für das Gespräch wichtig:

- Woher stammen meine Wünsche und Ideale?
- Sind es wirklich *meine* – oder das, was heute als »modern« gilt?
- An wem orientiere ich mich dabei?

- Von welchen Personen und ihrer Partnerschaft will ich mich mit meinen Wünschen abgrenzen. Welche Rolle spielen dabei meine Eltern?
- Auf welche Wünsche kann ich leicht verzichten, auf welche schwerer, welche sind unverzichtbar?
- Wenn ich meine Wünsche mit meiner realen (oder meiner letzten) Partnerschaft vergleiche, was verhindert(e) die Erfüllung meiner Wünsche?
- Wie gehe ich dabei mit meiner Enttäuschung (oder unterdrückten Wut) um?
- Was will ich ändern?
- Will ich darüber mit meinem Partner/meiner Partnerin sprechen?

(Zeit: pro Person 10 Min.)

Material
Papier und Stift. Vervielfältigter Fragenkatalog.

Hinweis
An den Paaraustausch (beschränkt auf die Notizen) kann sich ein Gespräch in Vierergruppen zu den Auswertungsfragen anschließen.

☯☯☯

Kostümfest (oder »ein toller Typ«)

Ziel
Durch Spielen des gegengeschlechtlichen Parts jenen Rollenklischees auf die Spur kommen, die wir in unserem Leben erfahren haben.

Durchführung
Die Teilnehmerinnen bringen Frauenkleidung und gegebenenfalls Schminkutensilien mit, die Teilnehmer Männerkleidung.
Die mitgebrachten Kleidungsstücke werden in einer großen Kiste o. ä. gesammelt, aus der sich anschließend jeder nimmt, was er braucht.
Die Tn verkleiden sich (und zwar verkleiden sich Frauen als Männer und umgekehrt) und spielen über einen längeren Zeitraum völlig frei und ohne Regieanweisung hinweg ihren jeweiligen Typ, den sie gewählt haben. Dabei probieren sie verschiedene Verhaltensweisen aus und versuchen, sich in das »andere Geschlecht« hineinzufühlen.
(Zeit: bis zu 15 Minuten)

Auswertung
Gruppengespräch zu folgenden Fragen:

- Wie habe ich mich und die anderen in ihrer Rolle erlebt?
- Was ist mir an unserem Verhalten aufgefallen?
- Welche Gefühle hat es in mir ausgelöst?
- Woher habe ich das Modell für bestimmte Verhaltensweisen?

- Habe ich eine konkrete Person gespielt, kenne ich jemanden, der sich so verhält? Welches Verhältnis habe ich zu dieser Person?
- Was hat der gespielte Typ mit meiner Persönlichkeit zu tun, welche meiner Anteile repräsentiert er? Mag ich diese Anteile?
- Möchte ich manchmal lieber ein Mann oder eine Frau sein?

(Zeit: 45 Min.)

Material

Die Tn müssen entsprechende Kleidungsstücke und Utensilien mitbringen.

Hinweis

Am einfachsten lässt sich diese Übung in einer lockeren Atmosphäre durchführen.

☯☯☯

Männliche und weibliche Anteile in uns

Ziel

Den männlichen und die weiblichen Anteile in uns soll nachgegangen werden. Ihre lebensgeschichtlichen Herkunft soll untersucht werden.

Durchführung

Durch eine vorgestellte, gedachte oder mit Gegenständen markierte Linie wird der Raum in einen »männlichen« und einen »weiblichen« Bereich aufgeteilt. Die Tn begeben sich zunächst in den »männlichen« Teil und stellen mit Bewegungen, Körperhaltungen, Mimik und Gestik dar, wie sie sich als Männer fühlen. Zum Beispiel: Ich bin stark, laut, aggressiv, habe ausschreitende Bewegungen, trage Verantwortung, habe Macht usw. (3 Min.)
Anschließend wechseln die Tn auf die »weibliche« Seite über und drücken jetzt in Bewegungen, Körperhaltungen etc. aus, was sie als weibliche Eigenschaften empfinden. (3 Min.)
In einem dritten Schritt wechseln die Tn jetzt mehrfach die Seiten und versuchen, herauszuspüren, welche Körperhaltungen, Bewegungen, welche Gestik und Mimik für sie selbst stimmig sind. (3 Min.)
(Zeit: ca. 10 Min.)

Auswertung

Im Plenum unter folgenden Fragestellungen (evtl. als Fragen schriftlich auf einer Wandzeitung):

- Wie ist es mir auf der jeweiligen Seite im Raum ergangen?
- Welche Klischees von männlichen und weiblichen Verhaltensweisen wurden deutlich?
- Welche Erinnerungen fielen mir dazu ein?

- Woher kenne ich bestimmte Vorstellungen von Männlichkeit und Weiblichkeit aus meiner Lebensgeschichte: von anderen Personen meiner Umgebung (Mutter, Vater, Geschwister, Lehrer, Partner, Vorgesetzte usw.)?
- Welche Redensarten, Anweisungen und Sprüche fallen mir ein?
- Was ist mir an den anderen Tn aufgefallen?
- Wichtig ist: Männliche und weibliche Verhaltensanteile sind nicht auf das biologische Geschlecht beschränkt, sondern in jedem Menschen vorhanden!

(Zeit: 30 Min.)

Material

Ein genügend großer Raum, in dem sich alle Tn frei bewegen können.

Kinderwunsch – Wunschkind I

Ziel

Sich mit der Vorstellung, ein eigenes Kind zu haben, auseinandersetzen. Die eigenen Wünsche, Vorstellungen und Ängste thematisieren. Ihren Ursprüngen in der eigenen Kindheit nachgehen. (Eine Übung, die vor allem für jüngere Menschen oder Kinderlose geeignet ist.)

Durchführung

Nach einer kurzen Entspannungsphase (s. S. 57) nehmen Männer ein Kissen wie ein Baby in den Arm, Frauen können die Hände auf den Bauch legen, tief hinein atmen und spüren, wie der Atem in den Bauch strömt. Die Tn schließen die Augen. Die Moderatorin kann folgenden Text als Anleitung verwenden:

»Stell dir vor. Du möchtest ein Kind. Nimm Kontakt auf zu deinem fantasierten, ungeborenen Kind. (1 Min.)
Spüre, wie es wächst ...
Stelle dir nun die Geburt deines Kindes vor. (1 Min.)
Stelle es dir als Baby vor. Sieh genau hin. (30 Sek.)
Was empfindest du deinem Kind gegenüber? Nimm nicht nur die warmen, zärtlichen Gefühle wahr, spüre, ob da auch noch andere Gefühle sind. Lass sie zu und versuche, sie nicht zu bewerten. Sage deinem Kind, was du ihm gegenüber fühlst. (1 Min.)
Was willst du deinem Kind geben? Sag es ihm. (30 Sek.)
Was soll dein Kind dir geben? Sprich es in Gedanken aus. (30 Sek.) Was für ein Mensch soll es werden. Sprich zu ihm. Sage mehrmals:
›Ich möchte, dass du später...‹ (30 Sek.)
Wie soll dein Kind auf keinen Fall werden, welche Eigenschaften soll es nicht haben? Was soll es auf keinen Fall tun? Was soll ihm nicht widerfahren – wovor möchtest du es bewahren? (30 Sek.)

Stell dir jetzt die Zukunft mit deinem Kind in verschiedenen Altersstufen vor. Lass es in Gedanken langsam heranwachsen, achte auch auf eure Lebensumstände. (2 Min.)
Stell dir vor, dein Kind wird größer und größer. Kannst du dir vorstellen, dass dein Kind von dir weggeht? Kannst du es loslassen? (1 Min.)
Verabschiede dich jetzt von deinem Kind. (30 Sek.)
Komm langsam in den Raum zurück, öffne die Augen, räkele dich und sei wieder hier.«

Die Tn bleiben ohne zu sprechen noch eine Weile bei sich selbst. (Wenige Minuten)
(Zeit: 15 Min.)

Auswertung

In Dreiergruppen. Jeder erzählt reihum, was er in der Fantasie erlebt hat.
(Zeit: pro Person 10 Min.)
Es kann sich ein Gruppengespräch anschließen, bei dem folgende Gesprächsanregungen, die vervielfältigt verteilt wurden, hilfreich sind:

- Was haben die erwünschten und unerwünschten Eigenschaften meines Kindes mit mir zu tun? (Bin ich so? Möchte ich so sein? Möchte ich auf keinen Fall so sein?)
- Wie hängt das, was ich dem Kind geben will und was ich von ihm bekommen möchte, mit dem zusammen, was ich selbst als Kind (nicht) bekommen habe?
- Wie hängt die Vorstellung von der Zukunft meines Kindes mit meiner eigenen Lebensgeschichte zusammen? (Soll es z.B. erreichen, was ich nicht geschafft habe? Soll es z.B. Fehler, die ich gemacht habe, nicht wiederholen?)
- Wie möchte ich als Vater/Mutter sein? Wie ist diese Vorstellung durch meine Erfahrungen mit meinen Eltern geprägt?
- Wie würden meine Eltern reagieren, wenn ich ihnen mitteile, dass ich ein Kind haben werde? Gibt es in meiner Familie bestimmte Familienaufträge? (»Stammhalter« etc.)
- Wie reagieren Freunde, Kollegen, Vorgesetzte?
- Plane ich, meinen Kinderwunsch zu realisieren? Was spricht dafür, was dagegen?
- Wenn ich bereits Kinder habe: Wie sieht die Realität aus? Habe ich mir das *so* vorgestellt?

Material

Vervielfältigter Fragenkatalog.

Hinweis

Diese Übung kann sehr tief gehen. Hilfreich ist ein Gespräch über die Realität heute, um verborgenen Wünschen, Schmerzen und dem Lebensalltag heute zu begegnen.

Kinderwunsch – Wunschkind II

Ziel

Ausgehend von Bildmaterial sich mit dem Wunsch nach einem Kind auseinandersetzen. (Eine Übung, die vor allem für Menschen ohne Kinder geeignet ist.)

Durchführung

Die Tn wählen aus einer Menge von Abbildungen und Fotos von Babies und Eltern mit Kindern (die aus Illustrierten etc. ausgeschnitten wurden) zwei Abbildungen aus: ein ihnen sympathisches Kind und eine Abbildung von einem Kind, das sie nicht mögen. Beide Bilder werden auf einen Bogen Papier geklebt. Die Tn sehen sich die von ihnen ausgewählten Bilder an und spüren nach (oder versuchen möglichst ohne viel Nachdenken zu assoziieren), wie es ihnen mit den Bildern geht. (Etwa 15 Min. Zeit lassen)

- Was mag ich an dem Kind?
- Welche Vorstellungen von seinem Wesen habe ich nach dem Bild?
- Warum mag ich das andere Kind nicht? Welche Gefühle und Fantasien habe ich, wenn ich es betrachte?

Die Einfälle werden neben den Bildern notiert. Die Tn nehmen sich Stift und Papier und beantworten in Stichworten folgende Fragen:

- Was für ein Mensch soll mein Kind werden? (Versuche, es möglichst genau zu beschreiben!)
- Wie soll es nicht werden?
- Was möchte ich meinem Kind geben?
- Was soll es mir geben?

(Gesamtzeit: 30 Min.)

Auswertung

In Dreiergruppen. Die Tn stellen nacheinander ihre »Kinderbilder« vor und erzählen, was ihnen zu den Bildern und zu den Fragen eingefallen ist. Die anderen hören zu und außern anschließend, was ihnen aufgefallen ist.

Material

Abbildungen von Babies bzw. Eltern mit Kindern aus Zeitschriften, Scheren, Klebstoff, Papier, Stift.

Eifersucht

Ziel

Sich über den Umgang mit diesem oft tabuisierten Gefühl klarer werden. Möglichen Ursprüngen auf die Spur kommen.

Durchführung

Die Tn setzen oder legen sich bequem hin. Sie legen Material zum Malen bereit. Nach einer kurzen Entspannungsphase (s. S. 57) kann der Moderator folgenden Text als Anleitung verwenden:

> *»Lenke deine Gedanken auf deinen Partner oder deine Partnerin (oder einen früheren oder zukünftigen) ...*
> *Sieh dir die Person genau an. Wie sieht sie aus? Was magst du an ihr? Welche Gefühle hast du ihr gegenüber? Bleib eine Weile bei diesem Gefühl. ..*
> *Nun stell dir vor, du siehst deinen Partner oder deine Partnerin mit einer anderen Frau oder einem anderen Mann in einer vertrauten, intimen Situation. (30 Sek.)*
> *Male dir aus, was geschieht. Wie sieht die andere Person aus? Sieh genau hin. (20 Sek.)*
> *Hat die Person etwas, was du nicht hast? Was empfindest du? Nimm auch deinen Körper wahr. Lass deine Gefühle einfach kommen. (20 Sek.)*
> *Mag dein Partner die Person mehr als dich? Was verletzt oder bedroht dich am meisten?*
> *Wie verhältst du dich? Wie verhalten sich die beiden anderen? Was willst du deinem Partner/deiner Partnerin sagen? (20 Sek.)*
> *Was willst du der anderen Person sagen? Was willst du damit ausdrücken? (30 Sek.)*
> *Nimm dein Gefühl genau wahr. Halte es fest.*
>
> *Geh nun schrittweise in deine Geschichte zurück mit dieser Erfahrung. Geh in die Jugend, die Pubertät. Welche Erfahrungen hast du gemacht?*
> *Bleib bei deinen Gefühlen. Geh nun noch weiter zurück in deine Kindheit und suche nach diesen Gefühlen. Fallen dir Bilder dazu ein? (1 Min.) Halte deine Stimmung und dein Gefühl fest. Komm nun langsam zurück in den Raum. Öffne die Augen, räkele dich.*
> *Sprich nicht. Steh langsam auf, nimm ein Blatt Papier und Stifte und male deine Stimmungen und Gefühle. Es ist nicht wichtig, dass du ein gegenständliches Bild malst. Gib einfach deinen Empfindungen Formen und Farben. Bleib bei dir und deinen Gefühlen, achte nicht darauf, was die andern tun oder malen. Du hast 20 Minuten Zeit.«*
> *(Zeit: 30 Min.)*

Auswertung

Je nach Gruppengröße und zur Verfügung stehender Zeit in der Gesamtgruppe oder in Kleingruppen.
Die Tn hängen nacheinander ihre Bilder auf. Die Gruppenmitglieder lassen das Bild auf sich wirken und teilen Eindrücke und Empfindungen mit, die das Bild in ihnen auslöst. Erst dann schildert der Maler die Situation, Gefühle, die er mit dem Bild ausdrücken wollte.
(Zeit: pro Person 15 Min.)

Im Gruppengespräch sollte auf folgende Fragen eingegangen werden (eventuell als Wandzeitung aufhängen):

- Woher kenne ich Eifersucht? In welchen Situationen tritt oder trat sie typischerweise auf?
- Was bedroht mich am meisten?
- Wie ist es mit meinem Bild von mir selbst? Was habe ich nicht, was kann ich nicht, in welchen Zusammenhängen fühle ich mich wertlos?
- Welche Seiten von mir mag ich nicht? Was mögen andere an mir nicht?
- Was mag ich an mir, was finde ich wertvoll? Was mögen andere an mir?
- Wie war das in meiner Kindheit, wurde ich so akzeptiert, wie ich war?
- Wie ging ich damals und wie gehe ich heute mit dem Gefühl von Eifersucht um?
- Leide ich unter der Eifersucht meines Partners/meiner Partnerin?

Variante

Die Fragen als »Stillarbeit« schriftlich beantworten, anschließend Gruppengespräch.

Material

Decken oder Matten für die Entspannung, genügend großer Raum, damit sich die Tn hinlegen können. Papier und Farbstifte (am besten Wachsmalkreiden).

Hinweise

Eine akzeptierende Stimmung in der Gruppe ist wichtig. Der Moderator sollte darauf achten, dass von den Tn nicht vorschnelle Moralisierungen, Wertungen oder Verurteilungen ausgesprochen werden, bzw. dass nicht feste Standpunkte oder hohe Ansprüche vertreten werden (z.B. »Selbstverständlich sollte man dem Partner die Freiheit lassen« etc.). Solche Ansprüche stehen oft im Widerspruch zu unseren tatsächlich vorhandenen Gefühlen.

☯☯☯

Menstruation

Ziel

Sich die Beziehung zum eigenen/weiblichen Körper am Beispiel der Menstruation vergegenwärtigen und ihrer Geschichte (als Teil geschlechtsspezifischer Sozialisation) nachgehen. Für Männer: Die eigene Einstellung zur Menstruation klären, ihre Geschichte untersuchen.

Durchführung

Die Tn legen Stift und Papier bereit. Sie nehmen eine bequeme Haltung ein und entspannen sich, indem sie in ihren Bauch-/Genitalbereich hineinatmen. (Für Anfänger: kurze Entspannung s. S. 57). Die Moderatorin kann folgende Anleitungen verwenden:

Für Frauengruppen:
»Geh zurück in deine Pubertätszeit und erinnere dich daran, als du deine erste Menstruation hattest. Wenn du dich nicht daran erinnern kannst, wähle deine früheste Erinnerung. Wie war das? Wie ging es dir? Wie reagierte deine Mutter? Sprachst du mit deinem Vater darüber? Was sagten deine Freundinnen? (2 Min.)
Ich bitte dich jetzt noch weiter zurückzugehen und dich an die Situation zu erinnern, in der du das erste Mal in irgendeiner Weise auf Menstruation aufmerksam geworden bist. Erinnere dich an die Situation. Wo und mit wem erlebst du sie? Was geschah? Wie fühltest du dich? Welche Gedanken und Fantasien gingen dir durch den Kopf?
Du hast jetzt einige Minuten Zeit; wenn du magst, mache Notizen.« (5 Min.)

Die Moderatorin gibt im Abstand von zwei Minuten folgende Hilfsfragen, zu denen sich die Tn Notizen machen, wobei sie zwischen Erinnern und Schreiben pendeln:
- Welche Fantasien und Vorstellungen hattest du als Kind von Menstruation?
- Welche Bezeichnungen gab es für Menstruation?
- Welche Verhaltensweisen, Rituale, Regeln gab es bei Frauen in deiner Umgebung (Familie, Schule, Freundinnen...)?
- Hattest du Symptome, Beschwerden usw. während der Menstruation?
- Wie hat sich das seit deiner Pubertät verändert?
- Wie geht es dir heute mit deiner Menstruation? Wie fühlst du dich vorher, währenddessen, nachher?
- Gibt es heute besondere »Rituale«?

(Zeit: 15 Min.)

Für Männergruppen:
»Geh zurück in deine Kindheit, werde immer kleiner und kleiner.
Erinnere dich daran, wann du das erste Mal auf Menstruation aufmerksam geworden bist. Wo befindest du dich? Mit wem? Was geschieht? Wie fühlst du dich? Was geht dir durch den Kopf? (3 Min.)
Geh jetzt weiter, lass Situationen entstehen, in denen du später mit der Menstruation in Berührung gekommen bist. Sieh dir die Situationen genau an und achte auf deine Gefühle.« (3 Min.)

Der Moderator gibt im Abstand von 2 Minuten folgende Hilfsfragen, während die Tn zwischen Erinnerung und Schreiben hin- und herpendeln:
- Wie bist du über die Menstruation aufgeklärt worden? Welche Gefühle hattest du als Kind dazu?
- Wie hat sich dein Verhältnis zur Menstruation bis heute verändert? Wodurch?
- Wie gehst du mit der Menstruation deiner Partnerin um?

(Zeit: 15 Min.)

Für gemischte Gruppen:
In gemischten Gruppen empfiehlt sich eine gemeinsame Fantasie zur Situation des ersten Kontaktes mit Menstruation (s.o.) und anschließend ein nach Geschlechtern getrennter vervielfältigter Fragenkatalog (s.o.)

Auswertung

Austausch in Kleingruppen über das Geschriebene. Anschließend Gruppengespräch:

- Gibt es ähnliche Erfahrungen?
- Inwiefern sind sie schichtspezifisch, generationstypisch?
- Was wünschen sich Frauen von Männern im Umgang mit der Menstruation und umgekehrt?

(Zeit: pro Person 15 Min.)

Variante

S. Übung »Geschichten schreiben«, S. 268

Material

Papier und Stift. Vervielfältigter Fragenkatalog.

Hinweis

Diese Übung setzt ein akzeptierendes Klima in der Gruppe voraus. Die Intimitätsgrenzen der anderen sollten respektiert werden.

«Geschlechtsumwandlung»

Ziel

Mit der Vorstellung, dem anderen Geschlecht anzugehören, experimentieren. Das eigene Geschlecht mit »anderen« Augen sehen.

Durchführung

Die Tn setzen – besser noch: legen – sich bequem hin und schließen die Augen. Nach einer Entspannung (s.S. 57) gibt der/die Moderator folgende Anleitung:

»Stell dir vor, du stehst vor einem großen Spiegel, der dich ganz wieder gibt.
Sieh dich an. Beginne jetzt, dich Stück für Stück auszuziehen, betrachte dich und achte vor allem auf dein Gefühl zu deinem Körper. Wenn du nackt bist, betrachte dich in aller Ruhe von allen Seiten. (3 Min.)
Stell dich jetzt frontal vor den Spiegel und verwandele dich langsam in das andere Geschlecht. Beginne mit deinen Haaren, Gesicht, Schultern, Brüsten... usf., bis du ganz ein Mann bzw. eine Frau geworden bist. (2 Min.)
Betrachte dich. Berühre dich – wie fühlst du dich? Probiere deinen Körper ein wenig aus. (1 Min.)

Neben dem Spiegel liegen verschiedene für dein jetziges Geschlecht passende Kleidungsstücke. Zieh dich an – achte genau darauf, was du tragen möchtest, worin du dich wohlfühlst. Spüre immer wieder, wie du dich als dieser Körper fühlst. Vergiss nicht, dich zu schminken bzw. dich zu rasieren. (3 Min.)
Geh jetzt auf die Straße. Geh ein Stück spazieren, betrachte Männer und Frauen mit deinem jetzigen Gefühl von dir. Lass geschehen, was geschieht. (3 Min.)
Kehre zu dem Spiegel zurück, zieh dich wieder aus, bis du nackt bist, betrachte dich nochmals, verabschiede dich und werde wieder du selbst. Wie fühlst du dich? Zieh dich an und komm langsam hierher zurück.« (5 Min.)
(Zeit: 25 Min.)

Auswertung

In Kleingruppen. Eine Person beginnt und erzählt, was sie erlebt hat, die anderen hören zu und achten auf ihre Gefühle, Gedanken und Fantasien.

- Wie hängt mein Aussehen mit meinem »Traummann« oder meiner »Traumfrau « zusammen? Oder mit gesellschaftlichen Schönheitsidealen?
- Was habe ich über das andere Geschlecht gelernt?
- Wie habe ich mich bewegt/verhalten? Kann ich Teile, vielleicht Sehnsüchte von mir darin wiederfinden?
- Wie habe ich andere Männer und Frauen wahrgenommen, als ich auf der Straße war?
- Was war mir wichtig?
- Möchte ich lieber ein Mann oder eine Frau sein? Warum?

(Zeit: pro Person 10 Min.)

Variante

Für Gruppen, denen mehr zugemutet werden kann: Nach der Phase, in der die Tn auf die Straße gehen, kann ein Flirt fantasiert werden.

Material

3.9.2 Sexualität

Sprach-Barrieren

Ziel

Schaffen einer akzeptierenden Atmosphäre. Sich mit Sprachschwierigkeiten beim Thema Sexualität beschäftigen und diese abbauen.

Durchführung

Die Tn nehmen sich einen Zettel. Sie werden gebeten, diejenigen Bezeichnungen, Begriffe, Ausdrücke im Bereich Sexualität zu notieren, die sie üblicherweise benutzen, die ihnen angenehm sind (max. 6 bis 8 Begriffe). (5 Min.)

Die Zettel werden gefaltet, in die Mitte gelegt, gemischt, und der Moderator gibt folgende Anweisung:

»Ich werde dich jetzt gleich bitten, dir einen Zettel zu ziehen und ihn dir anzusehen. Lies die Worte langsam durch und versuche genau zu spüren, was bei jedem Wort in dir vorgeht. Welche Gefühle hast du? Welche Vorstellungen und Fantasien verbindest du mit dem Wort? Nimm dir Zeit, wirklich jedes Wort zu fühlen, und mach dir Notizen, wenn du magst.« (10 Min.)

Reihum liest jeder laut die Worte vor, die auf dem Zettel stehen, und sagt einige Sätze dazu, wie es ihm damit geht. Gleichzeitig achtet er darauf, wie es ist, sie auszusprechen. Die anderen achten beim Zuhören auf ihre eigenen Gefühle.
(Zeit: ca. 60 Min.)

Auswertung

Anschließend Gruppengespräch:
- Wie geht es uns jetzt?
- Welche Ursachen hat es, dass wir oft so stumm und hilflos gerade in diesem Bereich sind?

(Zeit: 30 Min.)

Material

Karteikarten oder Zettel, Stift.

Hinweis

Es ist für die Moderation wichtig, die Tn aufzufordern, bei ihren Gefühlen zu bleiben und nicht in die scheinbar so lockere, befreite »Szene-Sprache« auszuweichen. Auch aufkommende Albernheit soll sofort thematisiert werden. Was ist jetzt los? Was ist so witzig? Was ist so gefährlich? Was ist so peinlich?

☯☯☯

Meine Sexualität – ein Schilderwald

Ziel

Gebote, Verbote, Vorbilder und Einflüsse, die unsere sexuelle Entwicklung bestimmt haben, erkennen und ihrer heutigen Bedeutung nachgehen.

Durchführung

Mit Hilfe von DIN-A4-Bögen, Farbstiften und ausgeschnittenen Bildern aus Illustrierten stellen die Tn Schilder her, auf denen Tabus, Befehle, Verbote, Normen, Beispiele, Vorbilder und Einflüsse dargestellt werden (zum Beispiel: »Komm ja nicht mit einem Kind nach Hause!«), die ihnen im Laufe ihrer sexuellen Entwicklung vermittelt wurden von Eltern, Schule, Clique usw.
Diese Schilder baut jeder Teilnehmer zu einer »Schilderstraße« bzw. einem »Schilderwald« zusammen, und zwar so, dass sich der beabsichtigte Blick ergibt, wenn

man die Position des Tn einnimmt. Auf diese Position wird sein Namensschild gelegt.
Die Gruppe halbiert sich. Die Tn der ersten Hälfte bleiben jeweils neben ihrem eigenen Schilderwald stehen, während die anderen einzeln von einem Wald zum anderen gehen, sich auf die bezeichnete Position stellen und ihre Eindrücke mit der betreffenden Person kurz besprechen. Anschließend Wechsel.
(Zeit: 60 Min. und mehr)

Auswertung

In einem Gruppengespräch werden Gemeinsamkeiten und bedeutende Unterschiede in der sexuellen Entwicklung der Tn herausgearbeitet. Anregungen dazu:

- Welches waren die bedeutsamsten Verbote/Gebote?
- Habe ich mich daran gehalten?
- Welche Auswirkungen haben sie noch heute auf meine Sexualität?
- Was macht mir heute Probleme, was hat das mit meinen früheren Erfahrungen zu tun?
- Gab es Vorbilder (Aufforderungen, Hilfen, Ermutigungen) im Bereich Sexualität (Freunde/Freundinnen, Eltern usw.)?
- Welche Normen/Verbote/Gebote usw. galten für ein bestimmtes Alter, welche für Jungen, für Mädchen?
- Welche Probleme/Verbote sind eventuell generationstypisch, welche schichtabhängig, gebunden an Stadt/Land, Landschaft?

(Zeit: 30 Min. und mehr)

Material

Papier oder Pappen zum Aufstellen (DIN-A4-Bögen oder Tapetenrolle), Farbstifte, Scheren, Illustrierte zum Ausschneiden, Klebstoff.

☯☯☯

Sexuelle Entwicklungsbiografie

Ziel

Sich vergegenwärtigen, wie und über welche Stationen die eigene sexuelle Entwicklung verlaufen ist.

Durchführung

Die Tn nehmen sich Papier (möglichst DIN A2) und Stift und legen das Papier im Querformat vor sich hin. Sie werden gebeten, von links nach rechts über eine selbstgewählte Anzahl von Stationen ihre sexuellen Beziehungen darzustellen. Die äußerste linke Position markiert die Situation *vor* dem ersten sexuellen Kontakt, die äußerste rechte die heutige Situation. Sie fertigen dazu kleine Skizzen mit Symbolen, Gegenständen und Farben an.
(Zeit: 15 Min.)

Auswertung
Je nach Größe der Gruppe in der ganzen Gruppe oder in Kleingruppen. Jeder stellt seine Skizzen vor und erklärt sie.
- Was fällt den anderen an der Zeichnung auf?
- Lassen sich Entwicklungslinien erkennen?
- Wodurch kamen die Anstöße zur Veränderung?
- Wie sieht mein Ideal aus, und wo stehe ich, im Verhältnis dazu gesehen?

(Zeit: pro Person 15 Min.)

Material
Papier (möglichst DIN A3 oder größer) und Stift, Buntstifte o. ä.

Aufklärung

Ziel
Sich an die eigene Aufklärung erinnern. Bedingungen der damaligen Zeit untersuchen. Auswirkungen auf die Gegenwart klären.

Durchführung
Die Tn haben Stift und Papier vor sich und werden gebeten, eine Geschichte zu schreiben zum Thema: »Wie bin ich aufgeklärt worden.« Es ist hilfreich, einen Moment die Augen zu schließen und sich in die damalige Situation und die eigenen Gefühle zurückzuversetzen.
(Zeit: bis zu 30 Min.)

Auswertung
In Kleingruppen liest nun jeder reihum die eigene Geschichte vor und nimmt kurz Stellung zu folgenden zwei Punkten:
- Inwiefern ist mein Erlebnis geprägt von der Eigenart meiner Eltern (gerade *auch,* wenn die Geschichte nicht von den Eltern handelt)?
- Welche Folgen hat meine Aufklärung für meine Einstellung, mein Erleben von Sexualität gehabt?

(Zeit: pro Person 15 Min.)

Es kann sich ein Gruppengespräch zu folgenden Fragen anschließen:
- Inwiefern ist unsere Aufklärung von der damaligen Zeit, von unserem Wohnort und dem sozialen Umfeld (Freunde etc.) bestimmt? Welche Dinge wusste ich nicht bzw. kamen in meiner Aufklärung nicht vor? Wie hat sich dieses Unwissen ausgewirkt?
- Wie und wo habe ich mir die fehlenden Informationen geholt?
- Wie und auf welche Weise würde ich (habe ich) meine eigenen Kinder »aufklären« (»aufgeklärt«)?

Variante 1: Einer spielt zu Beginn seine Aufklärungssituation vor.
Variante 2: Vorher oder im Anschluss an die Übung kann aus (zur damaligen Zeit populären) Aufklärungsbüchern vorgelesen werden.

Material
Papier und Stift.

Hinweis
Wenn diese Übung als Einstieg in das Thema gewählt wird, muss damit gerechnet werden, dass die Tn »ins Erzählen« kommen und die letzte Runde entsprechend lange dauert.

Weiterführung
Siehe Übung »Kollektive Erinnerungsarbeit«, S. 275.

☯☯☯

»Alle Männer wollen nur das eine ...«

Ziel
Der Frage nachgehen, welches Bild vom anderen und vom eigenen Geschlecht in der Herkunftsfamilie vermittelt wurde.

Durchführung
Die Gruppe teilt sich in – möglichst gegengeschlechtliche – Paare. Die Moderatorin erläutert das Thema und das weitere Vorgehen. Wenn nötig, weist sie nochmals darauf hin, dass im Gespräch akzeptierend und behutsam miteinander umgegangen wird. Es wird eine Zeit für das Paargespräch vereinbart (40 Min.); das Thema lautet: »Was habe ich im Elternhaus und dessen Umgebung über Männer und Frauen und deren Sexualität gesehen, gehört, erfahren, vermittelt bekommen?« Alle Tn erhalten einen Zettel mit Fragen (s. u.), die als Orientierung für das Gespräch dienen können. Sie lesen ihn vorher durch.
Für das Gespräch sind zwei Varianten möglich: Die Partner können die Zeit halbieren, so dass zunächst der eine erzählt, während der andere zuhört und anschließend umgekehrt. Eine andere Möglichkeit besteht darin, die ganze Zeit ein offenes Gespräch zu führen. Anschließend kann eine Männer-Untergruppe und eine Frauen-Untergruppe gebildet werden, um das Gespräch zu vertiefen.
(Zeit: 40 Min.)

Auswertung
In der ganzen Gruppe entlang folgender Fragen:
- Gibt es Unterschiede zwischen: Schichten, Stadt – Land, verschiedenen historischen Zeitpunkten?

- Gibt es ein »typisches« Männerbild, auf das sich alle anwesenden Frauen einigen können? (An einer Wandzeitung notieren!) Gibt es ein ebensolches Frauenbild von Seiten der Männer?
- Was für eine sexuelle Beziehung haben diese beiden? Wo finden wir diese Stereotype heute?

Material

Zettel für das Paargespräch mit folgenden Fragen:

- Wie hast du deine Eltern als Sexualpartner erlebt? Gab es einen Unterschied zwischen dem, was gesagt, vermittelt wurde und dem, was sichtbar gelebt wurde?
- Als du zur Frau/zum Mann wurdest, was wurde dir vermittelt? Wie wurdest du aufgeklärt?
- Welches Männerbild/Frauenbild wurde vermittelt? (Was ist das Typische am Mann/an der Frau als sexuellem Wesen?)
- Kannst du dich an Warnungen in bezug auf das andere Geschlecht erinnern ?
- Kannst du dich erinnern, als Kind Doktorspiele o. ä. gemacht zu haben?
- Mit welchen Worten oder Umschreibungen wurden deine Geschlechtsorgane benannt?
- Wie wurde über Sexualität/sexuelle Praktiken gesprochen? Wie geht es dir heute mit dem Sprechen darüber?
- Wie waren deine eigenen sexuellen Erfahrungen später? Findest du etwas vom Vorherigen wieder?

☯☯☯

»Ein Muskelprotz?!«

(Übung für Männer)

Ziel

Herausfinden, welche Schönheits- und Männlichkeitsideale uns bestimmen. Die Entwicklung des Verhältnisses zum eigenen Körper reflektieren.

Durchführung

Der Moderator kann folgende Anleitung verwenden:

»Nimm eine bequeme Haltung im Liegen oder Sitzen ein. Schließe die Augen. Lass deine Gedanken ziehen und halte sie nicht fest. (3 Min.)
Versetze dich zurück in deine Kindheit und erinnere dich, wann dir zum ersten mal so etwas wie Körperkraft, vielleicht Muskeln bei anderen aufgefallen ist. Wie war das? An welcher Person hast du sie wahrgenommen? Welche Bedeutung hatte diese Person für dich? Welche Gefühle verbindest du mit dieser Erinnerung? (2 Min.)
Nun geh weiter und erinnere dich, wann dir das erste Mal bewusst war, dass du selber auch einen breiten Oberkörper und muskulöse Arme haben könntest. Welche Bedeutung hatte das für dich? Welche Gefühle waren damit verbunden? (1 Min.)

Wie war es während der Pubertät? Erinnere dich daran, wie du erst immer länger und länger wurdest und dann immer breiter und kräftiger. Wie wolltest du aussehen? Wie war die Realität? Wie wichtig war es dir, kräftig zu sein? (2 Min.)
Wie sind andere Jungen, Männer mit dir umgegangen und wie deine Partnerinnen? Fallen dir Situationen ein? (2 Min.)
Welche Bedeutung haben Muskeln, Kraft heute für dich? Wenn du magst, berühre dich, spüre, wie du dich anfühlst. Magst du dich? (2 Min.)
Komm jetzt langsam in den Raum zurück. Öffne die Augen, räkele dich und sei wieder hier.«
(Zeit: ca. 10 Min.)

Auswertung

Im Gruppengespräch (Groß- oder Kleingruppen) werden die Erfahrungen ausgetauscht. Darüber hinaus können folgende Anregungen hilfreich sein:

- Wie war (ist) das Verhältnis zwischen deinem Schönheitsideal und deinem Bild von dir? Wie fühlst du dich dabei?
- Wie entdecktest du gesellschaftliche Schönheitsideale? Wie wurden sie dir nahegebracht? Durch wen? Wie gingst und gehst du mit diesen Schönheitsidealen um?
- Sprüche, mit denen du in diesem Zusammenhang konfrontiert warst.

(Zeit: pro Person 10 Min.)

Material

☯☯☯

»Brust raus!«
(Übung für Frauen)

Ziel

Herausfinden, welche Schönheits- und Weiblichkeitsideale uns bestimmen. Die Entwicklung des Verhältnisses zum eigenen Körper (am Beispiel der Brüste) reflektieren.

Durchführung

Die Moderatorin kann folgenden Text als Anleitung verwenden:

«Nimm eine für dich bequeme Haltung im Liegen oder Sitzen ein. Schließ die Augen. Lass deine Gedanken ziehen und halte sie nicht fest. (3 Min. Zeit geben.)
Versetze dich zurück in deine Kindheit und erinnere dich, wann dir zum ersten mal das Vorhandensein von Brüsten bei anderen aufgefallen ist. Wie war das? An welcher Person hast du sie wahrgenommen? Welche Bedeutung hatte diese Person für dich? Welche Gefühle verbindest du mit dieser Erinnerung? (2 Min.)

Nun geh weiter und erinnere dich, wann dir das erste Mal bewusst wurde, dass du selber Brüste haben würdest. Welche Bedeutung hatte das für dich? Welche Gefühle waren damit verbunden? (2 Min.)
Wie war das während der Pubertät? Erinnere dich, als deine Brüste wuchsen. (2 Min.)
Du erhältst deinen ersten BH. (1 Min.)
Wie wolltest du damals aussehen (wie wolltest du, dass deine Brüste aussehen), wie war die Realität? Wie sind Jungen/Männer und andere Frauen mit deinen Brüsten umgegangen? Fallen dir Situationen ein? (2 Min.)
Wie ging es weiter? (2 Min.)
Welche Bedeutung haben deine Brüste heute für dich? Du kannst sie ruhig anfassen, betasten, spüren, wenn du magst. (3 Min.)
Komm jetzt langsam in den Raum zurück. Öffne die Augen, streck dich und sei wieder hier.«
(Zeit: 20 Min.)

Auswertung

In Kleingruppen.
Jede erzählt von ihren Erfahrungen. Folgende Fragen können dabei hilfreich sein:

- Wie war (ist) das Verhältnis zwischen meinem Schönheitsideal und der Realität? Wie fühle ich mich dabei? Hat sich mein Gefühl verändert?
- Wie entdeckte ich gesellschaftliche Schönheitsideale, wie wurden sie mir nahegebracht? Wie ging ich mit diesen Schönheitsidealen um, wie gehe ich heute damit um?
- Sprüche, mit denen ich in diesem Zusammenhang konfrontiert war.

(Zeit: pro Person 15 Min.)

Material

–

Verhütung

Ziel

Einstellungen zu Verhütung und Verhütungsmitteln austauschen und der Frage nachgehen, wie und wodurch sie geprägt wurden.

Durchführung

Die Tn legen Stift und Papier bereit, schließen die Augen und entspannen sich. Der Moderator erklärt die Übung und gibt im angegebenen Abstand die folgenden Fragen. Die Tn werden gebeten, sich Stichworte zu notieren, wobei sie zwischen Erinnerung und Schreiben pendeln.

»Stell dir vor, ein 15jähriges Mädchen, deine Tochter oder eine Schülerin oder Jugendliche, kommt zu dir und sagt: ›Ich möchte gerne mit meinem Freund, na ja, du weißt schon. Aber wir wollen natürlich kein Kind. Was soll ich machen?‹ Schreibe auf, was du antworten würdest. (5 Min.)
Stell dir vor, ein 15jähriger Junge, dein Sohn oder ein Schüler, ein Jugendlicher, kommt zu dir und sagt: ›Ich möchte gern mit meiner Freundin, na ja, du weißt schon. Aber wir wollen natürlich kein Kind. Was soll ich machen?‹ Schreibe auf, was du antworten würdest. (5 Min.)
Erinnere dich an die Zeit deiner ersten intensiveren sexuellen Kontakte, in denen das Thema ›Verhütung‹ eine Rolle spielte. Wie hast du dich gefühlt? Welche Einstellungen, Regeln, Meinungen hattest du zu verschiedenen Methoden? Wie viel wusstest du darüber? (5 Min.)
Erinnere dich daran, als du die ersten Male mit jemandem geschlafen hast. Welche Art der Verhütung habt ihr verwendet? Wie ging es dir damit? Achte auch auf deine Gefühle und Fantasien. (3 Min.)
Geh jetzt weiter. Erinnere dich an Zeiten, in denen sich deine Einstellung verändert hat. Wie und wodurch kam das? (3 Min.)
Welche Methode(n) verwendest du heute und warum?« (2 Min.)
(Zeit: 25 Min.)

Auswertung

In (möglichst gegengeschlechtlichen) Paaren.
Jeder erzählt, was er notiert hat. Dann schließen sich zwei Paare zu einer Vierergruppe zusammen. Gespräch zu folgenden Fragen (vervielfältigt verteilen oder Wandzeitung).

- Inwiefern ist/war meine Einstellung zu Verhütung bestimmt von der Zeit, in der ich aufwuchs (z.B. Aufkommen der Pille),
- von meinen Eltern und dem sozialen Umfeld, in dem ich lebte, von der Schule,
- von meinen Freunden/innen, der Clique etc.,
- von Medien (Fernsehen, »Bravo« etc.)?
- Wo und wie habe ich mir meine Informationen beschafft?
- Konnte ich mit meinen Eltern über dieses Thema sprechen? Wusste ich etwas über ihre Praxis?
- Wie gingen meine Eltern mit der Möglichkeit um, dass ich ein Kind zeugen oder schwanger werden könnte? Fallen mir Sprüche dazu ein?
- Wie stark haben meine Eltern mich kontrolliert, aufgepasst, behütet? Welche Unterschiede gab es da zwischen Jungen und Mädchen?

(Zeit: 60 Min.)

Material

Papier und Stift.

Identifikation mit dem eigenen Geschlechtsteil

Ziel

Der »Geschichte« des eigenen Geschlechtsteils (und der sexuellen Identität) nachgehen

Durchführung

Der Moderator erklärt kurz das Folgende und bittet die Tn so intensiv wie möglich in die Fantasie hineinzugehen, bei sich zu bleiben und zu spüren, was geschieht. Die Tn legen sich bequem hin. Lange Körperentspannung (s.S. 57). Der Moderator gibt folgende Anleitung:

»Geh jetzt in Gedanken entlang deiner Wirbelsäule deinen Körper hinunter bis zu deinem Geschlecht. Geh mit all deinen Gedanken und Gefühlen dorthin. (1 Min.)
Versuche jetzt, dein Geschlecht zu werden. Du bist ganz und gar dein Geschlecht. Welches Gefühl entsteht in deinem Körper? Wie fühlst du dich als dein Geschlecht? (30 Sek.)
Stell dir jetzt vor, du seiest etwas ganz besonders Wertvolles, du seiest ganz kostbar, vielleicht das Kostbarste auf der Welt. Wie fühlst du dich? (30 Sek.)
Geh jetzt an deinen Gefühlen entlang langsam zurück in deine Geschichte. Was liegt alles hinter dir? Lass Erinnerungen, Bilder, Gefühle auftauchen. Wie hast du dich als Geschlecht gefühlt? Was geschah? Welche Erfahrungen waren wohltuend, schmerzhaft, entspannend, aufregend? Spüre, was dir gut getan hat, gut tut. (2 Min.)
Geh noch tiefer in dein Gefühl- du bist ganz dein Geschlecht. Du bist da, spüre dich genau, und es geschieht etwas, irgend etwas, lass es geschehen, bleib bei deinem Gefühl. (1 Min.)
So, komm jetzt langsam zurück. Spüre zunächst die Körperteile in der Nähe deines Geschlechts, verabschiede dich und spüre langsam deinen ganzen Körper wieder. Wenn du magst, berühre dich, streichle dich, bleib bei dir. (1 Min.)
Du hast jetzt 10 Minuten Zeit für dich alleine zu sein. Tu, wonach dir zumute ist, sei es nachdenken, fühlen, fantasieren, Notizen machen. Bleib bei dir und dem, was du erlebt hast.«
(Gesamtzeit: ca. 25 Min.)

Auswertung

Als Vorschlag kann der Moderator für zu Hause folgende Anregung geben: »Schreib für dich auf, welche Geschichte dein Geschlecht in deinem Leben hatte und was dir daran wichtig ist.«
Die Auswertung geschieht in einer Gruppe nur, wenn jemand seine Erlebnisse als belastend empfindet und individuell daran arbeiten möchte.

Material
Ein genügend großer Raum und Decken oder Matten als Unterlage. Schreibutensilien

Hinweis
Diese Übung ist nur für Gruppen geeignet, die schon lange intensiv zusammen arbeiten, in denen ein vertrauensvolles Klima besteht. Die Übung kann sehr intensiv sein. Blockierungen, (Ver-)Spannungen, Hemmungen und Schuldgefühle können aktualisiert werden. Eine Möglichkeit zur Einzelarbeit an solchen Problemen muss vorhanden sein.

☯☯☯

Unter dieser Kategorie sind auch folgende Übungen verwendbar:
- Liebesfähigkeit, S. 204
- Ich mag mich – ich mag mich nicht, S. 235
- Berührungen, S. 234
- Mein Körper – mein Tempel, S. 238
- Versöhnung und Frieden – The Work, S. 211

3.10 Allgemein verwendbare Übungen

Es ist noch nicht lange her,
da dämmerte mir endlich,
dass es einen mächtigen Text in mir gibt,
der über allem geherrscht hat, was ich bis heute fühlte und tat,
einen verborgenen glühenden Text, dessen tückische Macht darin liegt,
dass ich trotz all meiner Bildung nie auf den Gedanken kam,
er könnte vielleicht nicht die Gültigkeit besitzen,
die ich ihm, ohne im geringsten davon zu wissen, zugestanden hatte (...):
Die anderen sind dein Gerichtshof.
P. Mercier, Nachtzug nach Lissabon,
München/Wien 2004, S. 319

Verteilungskuchen

Ziel

Abklären von Zeit- und Energieverteilung in verschiedenen Lebensbereichen.

Durchführung

Diese Übung ist ein methodisches Element, das sich auf vielfältige Weise verwenden lässt. Es ist gut geeignet zum Kennen lernen oder zum Einstieg in einen Themenbereich.

Den Ausgangspunkt bildet ein auf ein Blatt Papier gemalter Kreis, in den jeder zu *einer* Fragestellung oder *einem* Thema wie »Tortenstücke« einträgt, wie viel Raum dies oder jenes einnimmt, wobei der Kreis das Gesamt, also 100 %, darstellt.

Mögliche Fragestellungen:
- Wie verteile ich meine Energie?
- Woher bekomme ich Energien, was nährt mich?
- Wofür gebe ich mein Geld aus?
- Wofür gaben/geben meine Eltern ihr Geld aus?
- Wie verteile ich meine Zeit? Wie war das früher bei meiner Mutter/bei meinem Vater?
- Wie verteile ich meine Liebe? Wie taten dies Mutter/Vater?
- Wie verteile ich meinen Hass? Wie taten es Mutter/Vater?
- Welche Dinge waren mir wichtig als Fünfjähriger, als Zehnjähriger, als Fünfzehnjähriger, als Zwanzigjähriger?
- Wovor habe ich Angst?
- Wovor hatte ich als Kind/Jugendlicher Angst?

(Zeit: 5 Minuten)

Auswertung

In Kleingruppen.
- Was fällt mir an deinem »Verteilungskuchen« auf?
- Wie stehen die Segmente zueinander?

Wofür gebe ich mein Geld aus?

- Was fehlt?
- Was möchte ich verändern?

(Zeit: pro Person 10 Min.)

Material
Papier und Stift.

☯☯☯

Geschichten schreiben

Ziel
Sich ein bestimmtes Ereignis (z.B. »Mein erster Kuss«) oder ein bestimmtes Thema (»Umgang mit Geld«) verdeutlichen, indem darüber eine Geschichte geschrieben wird. Diese Methode eignet sich gut als Einstieg und zur Vertiefung eines biografischen Themas.

Durchführung
Die Teilnehmer legen Stift und Papier bereit. Die genaue Formulierung des Themas muss vorher geklärt sein. Es wird eine Zeit vereinbart (mindestens 20, maxi-

mal 60 Minuten), in der eine Geschichte zu diesem Thema geschrieben wird. Der Moderator weist darauf hin, dass jeder so schreiben kann, wie er möchte. Einzige Orientierung ist sein Versuch, das Selbsterlebte so authentisch wie möglich wiederzugeben. Nun wird zum Thema geschrieben.
(Zeit: 20 bis 60 Minuten)

Auswertung

Je nach Gruppengröße in der Großgruppe oder in Kleingruppen. Die Teilnehmer lesen ihre Geschichten vor, während die anderen bei sich bleiben und zuhören.

- Was löst das Gehörte in mir aus?
- Was fällt mir auf, wo bleibe ich hängen?
- Was fehlt, was wird nicht erzählt?

Je nach Thema wird entweder vertieft über individuelle Erfahrungen gesprochen oder der Akzent stärker auf das Nebeneinanderstellen der Geschichten und die Suche nach Gemeinsamkeiten gelegt.
(Zeit: pro Person 20 Min.)

Material

Papier und Stift.

Hinweis

Siehe auch die anspruchsvollere Variante dieser Übung: »Kollektive Erinnerungsarbeit«, S. 275.

☯☯☯

Anleitung zum Rollenspiel

Ziel

Eine Situation durch ein darstellendes Spiel bearbeiten und klären

Durchführung

1. *Schritt:* Die Situation definieren
   - Welche Situation soll gespielt werden?
   - Welches räumliche Arrangement (Sitzordnung, Hilfsmittel) ist notwendig?
2. *Schritt:* Rollen und Funktionen verteilen
   - Welche Personen oder Gruppen spielen welche Rollen?
   - Welche Beobachtungsaufgaben haben die Zuschauer?
3. *Schritt:* In die Rollen, Beschreibung der Personen etc. einweisen
   - Welche Eigenarten, welches Verhalten haben die Personen?
   - Wie agieren und reagieren sie?
   - Wie ist der grobe Verlauf der Szene?
4. *Schritt:* Das Rollenspiel durchführen

5. Schritt: Das Ergebnis auswerten
  a) Die Rollenspieler nehmen Stellung.
  b) Die Gruppe äußert Beobachtungen und Eindrücke.

6. Schritt: Alternatives Spielen
- Andere Verläufe und Reaktionen konkret, eventuell mit getauschten Rollen oder anderen Personen spielen.

(Zeit: 30 bis 45 Min.)

☯☯☯

Was fange ich mit einem Traum an?

Ziel

Sich mit einem Traum beschäftigen. Herausfinden, welche Bedeutung ein Traum für mich haben kann. Sensibler für die Sprache der Träume werden.

Durchführung

Wenn ein Tn das Bedürfnis hat, über einen Traum (zum Beispiel zu einem Kindheits- oder Jugenderlebnis) zu arbeiten, kann der Moderator mit folgenden Fragen und Impulsen helfen (man kann mit diesen Fragen auch alleine arbeiten). Der Traum soll möglichst aus den letzten Tagen sein. Der wichtigste Traumdeuter ist der Träumer selbst, deshalb ist es wichtig, keine vorschnellen Deutungen abzugeben. Der Träumer sollte den Fragen und Impulsen in Ruhe nachgehen und versuchen, alles möglichst unzensiert zu erzählen, was ihm einfällt.
(Zeit: bis 30 Min.)

Fragen und Impulse:
- Wie hast du dich nach dem Traum beim Aufwachen gefühlt?
- Wie hast du dich *im* Traum gefühlt?
- Erzähle den Traum in der Ich-Form und in der Gegenwart. (»Ich gehe auf einer langen Straße ...«)
- Kennst du die Personen in deinem Traum? Oder erinnern sie dich an jemand? Wie ist deine Beziehung zu diesen Personen in der Realität (Wünsche, Ängste, Vorstellungen, Erlebnisse)? Beschreibe Sie.
- Erinnert dich das Geschehen, die Umgebung, die Räume, die Personen und die damit verbundenen Gefühle an etwas, das du kennst? Wo hast du es schon ähnlich erlebt?
- Identifiziere dich nacheinander mit den wichtigen Personen, Wesen und Dingen aus dem Traum. Es sind alles Teile von dir! Wie geht es dir, wenn du zu diesen Personen etc. wirst? Sprich in der Ich-Form als diese Person, dieser Gegenstand usw. Was passiert?
- Du kannst auch eine Person aus dem Traum oder einen Gegenstand oder Symbol u.a.m. gegenüber auf einen Stuhl setzen, lass sie sprechen, höre, antworte, nimm den Platz der Person ein und sprich als diese Person, setze dich wieder auf deinen Platz und antworte etc. solange du magst!

- Verfolge einen auftauchenden Konflikt oder die Gefühle zurück bis in deine Kindheit: Warum und wie ist er entstanden?
- Hat für dich der Traum eine »Botschaft«? (Zum Beispiel: Beziehung zu einer Person klären, etwas in Trauer verarbeiten, eine unterdrückte Seite von dir zulassen, einen nächsten Entwicklungsschritt tun, abgespaltene und verdeckte Anteile integrieren, eine Entscheidung treffen, eine Warnung hören, eine Lösung finden, auf Wortspiele achten usw.).
- Wie geht es dir jetzt nach der Beschäftigung mit deinem Traum?

Wenn sich der Traum verbirgt:

- Stelle zwei Stühle einander gegenüber, setze den Traum auf den einen, dich selbst auf den anderen. Frage deinen Traum, was er dir sagen will, nimm seinen Platz ein und antworte spontan. Wechsele nun mehrfach und führe ein Gespräch mit deinem Traum!

Material

Eventuell zwei Stühle.

Hinweis

Eine ausgezeichnete Hilfe ist es, Träume sofort nach dem Aufwachen zu notieren (»Traumtagebuch«).

Schreiben und Ringsum-Kommentar

Ziel

Eine aufgeschriebene lebensgeschichtliche Erinnerung von anderen kommentieren lassen und sich so mit dem Geschriebenen auseinandersetzen.

Durchführung

Die Teilnehmer schreiben zu einem thematisch vereinbarten Stichwort (zum Beispiel Streit mit einem Partner; Erlebnis aus der Schulzeit; mein erste Prüfung, als ich als Kind traurig war; typische Szene am Arbeitsplatz etc.) eine konkrete Begebenheit auf, möglichst plastisch, konkret, detailliert, aber nicht mehr als eine Seite. (15 Min.)

Anschließend gibt jeder sein Blatt an den rechten Nachbarn weiter. Dieser liest den Text und notiert auf der Rückseite oder einem angehängten zweiten Blatt seine Eindrücke, persönliche Reaktionen, Fragen, Bemerkungen – alles was ihm einfällt. Dieser Kommentar wird mit dem eigenen Namen versehen. Anschließend wieder nach rechts weitergeben usw. – Die Teilnehme müssen darauf achten, dass die Weitergabe in etwa bei allen gleichzeitig verläuft, sonst kommt es zu »Staus«. In dieser schriftlichen Kommunikation ist jeder Autor, Leser und Kommentator zugleich.

(Zeit: pro Person bis zu 10 Min.)

(Gesamtzeit je nach Teilnehmerzahl bis zu 120 Min.)

Auswertung

Eine offene Runde schließt sich an, in der jeder Autor die Kommentare liest, dazu Fragen stellen, Erklärungen abgeben, Ergänzungen anfügen, Fragen beantworten kann.
(Zeit: max. 15 Min.)

Material

Stift und Papier.

☯☯☯

Wandlungen meines Selbstverständnisses

Ziel

Einstieg in biografische Selbstreflexion. Den eigenen Entwicklungsprozess (Stichwörter s. u.) bedenken und mit dem anderer vergleichen.

Vorbemerkung

Diese Übung kann in Seminaren, Tagungen, Kursen für Eltern, Lehrern, Dozenten, Pädagogen usw. als Hilfe zur didaktisch-methodischen Strukturierung des Arbeitsprozesses verwendet werden. Die eigene biografische Erfahrung bildet dabei eine Alternative zum Einstieg durch ein einführendes Referat o. ä. (welches sich natürlich *anschließen* kann). Geeignet auch für Großgruppen mit über 15 Teilnehmern, wenn sich die Eckengruppen (s. u.) zusätzlich in Kleingruppen aufteilen.

Stichwörter zum Wandel des Selbstverständnisses können zum Beispiel sein:

- Autorität,
- Erziehungsstil,
- Umgang mit Konflikten,
- meine Normen und Werte,
- Erziehungsziele,

die je nach Tagungsthema entsprechend formuliert werden müssen, ebenso wie die daraus folgenden Thesen (s. u.).

Wir stellen diese Übung exemplarisch zum Stichwort »Autorität« vor.

Durchführung

1. Der Moderator hat auf einem Tageslichtschreiber, Flipchart, einer Tafel oder Wandzeitung drei Thesen formuliert: »Erfahrungen mit Autorität in der *eigenen Schulzeit*«
   1. Ich habe Autoritäten überwiegend als bedrohlich erlebt.
   2. Ich habe Autoritäten überwiegend als unterstützend erlebt.
   3. Ich habe Autorität so hingenommen, wie sie war, und nicht weiter darüber nachgedacht.

Die Teilnehmer ordnen sich einer These zu und setzen sich zum Gespräch in einer entsprechenden Ecke des Raumes zusammen. Dabei können zusätzlich auch Untergruppen (zum Beispiel zu 5 Teilnehmern) gebildet werden, falls die Eckengruppen zu groß werden. (Zeit: ca. 30 Min. und mehr.)
Anschließend werden die Gruppenergebnisse in das Plenum eingebracht. Nicht alle Details, sondern nur Trends sollen – ohne Wertung (!) – berichtet werden. (Zeit: 20 Min.)

2. Es folgen drei weitere Thesen:
   Meine *Ausbildungs-/Studienzeit:*
   1. Für mich war diese Zeit ein Bruch. Ich habe Autorität abgelehnt, weil sie im Widerspruch zu meiner Vorstellung von partnerschaftlichem Umgang stand.
   2. Für mich standen Autorität und Partnerschaft nicht im Widerspruch.
   3. Für mich waren Autoritäten kein Thema. Ich habe mich an Inhalten bzw. der Ausbildungspraxis orientiert.

   Neue Eckengruppen werden durch *neue* Zuordnung zu einer These gebildet; es folgt ein Plenumsaustausch (s.o.).

3. Drei weitere Thesen schließen sich für eine neue Runde an.
   Zur Zeit meiner *ersten Berufserfahrungen:*
   1. Ich habe einen totalen Schock erlebt. Nichts ging so, wie ich es mir vorgenommen hatte.
   2. Ich habe meine Ideale ganz schnell beiseite getan und erst mal die Autorität gespielt, die von mir verlangt wurde.
   3. Ich hatte zu diesem Zeitpunkt wenig Schwierigkeiten, weil meine Vorstellungen von Autorität weitgehend so umzusetzen waren, wie ich mir das vorgestellt hatte.

   Zuordnung zu einer These, Eckgruppen-Gespräch, Plenum wie oben.

4. Den Abschluss bilden drei Thesen zum heutigen Selbstverständnis:
   Autorität heute:
   1. Für mich ist der Begriff Autorität keine passende Bezeichnung für mein Selbstverständnis als Lehrer/Elternteil/Vorgesetzter/Erzieher o.a. Ich würde ihn lieber ersetzen durch ...
   2. Für mich ist Autorität ein positiver Begriff (geworden), der sich mit einem partnerschaftlichen Verhältnis zu meinen Schülern/Kindern/Mitarbeitern etc. verträgt.
   3. Für mich ist Autorität ein notwendiger Begriff, ein partnerschaftliches Verhältnis zu den Menschen, mit denen ich arbeite, hat sich in der Praxis nicht als hilfreich erwiesen.

   Zuordnung, Eckengruppen-Gespräch, Plenum wie oben.

Ein Gesamtaustausch zum Wandel des Selbstverständnisses, auslösenden Faktoren, Bedingungen, zentralen Weichenstellungen/Erfahrungen schließt sich an. (Gesamtzeit: 3 bis 5 Stunden.)

Material
Ein genügend großer Raum, vorbereitete Thesen auf Folien für Tageslichtschreiber oder auf Wandzeitung.

Hinweis
Die Übung ist besonders geeignet, um viele Teilnehme in wechselnder Zusammensetzung miteinander ins Gespräch zu bringen. Wichtig ist allerdings, dass die Gespräche möglichst ohne Wertungen oder gar Verurteilungen für bestimmte Positionen geführt werden. Die Thesenformulierung muss vom Moderator vorher sorgfältig durchdacht und auf die Thematik des Kurses zugeschnitten werden.

☯☯☯

Dialog auf zwei Stühlen

Ziel
Abklären von Persönlichkeitskonflikten. Persönlichkeitsseiten in einen Dialog treten lassen. Dieses Setting ist eine gute Interventionstechnik für den Moderator zur situativen Bearbeitung von Einzelproblematiken der Teilnehmer.

Durchführung
Wenn sich im Laufe des Gruppengesprächs ergibt, dass ein Teilnehmer mit zwei einander widersprechenden Konfliktseiten Mühe hat und die genauere Bewusstmachung dieser Teile sinnvoll ist, kann diese Übung vom Moderator angeboten werden. Es handelt sich im Grunde um eine rein formale Technik, die inhaltlich nicht näher bestimmt werden kann und soll.

Es werden zwei Stühle einander gegenübergestellt. Jedem Stuhl wird eine Seite des Konfliktes zugeteilt, zum Beispiel bei folgendem Konflikt: Einerseits möchte der Teilnehmer in der Familie offensiver und selbstbewusster seine eigenen Interessen durchsetzen, andererseits will er das nicht, weil er Auseinandersetzungen scheut und Angst Ablehnung durch die Familie hat. Die bei den Seiten, die von dem Teilnehmer auf die Stühle verteilt werden, sind also im Grunde zwei Teile der Person: der Teil, der eigene Interessen durchsetzen möchte, steht dem Teil, der Angst vor den Folgen hat, gegenüber.

Der Teilnehmer setzt sich jetzt auf einen Stuhl und spricht laut als der von diesem Stuhl repräsentierte Teil zum anderen Teil auf dem zweiten Stuhl. Er beginnt zunächst mit einer kleinen Vorstellung: »Ich bin der Teil, der ... und du bist der Teil, der ...«.

Dann setzt sich der Teilnehmer auf den anderen Stuhl und sagt: »Und ich bin der Teil, der ... und du bist ...«

Im folgenden Dialog werden nun mehrfach die Plätze gewechselt, der Teilnehmer spricht jedes Mal in der Ich-Form. Die Seiten treten so in einen Dialog, teilen sich mit, wie sie sich gegenseitig empfinden, was sie sich vorwerfen, in welcher Beziehung sie zueinander stehen.
Immer wenn eine Seite nach ihrem Eindruck genug gesprochen hat, wird gewechselt, und die andere Seite antwortet. Der Teilnehmer soll sich viel Zeit nehmen, auf die entstehenden Gefühle achten (auf beiden Stühlen!) und in den Dialog einbringen.
Der Dialog sollte nicht zu früh abgebrochen werden, in der Regel braucht es einige Zeit, bis die Seiten sich auf einer weniger oberflächlichen Ebene abklären. Der Teilnehmer sollte selbst entscheiden, wann er den Dialog beenden möchte.
Als Hilfestellung kann in späteren Gesprächsphasen auch das eine oder andere Gruppenmitglied hinter einen Stuhl treten und als »Alter-Ego« aussprechen, was der Teilnehmer an Hintergrundgefühlen hat, aber (noch) nicht äußert. Dies sollte aber mit Einfühlung geschehen und nicht in Spekulation ausarten.
(Zeit: 5 bis 20 Min. und länger)

Auswertung

- Was ist mir über meine Einstellung gegenüber den bei den Seiten deutlich geworden?
- Welche will ich verstärken?
- Welche konkreten Schritte bieten sich dazu an?
- Wie hat die Gruppe mich auf den beiden verschiedenen Stühlen erlebt?

(Zeit: 10 Min.)

Material

Zwei Stühle.

Hinweis

Die Übung ist auch allein zu Hause durchführbar.

Kollektive Erinnerungsarbeit

Ziel

Durch das Schreiben von kleinen Geschichten sollen »Selbstverständlichkeiten« in unserem Alltagsverhalten aufgespürt und hinterfragt werden.

Durchführung

Wir sind als Einzelne nicht nur Opfer der uns prägenden gesellschaftlichen Umwelt, sondern wir fügen uns auch aktiv in die vorgefundenen Ordnungen ein und tragen so zu deren Erhaltung bei. Viele Vorgänge und Verhaltensweisen erscheinen uns ganz selbstverständlich und fallen nicht mehr auf.
Die Tn versorgen sich mit Stift und Papier. Es sollen Geschichten zu einem festen Thema (zum Beispiel »Schule«, »Geld«, »Freundschaft«) oder einer Episode aus

dem eigenen Leben (zum Beispiel »Meine Grundschulzeit«, »Weihnachten«) geschrieben werden. Der Moderator wählt ein geeignetes Thema.
Die Tn werden jetzt gebeten, eine Geschichte zu diesem Thema zu schreiben. Sie können sich entscheiden, ob sie in der Ich-Form oder etwas distanzierter in der Sie/Er-Form (»Sie ging die Straße entlang ...«) schreiben möchten. Manche Geschichten lassen sich besser mit ein wenig Abstand schreiben.
Es ist wichtig, darauf zu achten, dass alle Einzelheiten *genau* beschrieben werden – nur durch eine detaillierte Schilderung kann das scheinbar Selbstverständliche in den Blick genommen werden. Gerade das im ersten Moment unwesentlich Erscheinende sollte festgehalten werden – denn im Unwichtigen (auch in der Entscheidung, was wichtig und was bedeutungsvoll ist) steckt das Alltägliche, das Gewohnte, das worüber nicht mehr nachgedacht zu werden braucht.
Die Situationen werden aus der damaligen Sichtweise beschrieben; Erklärungen oder Bewertungen aus der heutigen Sicht sollten vermieden werden.
(Zeit: Für das Schreiben *während* der Gruppenarbeit sollte eine feste Zeit vereinbart werden: 30 bis maximal 60 Min.)

Auswertung

Bearbeitung der Geschichten in der Gruppe:
Ein Tn beginnt und liest seine Geschichte vor. Die anderen vergegenwärtigen sich die Situation und stellen folgende Fragen an den Text (eventuell Wandzeitung):

- Wo gibt es Unklarheiten?
- Wo gibt es Erfahrungen, die mit denen in meiner Geschichte übereinstimmen, die ähnlich sind? (Was lässt sich verallgemeinern?)
- Wo gibt es Unterschiede in den Erfahrungen?
- Weshalb sind deine Erfahrungen anders verlaufen als meine?
- Wo gibt es in der Sprache des Textes Klischees (Was ist scheinbar »ganz klar«? Wo wissen wir alle, was gemeint ist, aber eben nur ganz allgemein?)
- Wie wäre es, wenn man sich völlig anders, z.B. entgegengesetzt verhalten würde?

Material

Stift und Papier.

Unter dieser Kategorie sind auch folgende Übungen verwendbar:

- Dialoge schreiben, S. 80
- Ein Bild, das zu mir passt, S. 49
- Gespräch ohne Worte, S. 49
- Klagemauer, S. 53

4. Teil: Organisatorische Hilfen

4.1 Übersichtstabelle zur praktischen Anwendung

3.1 Kennen lernen. Entspannen. Lebensgeschichte im Überblick

3.1.1 Kennen lernen. Entspannen. Abschied

Titel der Übung	Art	Zeit in Min. a) Übung b) Auswertung	einführend	weiterführend	vertiefend	alleine durchführbar	Seite im Buch
Mein Name	Gespräch	pro Person max. 5	x				44
Geburtstagsreihe	Aufstellung	10	x				44
Persönlichkeits-Collage	Basteln	a) 20 b) 10	x				45
Mein Name in Bewegung	Darstellung	5-10	x				45
Was war gelogen?	Papier und Stift	a) 30 b) 15	x				46
Kindheitserfahrungen im Interviewspiel	Gespräch	a) 60 und mehr b) 15	x				47
Ein Bild, das zu mir passt	Arbeit mit Bildern	a) 10 b) p.P. 5	x				49
Gespräch ohne Worte	Pantomime	15	x				49
Foto-«Quartett»	Arbeit mit Fotos	30	x				50
Fotoalbum – vorgestellt	Fantasie	a) 10 b) p.P. 10	x			x	51
Meine Erwartungen und Ziele	Ritual	bis zu 20	x				52
Klagemauer	Malen	30	x				53
Wahrnehmung - ein Spiegel	Gespräch	a) 40 b) 10	x				54
Wasser teilen	Handeln	10	x				54

Titel der Übung	Art	Zeit in Min. a) Übung b) Auswertung	einführend	weiter- führend	vertiefend	alleine durch- führbar	Seite im Buch
Tönen	Summen	3	x			55	
Abschied – ein Gedicht	Papier und Stift	a) 15 b) 15			x	56	
Wandzeitung zum Abschied	Wandzeitung	30		x		56	
Entspannung und Körperwahrnehmung	Körper	10	x			57	

3.1.2 Lebensgeschichte im Überblick

Titel der Übung	Art	Zeit in Min. a) Übung b) Auswertung	einführend	weiter- führend	vertiefend	alleine durch- führbar	Seite im Buch
Lebenslinie	Papier und Stift	a) 20 b)30	x			58	
Fotos aus der eigenen Geschichte	Arbeit mit Fotos	a) p.P.20 b) 15	x			59	
Eine „märchenhafte“ Lebensgeschichte	Papier und Stift	a) 30 b) p.P.15	x			60	
Leben am Seil	Arbeit mit Materialien	p.P. 25	x			61	
Wendepunkte	Papier und Farben	a) 10 b) p.P.10	x			62	
Lebensalter und persönliche Fähigkeiten	Papier und Stift	a) 10 b) p.P 10	x			63	
Lernbiografie	vorbereiteter Text	p.P 30-45	x			64	
Tagebuch	mitgebrachte Materialien	120 und mehr	x			65	
Früher-Heute-Morgen	Papier und Stift	a) 15 b) p.P. 10	x			66	
Leben auf der Bühne	Fantasie	a) 20 b) p.P.10		x		67	
Mein Leben in Räumen	Fantasie	a) 40 b) p.P. 10		x		68	
Aufschichtung von Erfahrungen	Papier und Stift	a) 40 b) p. P. 10		x		69	

Titel der Übung	Art	Zeit in Min. a) Übung b) Auswertung	einführend	weiter-führend	vertiefend	alleine durch-führbar	Seite im Buch
Totenbett	Fantasie	a) 40 b) p.P. 20		x		70	

3.2. Familie

3.2.1 Allgemeine Beziehungsstrukturen

Titel der Übung	Art	Zeit in Min. a) Übung b) Auswertung	einführend	weiter-führend	vertiefend	alleine durch-führbar	Seite im Buch
Meine Familie als Baum	Papier und Stift, Malen	a) 15 b) 10	x			72	
Familiensoziogramm	Papier und Stift	a) 10 b)p. P. 10	x			73	
Beziehungsfeld in Phasen der Kindheit	Papier und Stift	a) 10 b) p.P. 10	x			74	
Familie in Tieren	Papier und Stift	a)max 10 b) p.P 10		x		75	
Familie als Standbild	Aufstellung	p.P 30			x	76	

3.2.2 Erziehungsstil und Interaktionsmuster

Titel der Übung	Art	Zeit in Min. a) Übung b) Auswertung	einführend	weiter-führend	vertiefend	alleine durch-führbar	Seite im Buch
Rollen-Zirkel	Darstellendes Spiel	a) 30 b) 20	x			77	
«Ich will aber noch nicht ins Bett»	Rollenspiel	a) p. p 15 b) p. p 15	x			78	
Dialoge schreiben	Papier und Stift	a) 20 b) p.P 15	x			80	
Zu-neigung	Papier und Stift	a) 20 b) 20	x			81	
Anerkennungsschreiben/Beschwerdebrief an die Eltern	Papier und Stift	a) 30 b) 20	x	x		82	
Kritik und Zurechtweisung	Fantasie	a) 20 b) 20		x		83	
Konflikterfahrungen mit den Eltern	Fantasie und Malen	a) 10 b) p.P 15		x		84	
«Strafe muss sein»	Fantasie	a) 30 b) p.P 10		x		84	

Titel der Übung	Art	Zeit in Min. a) Übung b) Auswertung	einführend	weiter- führend	vertiefend	alleine durch- führbar	Seite im Buch
«Du wirst schon sehen, was du davon hast»	Darstellung	offen			x		86

3.2.3 Meine Beziehungen zu einzelnen Personen

Titel der Übung	Art	Zeit in Min. a) Übung b) Auswertung	einführend	weiter- führend	vertiefend	alleine durch- führbar	Seite im Buch
Geschwisterreihe	Gestaltung	a) 20 b) 15	x				87
Vaterbild/Mutterbild	Symbolisierung	a) 10+p.P.10 b) 20	x				87
Eltern-Reaktionen	Papier undStift	a) 20 b) p.P. 10	x			x	88
«Darf ich Ihnen meine Tochter/meinen Sohn vorstellen?»	Darstellung	p.P. 15	x	x			89
Meine Oma, mein Opa, Tante Luise und Onkel Hans	Papier und Stift	a) 45 b) p.P. 15		x		x	90
Meine Schwester, mein Bruder	Arbeit mit Fotos	p.P 15		x			91
Eltern auf dem Bildschirm	Fantasie	a) 30 b) p.P. 15		x		x	92
Die erste Person meines Lebens	Fantasie	a) 35 b) p.P. 10		x		x	93
Trennung und Abschied	Fantasie	a) 15 b) p.P. 15			x	x	94
Dialog mit den Eltern	Fantasie	a) 15 b) 30			x	x	96
Meine Eltern werden alt	Fantasie	a) 15 b) p.P.15			x	x	97

3.2.4 Normen, Werte, «Aufträge»

Titel der Übung	Art	Zeit in Min. a) Übung b) Auswertung	einführend	weiter- führend	vertiefend	alleine durch- führbar	Seite im Buch
«Regieanweisungen» in meinem Leben	Papier und Stift	a) 40 b) p.P. 15	x			x	98
«Eltern-Geplauder»	Darstellendes Spiel	a) 10 b) 15	x				100
Geld ausgeben	Papier und Stift	a) 20 b) p.P. 10	x			x	101

Titel der Übung	Art	Zeit in Min. a) Übung b) Auswertung	einführend	weiter-führend	vertiefend	alleine durch-führbar	Seite im Buch
Poesiealbum	mitgebrachte Materialien	30	x			x	102
«Als gutes Kind muss ich...»	Gestaltung	a) p.P. 10 b) 15	x	x		x	103
Spruch an der Wand	Fantasie	a) 15 b) p.P. 10	x	x		x	104
Antreiber	Fantasie Papier und Stift	a) 35 b) 10		x		x	105

3.2.5 Familien-Kultur und Familiengeschichte

Titel der Übung	Art	Zeit in Min. a) Übung b) Auswertung	einführend	weiter-führend	vertiefend	alleine durch-führbar	Seite im Buch
Familienstammbaum	Papier und Stift	a) 20 b) p. P. 20	x			x	107
«Arm, aber sauber...»	Wandzeitung	a) 30 b) 45	x			x	108
Umgang mit Zeit	Wandzeitung	a) 15 b) 30	x			x	109
Belesene Leute oder: Lesen bildet	Papier und Stift	a) 10 b) p. P.15	x			x	110
«Kleider machen Leute»	Papier und Stift	60	x			x	111
Ferien	Papier und Stift	a) 15 b) p. P. 10	x			x	112
Esskultur	Gespräch	a) 40 b) p. P. 10	x				113
Musik – was sie bedeutete	vorbereitetes Material	ein Abend	x	x			114
Feste	Papier und Stift	a) 30 b) p.P. 15	x	x		x	115
«Spinat ist gesund»	Fantasie	a) 25 b) p.P. 10		x		x	116
Badezimmerkultur	Fantasie	a) 15 b) p. P. 10		x		x	117

Titel der Übung	Art	Zeit in Min. a) Übung b) Auswertung	einführend	weiter- führend	vertiefend	alleine durch- führbar	Seite im Buch
3.3. Kindsein							
3.3.1 Spielen							
Spielen in der Kindheit	Papier und Stift	a) 30 b)p.P. 10	x			x	118
Kindervorstellungen oder «Was ist ein Dingsbums?»	„Kinder"-Gespräch	a) 35 b) p.P 10		x			119
Sandkasten-Spiele	Gemeinsames Spielen	a) 40 b) p.P 10		x			121
Krabbeln	Bewegung	a) ca 10 b) 10		x			121
«Fass das nicht an!»	Darstellung	a) 10 b) p.P. 10		x			122
3.3.2 Beziehungen außerhalb der Familie							
Meine Clique	Papier und Stift	a) 35 b) p.P 10	x			x	124
Mein bester Freund, meine beste Freundin	Fantasie	a) 25 b) p.P. 10	x			x	125
Spielerinnerungen: Ich und die anderen	Fantasie und Gestaltung	a) 15 + p.P 10 b) 20	x	x			126
Zu Besuch bei anderen Leuten	Fantasie	a) 25 b) p.P. 15		x			127
3.3.3 Ängste, Träume, existenzielle Erfahrungen							
Krankheit und Lebensgeschichte	Papier und Stift	a) 40 b) p.P 15	x			x	128
Kinderträume	Fantasie	a) 35 b) p.P. 10	x				130
«Ich bin wütend»	Fantasie	a) 25 b) p.P. 10		x		x	131
Peinliche Situationen	Fantasie	a) 35 b) p.P 10		x		x	132

Titel der Übung	Art	Zeit in Min. a) Übung b) Auswertung	einführend	weiter- führend	vertiefend	alleine durch- führbar	Seite im Buch
Abschied	Fantasie und Agieren	ca 90		x			133
«Meine Eltern streiten sich»	Fantasie	a) 20 b) p.P. 10		x			135
Ich habe mich verlaufen	Fantasie	a) 35 b) p.P 10 + 15		x		x	136

3.4 Schule

Titel der Übung	Art	Zeit in Min. a) Übung b) Auswertung	einführend	weiter- führend	vertiefend	alleine durch- führbar	Seite im Buch
Schul-«Karriere»	Papier und Stift	a) 20 b) 10 + p.P.10	x			x	138
Schulfächer	Papier und Stift	a) 15 b) 30	x			x	139
Schulhefte	mitgebrachte Materialien	p.P 15	x			x	140
Zeugnisköpfe	mitgebrachte Materialien	a) 80 b) p.P. 10	x				142
Elternsprechtag	Fantasie	a) 10 b) p.P. 10	x			x	143
Ich und die Mitschüler	Papier und Stift	a) 25 b) p.P. 10	x			x	144
Schulreform und Schullaufbahn	Wandzeitung	45	x				145
Schul-Szenen	Fantasie und Gestaltung	a) 20 b) 15	x	x			145
«Lehrer, die wir hatten»	Papier und Stift	75		x			147
«Ein Lehrer hat mal.. .»	Fantasie	a) 15 b) p.P.10		x		x	148
Schule – Widerstand und Anpassur g	Papier und Stift	a) 15 b) 30		x		x	149

Titel der Übung	Art	Zeit in Min. a) Übung b) Auswertung	einführend	weiter-führend	vertiefend	alleine durch-führbar	Seite im Buch

3.5 Ausbildung/ Beruf

Titel der Übung	Art	Zeit in Min. a) Übung b) Auswertung	einführend	weiter-führend	vertiefend	alleine durch-führbar	Seite im Buch
Ausbildungs-/Berufsentscheidung	Papier und Stift	a) 25 b) p.P 10	x			x	151
Berufs-«Karriere»	Papier und Stift	a) 15 b) 10 + p.P. 10	x			x	152
Beruf und Lebensgeschichte	Interviewspiel	90	x			x	154
Arbeitslosigkeit	Papier und Stift	a) 20 b) 45	x			x	155
Wie verbringe ich meine Zeit?	Papier und Stift	a) 35 b) p.P. 10	x			x	157
Arbeits-Beziehungen	Papier und Stift	a) 30 b) p.P. 10		x		x	160
Prüfungssituationen	Fantasie	a) 15 b) p.P. 10		x		x	160
Konflikte am Arbeitsplatz	Rollenspiel	p.P. 30		x			162
Autoritäten	Fantasie und Gestaltung	a) 25 b) p.P. 10		x			163

3.6 Zeitgeschichtlicher Hintergrund

3.6.1 Räumlich-dingliche Umgebung

Titel der Übung	Art	Zeit in Min. a) Übung b) Auswertung	einführend	weiter-führend	vertiefend	alleine durch-führbar	Seite im Buch
Unsere Wohnung	Fantasie	a) 15 b) 30	x			x	165
Unser «Revier» als Kinder	Papier und Stift	a) 25 b) p.P. 10	x			x	166
Konsum-Kinder	Gespräch	45	x			x	168

Titel der Übung	Art	Zeit in Min. a) Übung b) Auswertung	einführend	weiterführend	vertiefend	alleine durchführbar	Seite im Buch
3.6.2 Religion und politische Ideologien							
Weltanschauungen in der Familie	Papier und Stift	a) 30 b) p.P. 10	x			x	169
«Migranten sind ...»	Papier und Stift	a) 40 b) p.P. 10	x			x	170
Religion und Kirche	Fantasie und Schreiben	a) 15 b) p.P. 10		x		x	172
Gottes-Bild	Papier und Stift	a) 15 b) 75		x		x	174
Stell dir vor, du wärest „Gott"…	Papier und Stift	a) 30 b) 45		x		x	174
3.6.3 Politisch-historische Ereignisse							
Politische Sozialisation	Papier und Stift	a) 30 b) p.P 10	x			x	175
Zeitgeschehen	Papier und Stift	a) 25 b) 45	x			x	176
«Jungwähler»	Fantasie	a) 20 b) p.P. 10	x			x	177
Krieg	Papier und Stift	a) 20 b) 60		x		x	178
Nationalsozialismus in Deutschland	Papier und Stift	a) 15 b) 45		x		x	180
Globalisierung	Arbeit mit der Weltkarte	a) 20 b) p.P. 10		x		x	181
Der Mauerfall am 9. November 1989	Papier und Stift	a) 30 b) 45		x		x	182
„Das kam eben in den Nachrichten" – zeitgeschichtliche Wendepunkte	Papier und Stift	a) 15 b) 30		x		x	184

Titel der Übung	Art	Zeit in Min. a) Übung b) Auswertung	einführend	weiter-führend	vertiefend	alleine durch-führbar	Seite im Buch
3.7 Selbstbild							
3.7.1 Als Kind							
Als Kind – ein Tier	Fantasie	a) 10 b) p.P. 10	x			x	185
Mein liebstes Märchen	Papier und Stift	a) 45 b) p.P. 15	x			x	186
Idole und Vorbilder	Papier und Stift	a) 15 b) 30	x			x	187
Das widerspenstige Kind	Fantasie, Papier und Stift	a) 10 b) 60 und mehr	x			x	188
Ein kleines Mädchen, ein kleiner Junge	Fantasie	a) 15 b) p.P. 10	x	x			189
Dem Teddy das Herz ausschütten	Fantasie	a) 10 b) p.P. 10			x		191
3.7.2 Als Erwachsener - ich und mein Leben							
Wer bin ich?	Papier und Stift,	a) 50 b) p.P. 15	x			x	192
Beziehungsfeld in Münzen	Papier und Geldstücke	a) 10 b) p.P.20	x			x	193
Ich in meiner Kraft – ein Tier	Fantasie und Bewegung	20-30	x				194
Kreativität	Papier und Stift	a) 10 b) p.P. 15	x			x	195
Glück	Fantasie	a) 5 b) p.P. 5	x			x	196
Quellen meiner Kraft	Malen	a) 10 b) p.P. 5	x			x	197
Meine Qualitäten, meine Stärken	Papier und Stift	a) 10 b) p.P. 5	x			x	198
Ich-Zustände und Selbsteinschätzung	Papier und Stift	a) 20 b) p.P. 10		x		x	199

Titel der Übung	Art	Zeit in Min. a) Übung b) Auswertung	einführend	weiter- führend	vertiefend	alleine durch- führbar	Seite im Buch
Autorität und Rebell	Rollenspiel	a) 15 b) 10		x			200
Konkurrenz	Fantasie	a) 20 b) p.P. 10		x			201
Arbeitsstörungen	Papier und Stift	a) 25 b) p.P. 15		x		x	202
Liebesfähigkeit	Fantasie	a) 45 b) p.P. 15		x			204
Kontakt	Bewegung	a) 20 b) p.P. 10		x			205
Einem Kind das Leben erklären	Papier und Stift	a) 20 b) 10		x		x	206
Zeit-Wohlstand	Papier und Stift	a) 10 b) 10	x			x	207
Wohin will ich?	Papier und Stift	a) 30 b) p.P. 15	x			x	208
Lebensplanung	Papier und Stift	a) 35 b) p.P. 10	x			x	209
Lebensentwürfe und Utopien	Papier und Stift	a) 20 b) p.P. 15	x			x	210
Versöhnung und Frieden – The Work	Papier und Stift	a) 45 b) p.P. 10			x	x	211
Lebensqualität und Schicksalsschläge	Arbeit mit Karteikarten	a) 20 b) 15			x	x	214
Abschieds-Mandala malen	Malen	a) 30 b) p.P. 10		x			215
Älterwerden und Lebensqualität	Arbeit mit Karteikarten	a) 30 b) p.P. 10		x			217
Älterwerden	Papier und Stift	a) 20 b)p.P. 10		x			218
Schnell-Schreiben zum Thema Tod	Papier und Stift	a) 15 b) p.P. 10		x		x	219
Nachruf	Papier und Stift	a) 20 b) p.P. 20		x			220
Wie werde ich sterben?	Fantasie	a) 25 b) p.P. 15		x			221

Titel der Übung	Art	Zeit in Min. a) Übung b) Auswertung	einführend	weiter- führend	vertiefend	alleine durch- führbar	Seite im Buch
Die letzten 20 Minuten meines Lebens	Meditative Bewegung	a) 30 b) p.P. 10			x		222

3.8 Körper

Titel der Übung	Art	Zeit in Min. a) Übung b) Auswertung	einführend	weiter- führend	vertiefend	alleine durch- führbar	Seite im Buch
Körperwahrnehmung	Wahrnehmung und Bewegung	25	x			x	225
Wie bewege ich mich durch mein Leben?	Bewegen	a) 15 b) 30	x				226
Haltung spiegeln	Körperhaltungen	a) 10 b) 10	x				227
Ich lasse meinen Rücken sprechen	Körper und Fantasie	a) 5 b) 15	x			x	228
Erinnerungsspuren in unseren Gesichtern	mit Fotos arbeiten	a) 20 b) p.P. 20	x			x	229
Das «zweite» Gesicht	Betrachtungen im Spiegel	20	x			x	230
Hals und Nacken	Körperübung	a) 10 b) p.P. 10	x	x		x	232
Körperbotschaften	Körper und Malen	a) 10 b)p.P. 15	x	x			233
Berührungen	Malen	a) 20 b) p.P. 15		x		x	234
Ich mag mich – ich mag mich nicht	Malen, Papier und Stift	a) 45 b) p.P. 20		x		x	235
«Ich bin in deinen Händen»	Körperarbeit	a) 10 b) 40		x			237
Mein Körper - mein Tempel	Papier und Stift	a) 20 b) p.P. 15	x			x	238
Frühere Gefühle leben in meinem Körper	Körperdarstellung	a) 45 b) 60 und mehr			x		238
Komm her – Geh weg	Körperdarstellung	a) 15 b) p.P. 15			x	x	240

Titel der Übung	Art	Zeit in Min. a) Übung b) Auswertung	einführend	weiterführend	vertiefend	alleine durchführbar	Seite im Buch

3.9 Frausein – Mannsein
3.9.1 Meine Geschlechtsrolle

Titel der Übung	Art	Zeit in Min.	einführend	weiterführend	vertiefend	alleine durchführbar	Seite im Buch
Männer- und Frauenbild	Papier und Stift	a) 20 b) p.P. 15	x			x	243
Partner/innen in meinem Leben	Papier und Stift	a) 35 b) p.P. 20	x	x		x	244
Mein Traummann, meine Traumfrau	Papier und Stift Malen	a) 10 b) p.P. 10	x			x	245
Meine Wunsch-Partnerschaft	Papier und Stift	a) 15 b) p.P. 10		x			246
Kostümfest (oder «ein toller Typ»)	Rollenspiel	a) 15 b) 45	x				247
Männliche und weibliche Anteile in uns	Bewegung	a) 10 b) 30	x			x	248
Kinderwunsch – Wunschkind I	Fantasie	a) 15 b) p.P. 10			x	x	249
Kinderwunsch – Wunschkind II	Arbeit mit Bildern	a) 30 b) p.P. 20		x		x	251
Eifersucht	Fantasie, Malen	a) 30 b) p.P. 15		x		x	251
Menstruation	Fantasie, Papier und Stift	a) 15 b) p.P. 15		x		x	253
«Geschlechtsumwandlung»	Fantasie	a) 25 b) p.P. 10		x		x	255

3.9.2 Sexualität

Titel der Übung	Art	Zeit in Min.	einführend	weiterführend	vertiefend	alleine durchführbar	Seite im Buch
Sprach-Barrieren	Papier und Stift	a) 60 b) 30	x				256
Meine Sexualität – ein Schilderwald	Herstellen, Basteln	a) 60 b)30	x				257
Sexuelle Entwicklungsbiografie	Papier und Stift	a) 15 b) p.P. 15	x x	x		x	258

Titel der Übung	Art	Zeit in Min. a) Übung b) Auswertung	einführend	weiter-führend	vertiefend	alleine durch-führbar	Seite im Buch
Aufklärung	Geschichte schreiben	a) 30 b) p.P. 15		x			259
«Alle Männer wollen nur das eine...»	Paar- Gespräch	40		x		x	260
«Ein Muskelprotz!?» (Übung für Männer)	Fantasie	a) 10 b) p.P. 10		x		x	261
«Brust raus!» (Übung für Frauen)	Fantasie	a) 20 b) p.P. 15		x		x	262
Verhütung	Papier und Stift	a) 25 b) 60		x		x	263
Identifikation mit dem eigenen Geschlechtsteil	Fantasie	25			x		265

3.10 Allgemein verwendbare Übungen

Titel der Übung	Art	Zeit in Min. a) Übung b) Auswertung	einführend	weiter-führend	vertiefend	alleine durch-führbar	Seite im Buch
Verteilungskuchen	Papier und Stift	a) 5 b) p.P. 10	x			x	267
Geschichten schreiben	Papier und Stift	a) 20-60 b) p.P. 20	x			x	268
Anleitung zum Rollenspiel	Rollenspiel	30 - 45	x				269
Was fange ich mit einem Traum an?	Traumdeutung nach Fragen	30	x			x	270
Schreiben und Ringsum-Kommentar	Papier und Stift	bis 120	x				271
Wandlungen meines Selbstverständnisses	Gespräch	180 - 300	x				272
Dialog auf zwei Stühlen	Darstellung	5 -20	x			x	274
Kollektive Erinnerungsarbeit	Papier und Stift	30 - 60		x			275

4.2 Alphabetisches Verzeichnis aller Übungen

Literatur

Arndt, M.: Mit Gewinn alt werden. Petersberg 2004

Baacke, D., Schulze, T. (Hg.): Aus Geschichten lernen, München 1979

Baacke, D., Schulze, T. (Hg.): Pädagogische Biografieforschung, Weinheim und Basel 1985

Behrendt, R., Grösch, D. (Hg.): Alltag, Lebensgeschichte, Geschichte Berlin o.O., o.J. (Wannseeheim für Jugendarbeit)

Behrens-Cobet, H./Reichling, N.: Biografische Kommunikation . Lebensgeschichten im Repertoire der Erwachsenenbildung. Neuwied 1997

Berk, L.E.: Entwicklungspsychologie. München 2005, 3. Aufl.

Bernfeld, S.: Sisyphos oder die Grenzen der Erziehung. Frankfurt/M. 1971

Birren, J.E./Hedlund, E.: Contributions of autobiography to Developemental Psychology. In: Eisenberg, N. (Hg.): Contemporary Topics in Developemental Psychology. S. 394-415. New York 1987

Blimlinger, E. u.a.: Lebensgeschichten. Biografiearbeit mit alten Menschen. Hannover 1996

Brems, J.: »Unterrichtsfach: Biografie«. Norderstedt 2002

Dilthey, W.: Die Philosophie des Lebens. Stuttgart und Göttingen 1961

Egner, H.: Lebensübergänge. Oder: Der Aufenthalt im Werden. Düsseldorf 1995

Erikson, E. H.: Identität und Lebenszyklus. Frankfurt/M. 2000 (18. Aufl.)

Evangelisches Bildungswerk München/Dahlmann, P. u.a. (Hg.): Leben erinnern. Biografiearbeit mit Älteren. Neu-Ulm 2004, 2. Aufl.

Fuchs-Heinritz, Werner: Biografische Forschung. Eine Einführung in Praxis und Methoden. Wiesbaden 2000

Gudjons, H.: Spielbuch Interaktionserziehung. Bad Heilbrunn 2003, 7. Aufl.

Gudjons, H./Pieper, M./Wagener, B.: Auf meinen Spuren – Das Entdecken der eigenen Lebensgeschichte. Hamburg 2003, 6. Aufl. (1. Aufl. 1986)

Hansen, A. (Hg.): Biografie und soziale Arbeit. Baltmannsweiler 2002

Horst, ter, K.: Einführung in die Biografiearbeit mit Kindern und Jugendlichen. In: Unsere Jugend H.4/2005, S. 165-174

Horst, ter, K./Mohr, K.: Mein Lebensbuch. Bad Bentheim 2006, 2. Aufl.

Hurrelmann, K./Ulich, D. (Hg.): Neues Handbuch der Sozialisationsforschung. Weinheim 1999, 5. Aufl.

Kerkhoff, B./Halbach, A.: Biografisches Arbeiten – Beispiele für die praktische Umsetzung. Hannover 2002

Kinter, J., Kock, M., Thiele, D.: Spuren suchen. Leitfaden zur Erkundung der eigenen Geschichte, Hamburg 1985

Klingenberger, H.: Lebensmutig. München 2001

Knoblich, D./Schmid-Isringshausen, C.: Wurzeln und Flügel. Biografiearbeit mit Kindern und Jugendlichen. In: Peifer-Schaub, H.-U. (Hg.): Systemische Praxis. Freiburg 2002

Kotre, J: Lebenslauf und Lebenskunst. Über den Umgang mit der eigenen Biografie. München 2001

Kraul, M./Marotzki, W. (Hg.): Biografische Arbeit. Opladen 2002

Lattschar, B.: Biografiearbeit mit Kindern und Jugendlichen. In: Unsere Jugend, H. 5/2002, S. 207-213

Lattschar, B./Wiemann, I.: Mädchen und Jungen entdecken ihre Geschichte: Grundlagen und Praxis der Biografiearbeit. Weinheim 2007

Lindmeier, C. u.a.: Biografiearbeit mit geistig behinderten Menschen. Weinheim 2006

Mader, W.: Autobiografie und Bildung – Zur Theorie und Praxis der Guided Autobiography. In: Hoerning, E./Tietgens, H. (Hg.): Erwachsenenbildung: Interaktion mit der Wirklichkeit. Bad Heilbrunn 1989, S. 145-154

Markowitsch, H.J./Welzer, H.: Das autobiografische Gedächtnis. Stuttgart 2005

Mikosz, B. u.a. (Hg.): Ich weiß, wer ICH bin! Wien o.J.

Moeller, M.L.: Die Wahrheit beginnt zu zweit. Das Paar im Gespräch. Reinbek 1999

Mohr, K./ter Horst, K.: Mein Lebensbuch. Bad Bentheim 2006, 2. Aufl.

Osborn, C. u.a.: Erinnern – eine Anleitung zur Biografiearbeit mit alten Menschen. Freiburg 1997

Rogal, S.: Schul-Spuren. Baltmannsweiler 1999

Rogal, S.: Biographikum. Donauwörth 2003 (Vertrieb nur über den Autor rogalstefan@hotmail.com)

Ruhe, H.G.: Methoden der Biografiearbeit. Weinheim 2003, 2. Aufl.

Ryan, T./Walker, R.: Wo gehöre ich hin? Biografiearbeit mit Kindern und Jugendlichen. Weinheim 2004, 3. Aufl.

Schacter, D.E.: Wir sind Erinnerung. Gedächtnis und Persönlichkeit. Reinbek 1999

Schweitzer, P. (Hg.): Age exchange. Erinnerungsprojekte für Kinder und ältere Menschen. Köln 1994

Schulz, W. (Hg.): Lebensgeschichten und Lernwege. Anregungen und Reflexionen zu biografischen Lernprozessen. Baltmannsweiler 1996

Seydel, F.: Biografische Entwürfe. Köln 2005

Wiemann, L.: Wieviel Wahrheit braucht mein Kind? Reinbek 2003, 2. Aufl.

Zu den Autoren

Prof. (em.) Dr. Herbert Gudjons
Universität Hamburg, Fakultät für Erziehungswissenschaft, Psychologie, und Bewegungswissenschaft. Erziehungswissenschaftler mit Ausbildungen in Gestaltberatung, Gruppendynamik, Paartherapie.

Birgit Wagener-Gudjons
Studium der Pädagogik, Soziologie und Psychologie an der Universität Hamburg, Sonderschullehrerin, Werbetexterin, Grafikerin. Seit 1994 Heilpraktikerin mit Schwerpunkt geistige Heilweisen (Brennan Healing Science Practitioner) und Psychotherapie.

Prof. Dr. Marianne Pieper
Marianne Pieper ist Soziologin und seit 1996 Professorin am Department Sozialwissenschaften der Universität Hamburg im Schwerpunkt »Subjektivitäten, Kulturen, Geschlechter, Differenzen«.